여행은 꿈꾸는 순간, 시작된다

여행 이렇게 준비하자
CHECK LIST

DATE	DO IT	CHECK IT
D-35	여권, 교통 패스, 국제운전면허증 준비하기	☐ 여권 발급하기 혹은 유효기간 확인하기 ☐ 교통 패스 구매하기 ☐ (현지 렌터카 이용 시) 국제운전면허증 준비하기 ☐
D-30	항공권 및 승선권 구매하기	☐ 항공사나 여행사 애플리케이션 다운 받기 ☐ 항공권 및 승선권 가격 비교하기 ☐
D-25	숙소 예약하기	☐ 숙소 검색 및 예약 애플리케이션 다운 받기 ☐ 여행 일정과 테마에 맞춰 숙소 위치 정하기 ☐ 숙소 가격 비교하기 ☐
D-20	일정과 예산 짜기	☐ 여행 일수와 목적에 맞춰 구체적인 일정 짜기 ☐ 지도 애플리케이션에 방문할 장소 저장하기 ☐ 하루 경비, 비상금을 포함한 예산 짜기 ☐
D-10	환전하기 & 여행자 보험 가입하기	☐ 환율 우대 받고 환전하기 ☐ 여행자 보험 가입하기 ☐ 해외에서 사용 가능한 신용카드 확인하기 ☐
D-7	면세점 쇼핑하기	☐ 할인 혜택 확인하고 인터넷 면세점에서 쇼핑하기 ☐ 시내 면세점에서 제품을 직접 보고 구매하기
D-5	로밍 VS 포켓 와이파이 VS 유심칩 선택하기	☐ 가장 간편하게, 로밍 서비스 신청하기 ☐ 동행과 함께 사용한다면, 포켓 와이파이 신청하기 ☐ 가장 저렴하게, 유심칩 신청하기 ☐
D-3	짐 꾸리기	☐ 기내 반입 불가 물품은 트렁크에! ☐ 여권, 항공권, 비자 사본 준비하기 ☐ 첫날 사용할 경비 분리해두기 ☐
D-DAY	블라디보스톡으로 출발!	☐ 여권, 항공권, 숙소 바우처, 교통 패스 등 챙기기 ☐ 비행기 출발 3시간 전에 공항 도착하기 ☐ 미처 준비 못한 상비약, 자물쇠 등 구매하기 ☐

P.266 참고

나만의 여행을 만들자
SCHEDULE

구분	1 DAY	2 DAY	3 DAY	4 DAY
오전				
점심				
오후				
저녁				
밤				
예산				

P.022 참고

지역별 지도 QR 코드

블라디보스톡 시내

블라디보스톡 기차역 & 아무르 만 해변

토카렙스키 등대

···················· 블라디보스톡 중심부 ····················

A 혁명광장 & 아르바트 거리

B 금각만 주변 & 독수리전망대

빠끄롭스키 정교회 사원

블라디보스톡 근교

루스키 섬

마콥스키 대로 & 샤마라 해변

우수리스크

리얼
블라디보스톡

여행 정보 업데이트 〈리얼 블라디보스톡〉은 2019년 5월까지 현지 취재로 수집한 최신 정보를 바탕으로 만들었습니다. 정확한 정보를 싣기 위해 노력했지만 책에서 소개한 정보는 현지 사정에 따라 수시로 변경될 수 있습니다. 변경된 현지 정보는 개정판에 반영해 더욱 실용적인 가이드북을 만들겠습니다.
한빛라이프 여행팀 ask_life@hanbit.co.kr

일러두기

01 국립국어원의 외래어 표기법은 간결성과 체계성을 위해 파열음 표기에 된소리를 쓰지 않는 것을 원칙으로 하나, 이는 현지에서 사용되는 실제 발음과는 차이가 있습니다. 이 책은 가이드북의 특성상 국립국어원의 표기법을 따르기보다는 현지에서 여행하는 독자들에게 실질적인 편의를 주고자 원음에 최대한 가까운 된소리를 허용하되, '도스토예프스키', '푸쉬킨'처럼 용례가 굳어지거나 현지에서 소리내어 말할 일이 적은 경우는 기존의 표기법을 따랐습니다.

02 가격 정보는 러시아 현지의 가격 표기에 따랐으며, 명소, 음식점, 상점의 휴무일 역시 정기 휴일을 기준으로 작성했습니다. 그러나 최근 관광객이 몰리면서 급변하고 있는 지역 특성상 입장료나 식당 가격, 숙소 요금 등은 변동 가능성이 있습니다.

리얼 블라디보스톡

초판 발행 2018년 10월 22일
개정판 2쇄 발행 2019년 8월 12일

지은이 강한나 / **펴낸이** 김태헌
총괄 임규근 / **기획·편집** 양지하 / **교정교열** 안유정 / **디자인** 천승훈 / **지도·일러스트** 이예연
영업 문윤식, 조유미 / **마케팅** 박상용, 손희정, 박수미 / **제작** 박성우, 김정우

펴낸곳 한빛라이프 / **주소** 서울시 서대문구 연희로2길 62 한빛빌딩
전화 02-336-7129 / **팩스** 02-325-6300
등록 2013년 11월 14일 제25100-2017-000059호
ISBN 979-11-88007-31-8 14980, 979-11-85933-52-8 14980(세트)

한빛라이프는 한빛미디어(주)의 실용 브랜드로 우리의 일상을 환히 비추는 책을 펴냅니다.

이 책에 대한 의견이나 오탈자 및 잘못된 내용에 대한 수정 정보는 한빛미디어(주)의 홈페이지나 아래 이메일로 알려주십시오. 잘못된 책은 구입하신 서점에서 교환해 드립니다. 책값은 뒤표지에 표시되어 있습니다.

한빛미디어 홈페이지 www.hanbit.co.kr / 이메일 ask_life@hanbit.co.kr
페이스북 facebook.com/hanbit.pub / 인스타그램 @real.guide

Published by HANBIT Media, Inc. Printed in Korea
Copyright © 2019 강한나 & HANBIT Media, Inc.
이 책의 저작권은 강한나와 한빛미디어(주)에 있습니다.
저작권법에 의해 보호를 받는 저작물이므로 무단 복제 및 무단 전재를 금합니다.

지금 하지 않으면 할 수 없는 일이 있습니다.
책으로 펴내고 싶은 아이디어나 원고를 메일(writer@hanbit.co.kr)로 보내주세요.
한빛라이프는 여러분의 소중한 경험과 지식을 기다리고 있습니다.

가장 멋지게
여행하는 방법

리얼
블라디보스톡

강한나 지음

한빛라이프

PROLOGUE 작가의 말

가장 가까운 유럽,
블라디보스톡을 소개합니다

대학시절 기차여행의 매력에 빠져 전국 방방곡곡을 돌아다니다 2014년, 세계에서 가장 긴 철도인 시베리아 횡단열차에 홀로 올랐다. 당시 횡단열차의 시작점인 블라디보스톡의 첫인상은 잿빛이었다. 그때만 해도 길거리에서 외국인 한 명 찾기 어려웠고 서비스업의 개념이 정립되지 않아 어딜 가든 직원들은 시종 무표정이었다. 그러나 엄청난 속도로 변화하는 도시의 모습에서 새로운 해외 관광지로서의 경쟁력을 발견했다. 이후 5년간, 틈만 나면 끄네비치 행 비행기를 탔다.

한국에서 항공편으로 2시간 내외면 갈 수 있는 블라디보스톡은 물리적 거리보다 심리적 거리가 더 먼 곳이다. 아직도 사람들에게 러시아는 비자가 필요하거나 입국 절차가 까다로운 국가라는 인식이 있을지도 모르겠다. 그러나 2014년 한·러 무비자 협정이 체결된 이후 대한민국 국민은 간단한 입국 심사만 거쳐 러시아 땅을 밟을 수 있다.

그간 블라디보스톡 여행자들에게 거의 유일한 정보수집 수단은 블로그였다. 그러나 잘못된 정보가 많고, 그들이 방문한 스폿만 한정적으로 소개하는 등 아쉬움이 많았다. 투박하지만 새로운 이 도시만의 매력을 전해줄 수 있는 정확한 정보를 많은 사람과 공유하고 싶다는 열정 하나로, 5년간 차곡차곡 모은 사진과 원고를 들고 출판사를 찾았다. 다행히 좋은 기회가 닿아 시작했지만 작업은 생각보다 녹록지 않았다. 특히 관광지로 각광을 받은 지 얼마 되지 않아 국내는 물론 러시아 현지 웹사이트에도 정보가 적어 정확한 자료를 수집하는 데 많은 시간을 쏟았다.

최근 방송의 힘으로 여행자가 늘어나 기쁘면서도 한편으로는 어떻게 다른 책과 차별화할지 고민이 많았다. 먼저 이 책에서 소개한 모든 스폿은 직접 방문해 하나하나 다 체험한 곳들이다. 여행의 깊이를 더할 수 있도록 우리와 밀접한 연해주의 역사와 러시아 문화를 담았고, 주요 관광지를 지나는 버스노선을 따로 묶어 현지에도 없는 노선도를 수작업으로 만들었다. 여행에 가장 큰 걸림돌이 될 생소한 러시아어는 현지에서 통할 수 있도록 최대한 원어 발음을 살려 표기했다.

새로운 지역을 소개하느라 어려움이 많았지만, 함께 달려주신 분들 덕분에 무사히 마칠 수 있었다. 양지하 에디터님, 안유정 교정자님, 천승훈 디자이너님, 이예연 일러스트레이터님께 진심으로 감사의 말씀을 전한다.

강한나 대학시절 무작정 혼자 시베리아 횡단열차에 오른 뒤, 러시아의 매력에 빠져 5년째 애정을 쏟고 있다. 2014년 연재한 〈시베리아 횡단 여행기〉로 개인 블로그 누적 방문객 80만 명을 넘겼다. 대중에게 아직 알려지지 않은 나라에 대한 호기심으로 러시아행 첫 비행기에 탔다가 여행의 매력에 빠져 현재는 세계 각지를 누비며 다음 책을 준비하고 있다.

블로그 blog.naver.com/hnk2530 **메일** hnk2530@naver.com

미리 보기 INTRODUCTION

리얼 블라디보스톡
100% 활용하기

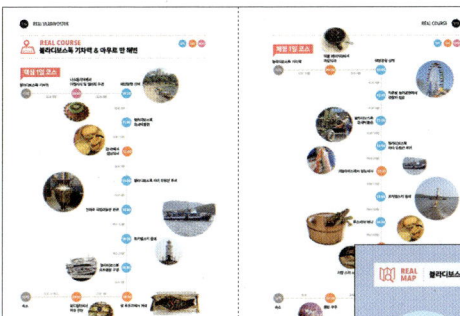

체력 소모를 줄여주는
추천 코스
REAL COURSE

지역에 따라 핵심 코스와 체험 코스, 명소 중심 코스와 맛집 탐방&쇼핑 코스, 역사 투어 코스, 트래킹 코스 등을 하루 혹은 반나절로 알차게 소개!

주요 스폿을 한눈에
상세 지도
REAL MAP

상세 지도에 실린 QR 코드를 스캔하면 알짜배기 스폿 정보가 담긴 모바일 지도가 스마트폰 속에 쏙!

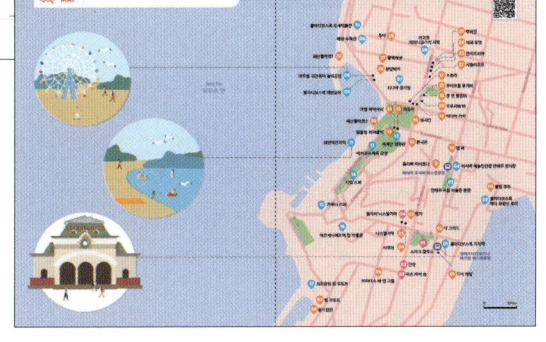

특별한 부록 두 가지!

하나

어디에도 없어 직접 만들었다!
블라디보스톡 버스 노선도

러시아어를 모르면 대중교통 이용이 쉽지 않은 블라디보스톡. 가뜩이나 인터넷을 뒤져도 제대로 된 정보가 없다고요? 그래서 한 땀 한 땀 수작업으로 만들었다! 공항버스를 비롯한 주요 버스 노선도와 정거장의 구글 좌표를 함께 기재해 누구든 도전해볼 만하다.

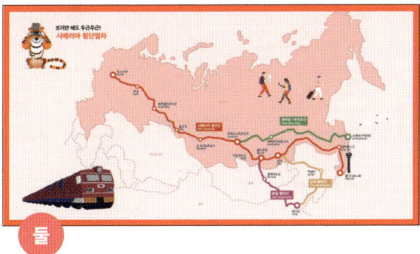

둘

보기만 해도 두근두근!
시베리아 횡단열차 노선도

모스크바와 블라디보스톡을 잇는 횡단열차의 총 길이는 무려 9,288km로 지구 둘레의 1/4에 달한다. 러시아 여행자라면 총 146시간(6박 7일)이 소요되는 횡단열차의 일부 노선이라도 타보고 싶은 로망이 있지 않을까? 시베리아 횡단선과 바이칼–아무르선, 몽골 횡단선, 만주 횡단선을 포함한 열차 노선도를 미니 포스터처럼 벽에 붙여놓고 러시아 여행의 꿈을 키워보자.

TRAVEL WEB & APP 여행 웹사이트 & 애플리케이션

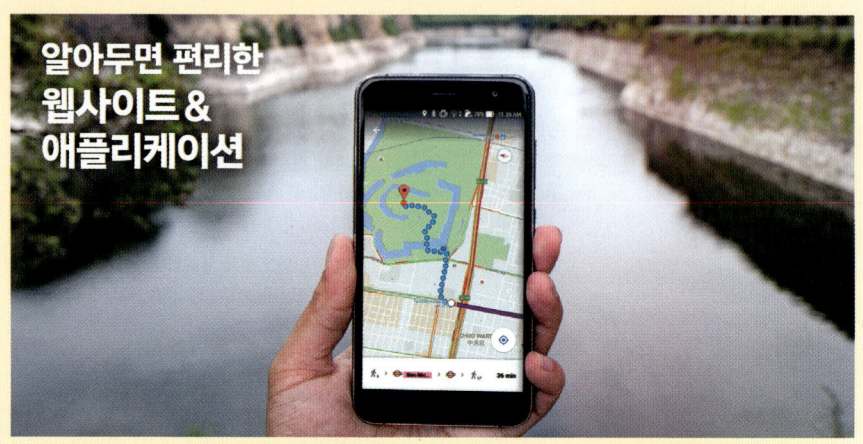

알아두면 편리한
웹사이트 &
애플리케이션

구글지도
Google Maps

목적지만 검색하면 현 위치에서 목적지까지 최단 거리를 계산해주고, 어느 정류장에서 어떤 버스를 탑승해야 하는지, 목적지까지 몇 개 역을 가야 하는지 등의 상세 정보를 친절히 안내해준다. 특히 블라디보스톡 내 운행 버스는 목적지가 적혀 있지 않거나 러시아어로 기재되어 있어 자유여행 시 구글지도는 없어서는 안 될 존재다.

🏠 www.google.co.kr/maps

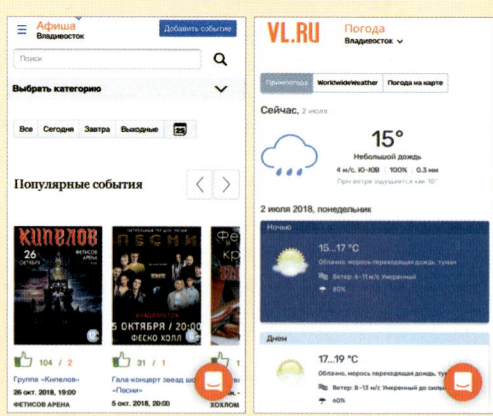

블라디보스톡 시 공식 홈페이지
VL.RU

블라디보스톡 시에서 진행되는 각종 행사나 공연, 축제 정보를 한눈에 파악할 수 있다. 특히 하루에도 여러 번 날씨가 변하는 블라디보스톡에서 날씨 체크는 필수. VL.RU의 날씨 페이지는 한국의 주요 포털 사이트에서 제공하는 날씨보다 정확하다. 특히 구글 크롬 브라우저를 이용하면 한국어로 번역이 가능하다.

🏠 도시 행사 조회 www.vl.ru/afisha/vladivostok
🏠 날씨 www.vl.ru/weather

여행 웹사이트&애플리케이션 **TRAVEL WEB&APP**

러시아 철도청
Russian Railways, RZD

러시아 철도청 공식 애플리케이션이다. 출발역과 도착역을 선택하면 도시 간 운행하는 기차 시간, 운영 횟수 등의 정보를 얻을 수 있고, 티켓을 온라인으로 예매할 수 있다. 블라디보스톡 근교도시 우수리스크, 하바롭스크 등을 방문할 여행자들은 이 애플리케이션을 통해 티켓을 사전 예약할 수 있다. 러시아 전역의 시차가 모두 달라서 모든 시간은 러시아의 수도 모스크바 시간에 맞춰 표기한다는 것에 주의하자.

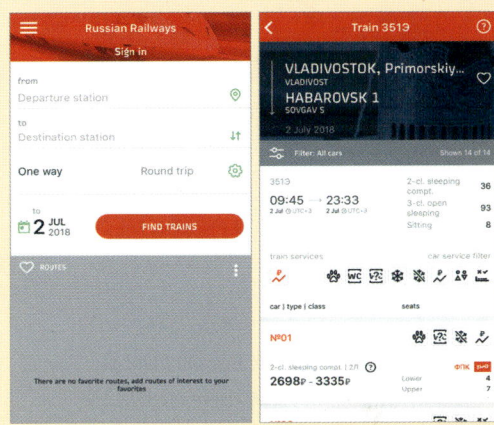

투기스
2GIS

데이터 사용 없이 GPS만으로 내비게이션 이용이 가능한 애플리케이션이다. 도보 여행이나 버스로 이동 시 인터넷이 터지지 않는 지역에서도 사용할 수 있어 유용하다. 목적지까지 도달하는 버스노선과 정류장, 소요시간까지 상세하게 제공된다. 데이터 연결 시 택시 애플리케이션인 막심(Maxim)과 연동되어, 목적지 선택 후 미리 금액을 확인하고 택시 예약을 바로 진행할 수 있다.

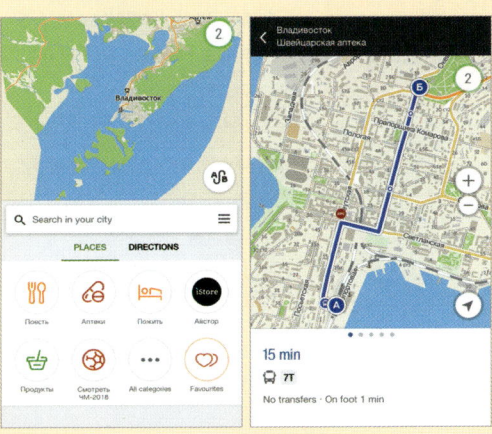

막심
Maxim

러시아의 카카오택시라고 생각하면 된다. 특히 블라디보스톡은 버스가 접근하지 못하는 스폿이 많으니 도보 여행자라면 반드시 설치하자. 길에서 잡는 택시에 비해 안전하고 정확한 요금까지 표시되어 바가지를 쓸 일이 없다. 현재 위치에서 목적지를 지정하면 거리와 이동경로, 가격을 바로 확인할 수 있다. 러시아 유심을 이용해 +7로 시작하는 러시아 번호를 부여받아야 이용 가능하다.

▶▶ 막심 앱 사용법 P.110

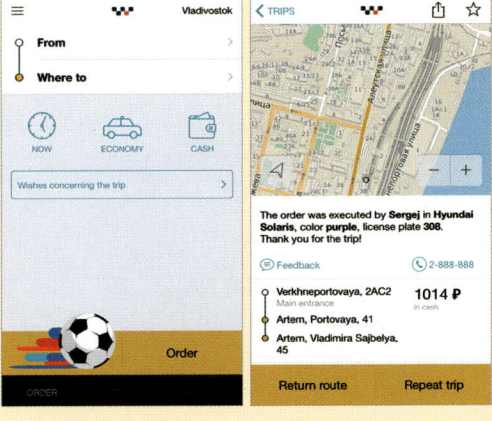

CONTENTS 목차

작가의 말	— 004
미리 보기	— 005
여행 웹사이트 & 애플리케이션	— 006

PART 01 한눈에 보는 블라디보스톡

숫자로 보는 블라디보스톡	— 014
이토록 가까운 블라디보스톡	— 016
블라디보스톡 한눈에 보기	— 018
구역별로 만나는 블라디보스톡	— 020
여행 키워드 5	— 028
필수 여행지 7	— 030
음식 베스트 5	— 032
쇼핑 베스트 5	— 033
역사 키워드 9	— 034
블라디보스톡 여행 정보	— 042

추천 여행 코스

베이직 코스(2박 3일, 3박 4일)	— 022
테마 여행 코스(가족 여행, 역사 탐방, 시즌 투어)	— 026

REAL GUIDE 시베리아 횡단열차 040 블라디보스톡 축제 064 러시아 보드카 베스트 5 088 러시아 음식 용어 089 추다데이 vs 이브로쉐 베스트 아이템 5 096 약국 베스트 아이템 4 099 슈퍼마켓 쇼핑 아이템 베스트 7 106 마린스키 극장 제대로 즐기기 196 근교도시 아르쫌의 숨겨진 스폿들 244 블라디보스톡에서 우수리스크 가는 방법 252

REAL STORY 러시아 문화 7 038 시즌별 오락거리 068 러시아 발레와 오페라 이야기 070 유제품과 전통 음료 090 러시아의 홍차 문화 091 블라디보스톡 대표 동상 12 158 맥주와 와인 이야기 245 연해주 항일독립운동 253

목차 CONTENTS

PART 02
테마로 즐기는 블라디보스톡

THEME 나만을 위한 맞춤 여행

체험 여행 바다 유람선 투어부터 개썰매와 스파까지	— 050
이색 공연 러시아 문화예술의 향연	— 052
박물관과 미술관 극동 시베리아의 역사와 예술을 보다	— 054
골목과 도심공원 고풍스러운 유럽 건축 양식	— 056
크래프트 맥주 투어 신나는 공연과 함께 즐기는	— 058
현지 시장 시베리아의 진기한 식재료 탐방	— 060
힐링 여행 자연을 그대로 담은 루스키 섬을 걷다	— 062

FOOD 입이 즐거운 블라디보스톡 요리

샤슐릭 입맛대로 골라먹는 노릇노릇한 꼬치구이	— 074
스테이크 고소한 육즙과 풍미가 살아 있는	— 076
수제버거 푸짐한 재료와 부드러운 식감의 향연	— 078
킹크랩과 곰새우 크기도 두 배, 쫄깃한 식감도 두 배	— 080
생선요리 입안에서 살살 녹는 바다의 맛	— 082
길거리 음식 저렴한 가격에 든든한 한 끼!	— 084
러시아식 만두 굽고 찌고 튀기고! 만두의 다양한 매력	— 085
디저트 카페 베스트 5 입이 행복해지는 달달함	— 086
차와 커피 베스트 5 여행 중 즐기는 한잔의 휴식	— 087

SHOPPING 비행깃값 버는 블라디보스톡 쇼핑 완전 정복

화장품 매장 베스트 5 싱그러운 유럽의 향기를 가득 담다	— 094
약국 몸도 마음도 건강해지는	— 098
기념품 전문점 베스트 4 블라디보스톡을 기념하는 모든 것	— 100
복합 쇼핑몰 베스트 5 패션부터 라이프스타일까지!	— 102
대형마트 베스트 5 쇼핑의 즐거움을 담다	— 104

CONTENTS 목차

PART 03
진짜 블라디보스톡을 만나는 시간

블라디보스톡 대중교통 — 110

블라디보스톡 여행의 시작
블라디보스톡 기차역 & 아무르 만 해변

REAL COURSE 추천 코스 — 114
REAL MAP 상세 지도 — 116
SEE · EAT · SHOP 추천 스폿 — 118

REAL SPOT
토카렙스키 등대 — 142

젊음의 열기가 샘솟는 도시의 심장
블라디보스톡 중심부

REAL COURSE 추천 코스 — 150

SECTION A 혁명광장 & 아르바트 거리
REAL MAP 상세 지도 — 154
SEE · EAT · SHOP 추천 스폿 — 156

SECTION B 금각만 주변 & 독수리전망대
REAL MAP 상세 지도 — 186
SEE · EAT · SHOP 추천 스폿 — 188

현지의 역사와 문화를 엿보다
빠끄롭스키 정교회 사원

REAL COURSE 추천 코스 — 209
REAL MAP 상세 지도 — 210
SEE · EAT · SHOP 추천 스폿 — 212

목차 CONTENTS

PART 04 블라디보스톡 근교 여행

자연이 깎아낸 바람의 섬
루스키 섬

REAL COURSE 추천 코스	— 225
REAL MAP 상세 지도	— 226
SEE · EAT 추천 스폿	— 227

러시아에서 현지인처럼 주말 보내기
마콥스키 대로 & 샤마라 해변

REAL COURSE 추천 코스	— 235
REAL MAP 상세 지도	— 236
SEE · EAT · SHOP 추천 스폿	— 238

이야기를 품은 고즈넉한 도시
우수리스크

REAL COURSE 추천 코스	— 249
REAL MAP 상세 지도	— 250
SEE · EAT 추천 스폿	— 254

PART 05 쉽고 즐거운 여행 준비

GUIDE 01
여행이 쉬워지는 **준비 편** — 266

GUIDE 02
망설임 없이 따라하는 **실전 편** — 272

GUIDE 03
아는 만큼 편해지는 **숙소 편** — 282

INDEX — 296

PART 01

한눈에 보는 블라디보스톡
PREVIEW VLADIVOSTOK

BASIC KEYWORD
숫자로 보는 블라디보스톡 P.014

QUICK VIEW 1
이토록 가까운 블라디보스톡 P.016

QUICK VIEW 2
블라디보스톡 한눈에 보기 P.018

QUICK VIEW 3
구역별로 만나는 블라디보스톡 P.020

TRAVEL COURSE
추천 여행 코스 P.022

TRAVEL KEYWORD
여행 키워드 5 P.028

MUST VISIT
필수 여행지 7 P.030

BEST FOOD
음식 베스트 5 P.032

BEST SHOPPING
쇼핑 베스트 5 P.033

HISTORIC KEYWORD
역사 키워드 9 P.034

014　PREVIEW VLADIVOSTOK

BASIC KEYWORD

숫자로 보는 블라디보스톡

대한민국에서 가장 가까운 유럽 도시 블라디보스톡은 어떤 곳일까?
온 도시가 얼음왕국이 되는 겨울부터 핫한 젊은 도시로 변신하는 여름까지! 규모는 작지만 이색적인 문화와 볼거리, 먹거리, 체험거리로 가득하다. 숫자를 통해 블라디보스톡의 다양한 매력을 알아보자.

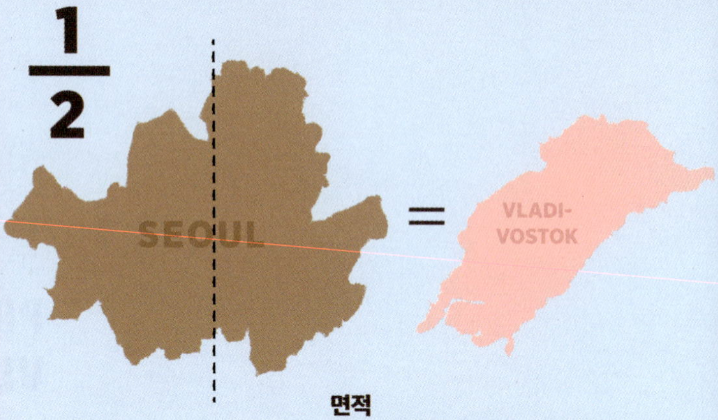

$\frac{1}{2}$

SEOUL = VLADI-VOSTOK

면적
블라디보스톡 시의 면적은 서울의 약 절반(331.16km²), 인구는 2018년 기준 약 67만 명.

214m
독수리전망대 높이
블라디보스톡에서 가장 높은 명소.

시베리아 횡단철도 길이
시작점 모스크바부터 종착점 블라디보스톡까지의 거리. 기차로 6박 7일(약 147시간) 소요되며 하루에 한 번씩 시차가 바뀐다.

9,288km

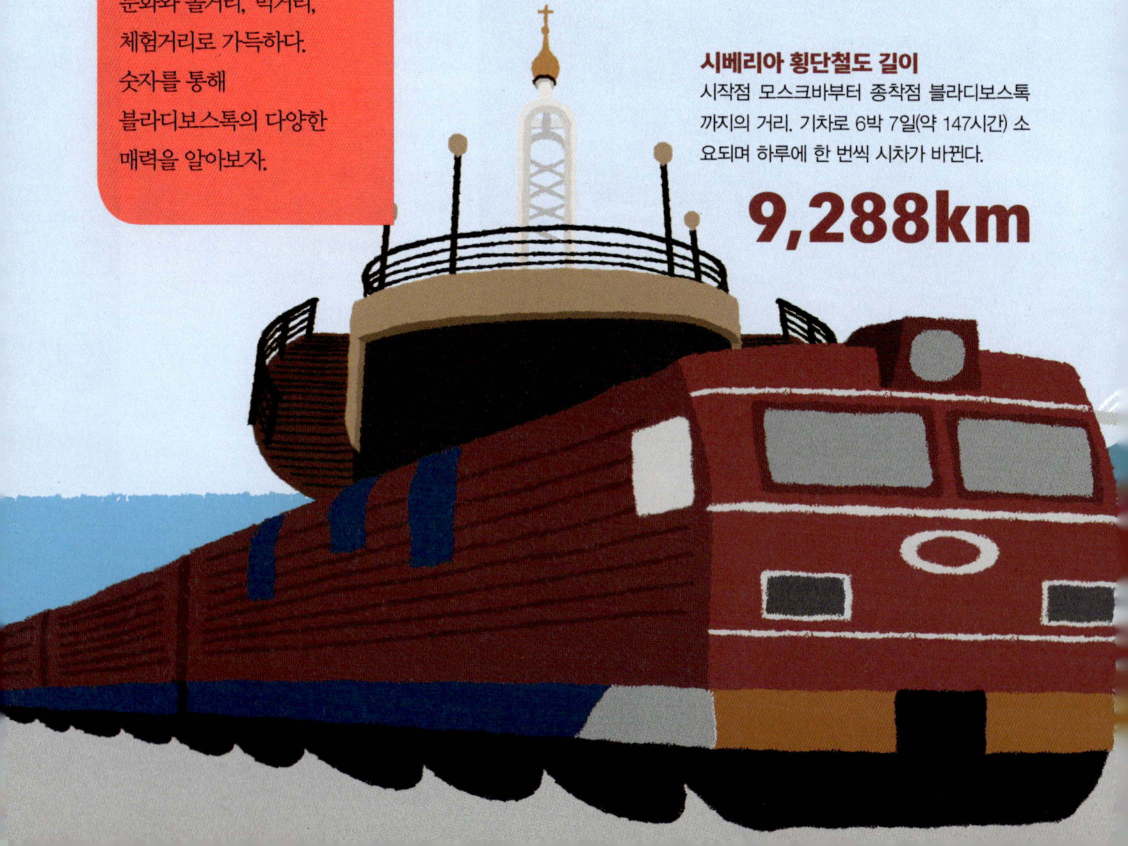

BASIC KEYWORD 015

20°C
여름 평균 기온
블라디보스톡의 여름 평균 기온. 한여름 낮에는 25도 가까이 오르기도 하며, 한겨울에는 영하 20도까지 내려가 연교차, 일교차가 심하다.

2h
한국에서 걸리는 시간
인천에서 블라디보스톡까지는 비행기로 약 2시간 40분. 러시아 국적기를 이용해 북한 영공을 가로지를 경우 2시간 만에 도착할 수 있다.

36,000원
킹크랩 1kg 평균 시세
고급 레스토랑 식사 기준(2,000루블).
2019년 5월 기준 1루블=18원.

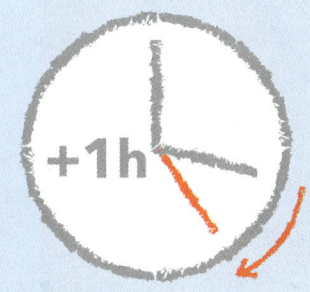

+1h
시차
한국보다 1시간 빠르다.

1,104m
루스키대교 길이
세계에서 가장 긴 사장교, 2위 중국의 쑤퉁대교.

016　PREVIEW VLADIVOSTOK

QUICK VIEW 1

이토록 가까운 블라디보스톡

블라디보스톡은 러시아 수도 모스크바에서 9,000km 이상 떨어진 반면 서울과의 거리는 740km로, 서울이 모스크바보다 약 12배나 가깝다. 인천에서 블라디보스톡까지는 비행기로 2시간 40분이면 충분하고, 러시아 국적 항공을 이용하면 북한 영공을 통해 2시간 만에 도착할 수 있다. 속초에서는 크루즈 페리를 타고 갈 수 있을 정도로 생각보다 가까운 유럽이 바로 블라디보스톡이다.

QUICK VIEW 2
블라디보스톡 한눈에 보기

블라디보스톡의 면적은 331.16㎢로 서울(605㎢)의 절반 정도다. 그중 여행자가 많이 찾는 지역은 도시 중심인 금각만 주변으로, 관광지 대부분이 걸어 다닐 수 있는 거리라 구석구석 둘러보는 데 큰 어려움이 없다. 블라디보스톡 남부에 위치한 루스키 섬(97.6㎢)의 면적은 한국의 울릉도 (72.56㎢)보다 약간 크다.

▲ 우수리스크

▲ 마꼽스키 대로 & 샤마라 해변

아무르 만

빠끄롭스키 정교회 사원

기차역 & 아무르 만 해변

금각만 주변 & 독수리전망대

혁명광장 & 아르바트 거리

토카렙스키 등대

루스키 섬
▼

QUICK VIEW 2 019

QUICK VIEW 3

어느 곳을 먼저 갈까?
구역별로 만나는 블라디보스톡

블라디보스톡의 주요 스폿은 중심부에 집중되어 있어 대부분 걸어서 이동 가능하다. 블라디보스톡의 주요 구역별 특징을 미리 확인하고 취향에 맞게 여행 계획을 세워보자.

블라디보스톡 여행의 시작
블라디보스톡 기차역 & 아무르 만 해변

시베리아 횡단열차의 시작점인 기차역과 국제 여객터미널, 공항철도 입구가 있는 남부는 블라디보스톡 여행의 시작이자 끝이다. 날씨가 본격적으로 따뜻해지는 5월부터 10월까지만 운행하는 유람선 투어, 블라디보스톡 요트클럽, 땅 끝을 지키는 토카렙스키 만에서 낭만을 즐겨보자. 기본적으로 모두 도보로 이동 가능하지만 토카렙스키 등대 부근은 버스나 택시를 타고 이동해야 하므로 충분히 시간 안배를 하자. P.116

- 대표 스폿 블라디보스톡 기차역 P.118, 연해주 국립미술관 P.119, 토카렙스키 등대 P.142

활기 넘치는
블라디보스톡 중심부
혁명광장 & 아르바트 거리

매스컴을 통해 입소문을 탄 레스토랑, 예쁜 카페와 근사한 펍으로 가득한 도시의 심장부. 여름과 겨울의 매력이 180도 달라지는 아무르 해변부터 현지인의 대표 데이트 장소 아르바트 거리, 맛집과 쇼핑가가 즐비한 스베틀란스까야 거리까지 모두 도보로 이동할 수 있다. 도심을 찬찬히 걸으며 중간 중간 역사적인 명소를 구경하는 재미가 있다. P.154

- 대표 스폿 혁명광장 P.156, 아르바트 거리 P.162

블라디보스톡 전경을
한눈에 담다
금각만 주변 & 독수리전망대

블라디보스톡 전체의 풍경과 야경을 감상하려면 무조건 방문해야 하는 스폿이다. 파노라마 레스토랑에서 금각만을 감상하며 맛보는 요리는 놓칠 수 없는 행복! 특히 마린스키 극장에서는 세계적으로 유명한 러시아 발레와 오페라 공연을 합리적인 가격에 관람할 수 있다. 인기 공연은 미리 예약해야 좋은 좌석을 얻을 수 있다. 마린스키 극장은 금각만 대교 너머에 있어 공연 1시간 전에는 택시를 타고 출발해야 한다. P.186

- 대표 스폿 독수리전망대 P.194, 금각만대교 P.191, 마린스키 극장 P.195

현지의 역사와 문화를 엿보다
빠끄롭스키 정교회 사원

러시아정교회 사원의 소박하고 아름다운 건축 양식을 살펴볼 수 있다. 사원과 공원 주위를 찬찬히 걷다 보면 역사 깊은 과학박물관과 연해주 국립미술관 분관도 나온다. 사원 북쪽에는 혹독한 시베리아 겨울 환경이 만들어낸 빼르바야 레치카 실내시장과 과거 국외 독립운동의 중추적 역할을 했던 신한촌 자리가 있다. 도시 중심부에서 버스를 타고 이동해야 하며 특히 신한촌기념비는 골목 굽이굽이 걸어 들어가야 하므로 시간을 넉넉히 잡고 방문하는 것이 좋다. P.210

- 대표 스폿 빠끄롭스키 정교회 사원 P.212, 빼르바야레치카 실내시장 P.214

자연에서 얻는 힐링
블라디보스톡 근교

여행 기간이 4일 이상이라면 복잡한 도심에서 잠시 벗어나 근교로 떠나보자. 블라디보스톡 최남단 루스키 섬에는 교내에 해수욕장이 있는 극동연방대학교와 세계에서 세 번째로 큰 수족관인 연해주(프리모르스키) 아쿠아리움 등 볼거리가 많고, 트레킹하기 좋은 코스도 있다. 여름에는 활기가 넘치는 샤마라 해수욕장과 마콥스키 대로 부근 숨겨진 스폿을 찾아 나서는 것도 좋다. 다만 도심에서 먼 거리에 위치해, 하루를 꼬박 할애해야 한다.

- 근교 여행지 루스키 섬 P.226, 샤마라 해변 P.236, 우수리스크 P.250

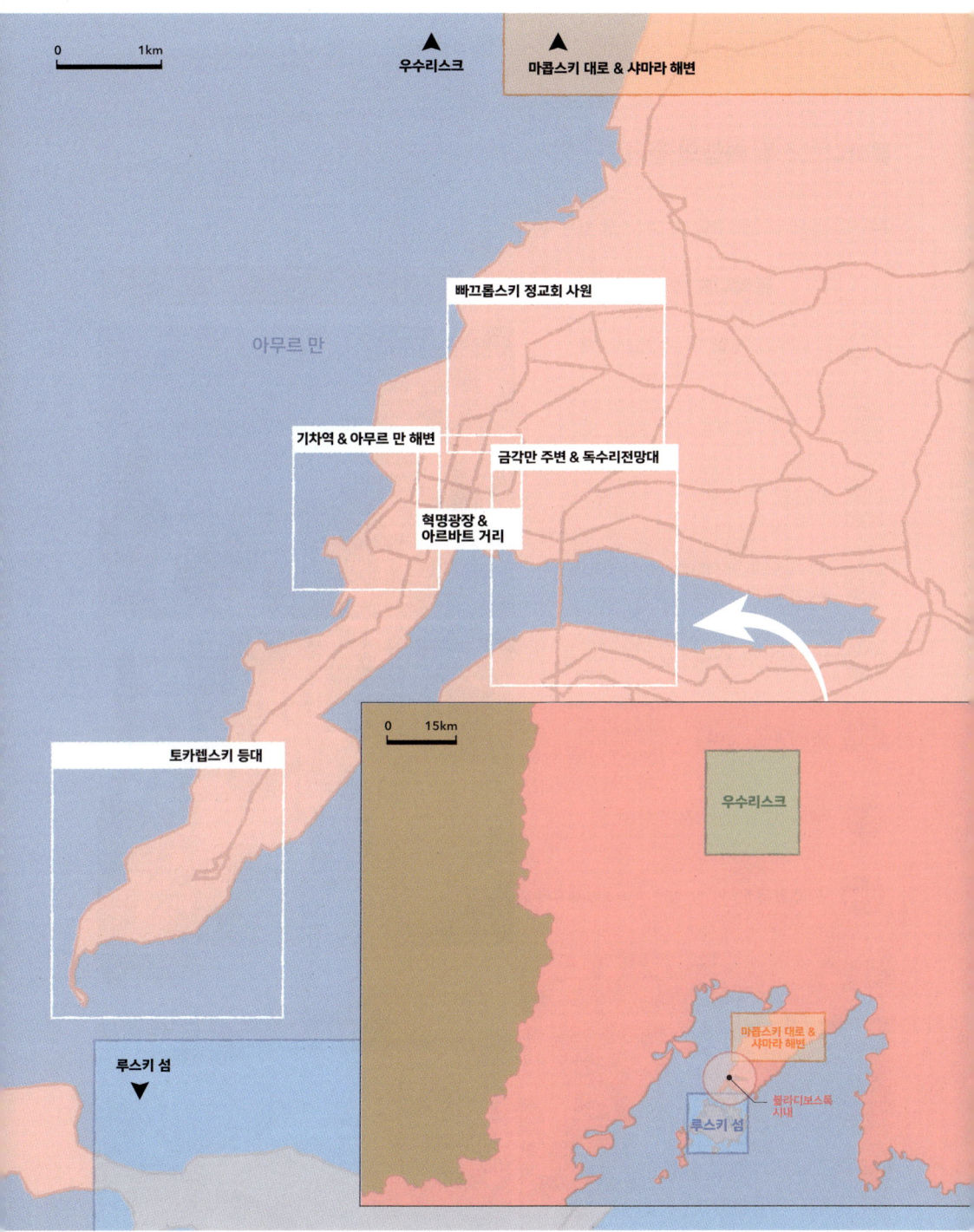

PREVIEW VLADIVOSTOK

TRAVEL COURSE

블라디보스톡 여행의 정석
베이직 2박 3일 코스

2박 3일간 시내 곳곳을 둘러보는 가장 기본적이면서도 알찬 일정이다.

DAY 1 　블라디보스톡 중심부

- **14:00** 블라디보스톡 공항 도착 후 시내로 이동
- **15:30** 숙소 체크인 후 짐 맡기기
- **16:00** 혁명광장 P.156 구경
- **16:30** 블라디보스톡 굼 백화점 P.176, 굼 옛마당 P.160, 뷰로나호덕 P.176 쇼핑
- **17:00** 카페인 P.163에서 커피 한잔
- **18:00** 해양공원 P.120 산책
- **19:00** 뻬야띠 아께안 P.139에서 저녁식사
- **21:00** 무미뜨롤 뮤직 바 P.136 방문 후 숙소에서 휴식

혁명광장

굼 옛마당

카페인

해양공원

TRAVEL COURSE 023

DAY 2 블라디보스톡 남부 + 중심부

토카렙스키 등대

개선문

08:00	숙소에서 조식 후 출발
10:00	토카렙스키 등대 P.144
11:30	댑 바 P.130 에서 점심식사
13:00	아르세니예프 연해주 국립박물관 본관 P.160
14:30	니콜라이 개선문 & 정교회 사원 P.188, 영원의 불꽃 P.189, 잠수함박물관 P.189 관람
15:30	체사레비치 제방 공원 P.190
16:30	독수리전망대 P.194 전경 감상
17:00	브이싸타 P.200 에서 저녁식사
18:30	마린스키 극장 연해주 분관 P.195 에서 공연 감상
22:30	숙소 복귀 후 휴식

독수리전망대

브이싸타

DAY 3 중심부 & 빠끄롭스키 정교회 사원 부근

- **09:00** 체크아웃, 짐 맡기기
- **09:30** 아르바트 거리 P.162 구경, 추다데이 P.180, 이브로쉐 P.181 등에서 쇼핑
- **11:00** 빠끄롭스키 정교회 사원 P.212 방문
- **12:00** 신디케이트 P.217에서 스테이크 맛보기
- **13:30** 대형 슈퍼마켓 블라제르 P.218 구경
- **15:00** 숙소에서 짐 찾고 공항으로 출발

추다데이

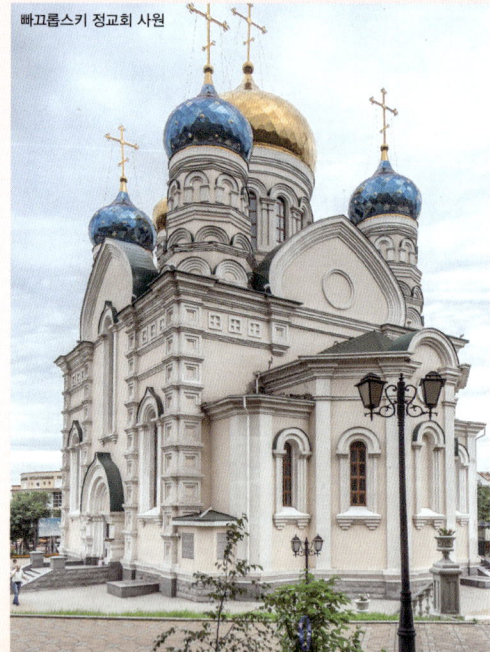
빠끄롭스키 정교회 사원

2박 3일 코스 예산

교통비	1,295루블
입장료	1,400루블
식비	4,000루블
총액	약 6,700루블 (쇼핑 비용 제외)

신디케이트

블라제르

TRAVEL COURSE 025

하루 더 여유가 있다면?
풍성한 3박 4일 코스

2박 3일의 시내 코스에 외곽 코스를 하루 더해 3박 4일 일정을 짜보자.
이 책의 파트 4에서는 세 가지 근교 여행 코스를 소개하고 있다.

01 루스키 섬

- 10:00 극동연방대학교 P.227 구경
- 11:30 노빅 컨트리클럽 P.231 에서 점심식사
- 13:00 토비지나 곶, 바뜰리나 곶 P.229 트레킹
- 14:30 연해주 아쿠아리움 P.228 구경

02 마콥스키 대로와 샤마라 해변

- 09:30 클로버하우스 정류장에서 출발
- 10:00 자르야 예술단지 P.238 구경
- 12:00 크루즈 레스토랑 P.241 에서 식사
- 13:30 샤마라 해수욕장 P.239 및 샤슬릭 거리 P.240 체험

03 우수리스크

- 09:30 우수리스크역 P.254 에서 출발
- 10:30 정교회 사원 P.255, 우수리스크 박물관 P.255, 영원의 불꽃, 구시가지 P.256 구경
- 14:00 고려인 문화센터 P.260
- 15:30 시청광장 P.257
- 16:30 최재형 선생 고택 P.259, 도라 공원 P.258 산책

PREVIEW VLADIVOSTOK

THEME COURSE

맞춤옷을 입은 듯 딱!
테마 여행 코스

가족과 함께하는 여행, 동아시아의 역사를 한눈에 볼 수 있는 역사 탐방, 거기다 여름과 겨울에만 즐길 수 있는 시즌 투어까지! 여행 목적에 맞게 골라 짤 수 있는 테마 여행 코스를 소개한다.

| 추천 테마 01 | 부모님, 아이들과 함께 즐기는
가족 여행 코스 |

- **해양공원 Спортивная Набережная**
  공원 산책, 오리배 체험, 까루셀 놀이공원 P.120, 121

- **블라디보스톡 서커스장 Владивостокский цирк**
  러시아 서커스단 공연 관람 P.192

- **굼 옛마당 Старый Дворик ГУМа**
  테마 거리 산책 & 러시아 디저트 맛보기 P.160

- **블라디보스톡 바다 유람선 투어**
  Морские экскурсии владивосток
  블라디보스톡 랜드마크 & 바다 전경 감상 P.118

- **잠수함 박물관**
  Мемориальная гвардейская подводная лодка С-56
  태평양 함대 잠수함 내부 구조 살펴보기 P.189

- **마린스키극장 연해주 분관**
  Мариинский театр Приморская сцена
  러시아 발레 & 오페라 공연 관람 P.195

- **연해주 아쿠아리움 Приморский океанариум**
  시베리아 해양생물 구경, 연해주 돌고래쇼 관람 P.228

THEME COURSE 027

추천 테마 02 — 동아시아 역사를 한눈에 보는 역사 탐방 코스

- **혁명광장** Площадь борцов революции
  러시아 혁명 기념 동상 감상
  & 주말시장 야르마르까 둘러보기 P.156
- **아르세니예프 연해주 국립박물관**
  Приморский музей им. В.К. Арсеньева
  블라디보스톡과 연해주 역사를 한눈에! P.160
- **신한촌 기념비** Памятник Корейским Поселениям
  국외 독립운동의 중심이었던 역사적 기념비 방문 P.215
- **골동품 자동차 박물관** Музей Автомотостарины
  1920~90년대 유럽 및 러시아 자동차 역사 탐방 P.197
- **블라디보스톡 요새 박물관**
  Владивостокская Крепость
  중세 러시아 군사 무기의 변천사 살펴보기 P.123

추천 테마 03 — 여름, 겨울에 즐길 수 있는 시즌 투어

여름

- **해양공원** Спортивная Набережная
  해변 야간거리에서 칵테일 한잔과 해산물 즐기기 P.120
- **토카렙스키 등대** Маяк Токаревский
  무나 비치클럽에서 일광욕하기 P.144
- **연해주 레이싱 경기장 TPK** Приморское кольцо
  드리프트 챔피언십 & 국제 모터쇼 관람하기 P.244
- **샤마라 해변** Шамора
  근교 해수욕장에서 시베리아의 핫한 여름 만끽하기 P.239
- **루스키 섬** Остров Русский
  현지인의 휴양지 루스키 섬에서 트레킹하기 P.226

겨울

- **해양공원** Спортивная Набережная
  시베리아 겨울 얼음낚시 체험하기 P.120
- **토카렙스키 등대** Маяк Токаревский
  러시아 전통 사우나 바냐 체험하기 P.144
- **페티소브 아레나** Фетисов Арена
  블라디보스톡 아드미랄 하키팀 경기 관람하기 P.239
- **외곽 투어 프로그램**
  시베리아 허스키 개썰매 체험하기 P.051

TRAVEL KEYWORD

단숨에 읽는
블라디보스톡 여행 키워드 5

블라디보스톡은 2시간 만에 만날 수 있는 동아시아 속의 작은 유럽이다. 고풍스러운 유럽 건축양식부터 이색적인 문화예술, 액티비티까지 체험거리가 다양하다. 블라디보스톡을 제대로 즐기기 위한 다섯 가지 키워드를 알아보자.

01
시원한 여름과 다채로운 축제

블라디보스톡은 한여름에도 평균 영상 22도 내외로, 우리나라보다 약 10도 정도 낮아 비교적 선선하다. 7~8월 여름시즌에는 다채로운 축제와 행사를 체험할 수 있다. 화려한 퍼레이드가 인상적인 도시의 날부터 흥이 넘치는 국제 락페스티벌까지 볼거리와 즐길거리가 가득하다. 특히, 캄차카 킹크랩을 시세보다 2배 이상 저렴하게 즐길 수 있는 킹크랩 축제는 놓쳐서는 안 될 기회!

02
러시아 문화예술의 축소판

블라디보스톡에서는 오랜 역사와 전통을 자랑하는 러시아 공연예술을 만나볼 수 있다. 마린스키 극장 연해주 분관에서 러시아를 대표하는 발레, 오페라, 오케스트라 공연을 감상할 수 있고, 2017년 새롭게 개장한 서커스장에서는 용맹한 시베리아 호랑이를 만날 수 있다. 거기에 다양한 유럽 예술작품을 만나볼 수 있는 연해주 국립미술관까지, 그야말로 유럽과 러시아 예술이 집약된 도시라 할만하다.

03
동서양이 융합된 음식 문화

동양인이 주로 살던 블라디보스톡이 서양 문화권이 된지는 불과 200년. 지금도 고려인을 비롯한 동양인들이 거주하고, 동서양이 융합된 음식을 맛볼 수 있다. 우리나라의 김치찌개와 비슷한 보르쉬 수프, 다채로운 색깔로 빚어낸 만두 뺼메니, 그리고 연해주(프리모르스키 크라이) 지역의 풍부한 해산물로 만든 일본식 스시까지 블라디보스톡의 음식은 한국인의 입맛에도 잘 맞는다.

04
음악과 함께하는 맥주 투어

매주 진행되는 라이브 공연과 함께 즐기는 신선한 생맥주는 블라디보스톡 여행의 큰 즐거움. 블라디보스톡에는 가게 내부에 양조장을 갖춘 유니크한 펍이 많다. 이곳에서 직접 양조해 갓 뽑아 신선한 수제 맥주의 맛은 그야말로 환상적이다. 특히 락 페스티벌 기간에는 세계 각국의 아티스트들이 각 펍의 무대를 찾아 화려한 밤을 장식한다.

05
자연이 선사하는 힐링

블라디보스톡에는 아직 사람의 손이 닿지 않은 미지의 스폿이 많다. 고급 휴양 시설은 부족하지만 본모습 그대로 보존된 자연이 관광객에게 힐링을 안겨준다. 일반인에게 개방된 지 얼마 되지 않은 청정구역이자, 시베리아 여우를 마주칠 수도 있는 루스키 섬부터 블라디보스톡 근교 샤마라 해변까지, 광활한 시베리아의 자연을 느껴보자.

MUST VISIT

이곳만은 반드시!
블라디보스톡 필수 여행지 7

블라디보스톡을 알차게 여행하고 싶다면 더 이상 고민하지 말자. 블라디보스톡에서 반드시 봐야 할 명소 일곱 곳을 선정했다.

01
축제와 유흥의 중심지
해양공원

블라디보스톡 시민에게 활력소가 되는 장소로, 아시아태평양 국제영화제, 국제 락페스티벌 등의 다채로운 행사가 열린다. 아담한 놀이공원 주위로 소소한 즐길거리와 블라디보스톡 요새박물관 등이 있다. 특히, 여름이면 핫 플레이스로 변신하는 해변의 야간 거리는 음악과 젊은이들의 열정이 가득하다. P.120

02
아기자기한 카페가 있는 옛 골목
포킨제독 거리

'블라디보스톡 아르바트 거리'로도 불린다. 긴 겨울이 지나가면 분수들이 오색 조명으로 빛나며 활기가 넘친다. 러시아식 팬케이크 블린 전문점과 아기자기한 카페들이 여심을 자극한다. 화장품 전문숍 추다데이, 여성 의류 편집숍, 작은 기념품숍이 즐비하며 골목으로 들어서면 구석구석 또 다른 세상이 펼쳐진다. P.162

03
고대 유물부터 현재까지
아르세니예프 연해주 국립박물관

연해주에서 가장 많은 자료를 보유한 국립역사박물관이다. 구석기 시대 유물부터 20세기 생활상에 이르기까지 신기하고 귀중한 전시품들, 그리고 과거 발해시대의 유물도 찾아볼 수 있다. 블라디보스톡을 포함한 동아시아 역사를 이해하려면 반드시 들러야 할 곳이다. P.160

04
블라디보스톡의 심장부
혁명광장

다채로운 행사가 진행되는 블라디보스톡의 중심부로, 한겨울을 제외하고 매주 금, 토요일마다 시장이 열린다. 중앙광장 앞을 지나가는 스베뜰란스까야 거리는 블라디보스톡의 중추적 역할을 한다. 이 길을 쭉 따라가면 혁명광장, 100년 역사를 자랑하는 굼백화점, 해군제독 광장, 서커스장 등 주요 관광지를 만날 수 있다. P.156

05
연해주의 과거와 현재
해군제독 광장

블라디보스톡 도시박물관, 니콜라이 개선문, 잠수함박물관, 영원의 불꽃이 한 구역에 모여 있는 기념 단지다. 이곳 건너편 제방에는 붉은 펜던트 호가 개방되어 있으며, 바다를 따라 중심지 반대편으로 걷다보면 현지 젊은이들의 핫 플레이스 체사레비치 제방 공원이 나온다. P.188

06
블라디보스톡의 야경 명소
독수리전망대

언덕에 위치해, 블라디보스톡의 랜드마크로 꼽히는 금각만대교와 탁 트인 바다를 한눈에 감상할 수 있다. 푸니쿨료르라고 불리는 케이블카를 타고 올라가보자. 근처에 19층 높이의 근사한 레스토랑이 있어 언덕을 오른 김에 방문해도 좋다. P.194

07
블라디보스톡의 숨은 보석
루스키 섬

신선한 공기를 마시며 산책하기 좋다. 극동러시아에서 최대 규모를 자랑하는 극동연방대학교 루스키 캠퍼스는 해수욕장이 있고 문화예술 공연도 열려 현지인에게 인기가 많다. 세계에서 세 번째로 큰 수족관 연해주 아쿠아리움과 소련 시대 중요한 군사 요새 역할을 하던 바라쉴롭스까야 포대박물관이 섬의 깊은 곳에 은밀하게 숨어 있다. P.226

MUST VISIT 031

01

03

04

02

05

06

07

BEST FOOD

여행이 맛있다!
블라디보스톡 음식 베스트 5

미식의 즐거움을 찾아 블라디보스톡을 방문한 이들의 고민을 해결해줄 최고의 음식 다섯 가지를 소개한다.

01
러시아 전통 꼬치구이
샤슬릭

러시아식 특제 양념에 재료를 재어 놓은 뒤, 칼 모양의 꼬치에 꽂아 숯불에 노릇노릇하게 구워 먹는 러시아의 국민 요리다. 소고기, 돼지고기, 닭고기, 양고기, 해산물까지 취향대로 선택할 수 있다. P.074

02
고소함과 쫄깃함의 조화
곰새우

작은가재와 비슷한 생김새로, 날카롭고 단단한 껍질 속 짭조름하고 고소한 맛과 쫄깃쫄깃한 식감이 신세계를 열어준다. 한번 맛보면 그 맛을 절대 잊을 수 없는 블라디보스톡 대표 음식이다. P.080

03
입에서 살살 녹는 맛
킹크랩

블라디보스톡 킹크랩은 매우 크고 살이 오동통하게 차 있으며 맛도 일품이다. 국내에서는 상당히 비싸지만 블라디보스톡에서는 반값도 안 되는 가격에 맛볼 수 있다. 9월의 킹크랩 축제 기간에는 더욱 저렴하게 즐길 수 있다. P.080

04
가격도, 양도, 맛도 최고
샤우르마

샤우르마는 러시아식 케밥을 말한다. 터키식 케밥보다 담백하고 깔끔한 맛으로 한국인을 비롯한 동양 관광객의 입맛을 사로잡는다. 저렴한 가격과 푸짐한 양이 장점이다. P.084

05
탄성이 절로 나는 장인 버거
수제버거

도톰하고 촉촉한 패티와 부드러운 마법의 소스가 탄성을 자아낸다. 눈을 사로잡는 비주얼, 조화로운 재료와 풍부한 맛, 든든한 양 등 어느 하나 부족함이 없다. P.078

BEST FOOD & SHOPPING 033

BEST SHOPPING

여행의 즐거움

블라디보스톡 쇼핑 베스트 5

러시아를 상징하는 아기자기한 기념품부터 유럽 화장품, 로컬 패션까지! 블라디보스톡 베스트 쇼핑 스폿 다섯 곳을 소개한다.

01
블라디보스톡의 쇼핑 중심지
스베뜰란스까야 거리
해양공원 근처부터 중국시장까지 이어진 중심도로로, 특히 혁명광장 건너편이 가장 활발하다. 대형 의류점과 화장품 전문숍 등 각종 상점이 모여 있다. P.157

02
유럽 화장품은 이곳에서
추다데이 & 이브로쉐
러시아 및 유럽 화장품, 향수 등을 취급하는 뷰티스토어 추다데이와 프랑스 천연원료 화장품 이브로쉐 매장에서 한국에서보다 저렴하게 쇼핑할 수 있다. P.180, 181

03
러시아 전통 기념품은 여기!
블라드기프트
러시아의 특별한 기념품을 원하면 3층짜리 대형 기념품숍 블라드기프트를 찾자. 러시아 대표 인형 마뜨료쉬까, 마그네틱, 엽서, 골동품까지 다양한 기념품이 가득하다. P.175

04
대량 구매에 제격인 곳
기뻬르 마켓
쌈베리, 레미 등 블라디보스톡에서 대형 할인점을 뜻하는 기뻬르 마켓은 필수 쇼핑 코스다. 특히 러시아산 고급 홍차와 초콜릿을 저렴한 가격에 대량 구매하여 지인들에게 선물하기 좋다.
P.147, 183, 218, 219
* 마트 쇼핑 추천 아이템은 P.106

05
세계 주류가 한 자리에!
알코올 마켓
세계 각국의 수천 가지 술을 구경하는 것만으로도 즐겁다. 보드카는 물론, 한국에서 구하기 어려운 희귀 주류를 저렴하게 구매할 수 있다. 딜란, 빈란 등이 대표적인 알코올 마켓.
P.178, 184

HISTORIC KEYWORD

핵심만 쏙쏙!
역사 키워드 9

블라디보스톡은 유럽 문화권에 속해 있지만 동아시아 주요국 세력 다툼의 격전지였다. 특히 한국의 해외 항일 독립운동 거점지역으로 우리와는 역사적으로 많은 부분 얽혀 있다. 도시의 일대기를 살펴보면 한층 깊이 있는 여행이 가능해질 것이다.

01
작은 어촌마을에서 기원하다
선사시대
기원전 5만년경~7세기

연해주 지역 최초의 인류는 약 5만 년 전 이주한 것으로 추정되며, 고아시아인과 퉁구스인으로 구성되었다. 현재까지도 동시베리아와 동북시베리아에는 퉁구스어를 사용하는 부족들이 거주한다. 신석기시대와 청동기시대를 거쳐 농업과 어업 활동이 활발해지기 시작했고, 오랫동안 동아시아 지역의 변방으로서 북방 이민족이 살았다. 3~6세기에는 고대 부족 읍루, 그리고 이들의 후예로 추측되는 말갈족이 6~7세기에 거주했다.

02
조상들의 숨결을 느끼다
발해시대
7세기 후반~10세기 초반

발해가 이 지역을 698년부터 926년까지 통치했다. 블라디보스톡에서 북쪽으로 약 100km 떨어진 우수리스크는 발해의 5경 15부의 하나인 솔빈부가 있었던 곳으로 추정된다. 발해성터 인근 지역에서 발해시대 석상, 토기, 기와 등 수많은 유물이 발굴되어 이를 뒷받침하는 근거가 되고 있다. 발해가 멸망한 뒤 연해주 지역은 차례대로 몽골과 중국의 지배를 받았다.

03
동아시아를 지배하다
여진족과 청나라
12~13세기, 17~19세기 중반

12세기 초반부터는 퉁구스계 여진족이 연해주 지역을 지배했다. 칭기즈칸의 침입으로 여진이 멸망한 후 300년 이상은 문명이 발전하지 못했지만, 여진족의 후신인 만주족이 17세기 초 중국을 정벌하고 청나라를 건설하면서 청의 영토가 되었다. 제2차 아편전쟁 중 러시아제국이 청나라 땅으로 남진하여 연해주 지역에 하바롭스크를 건설했고, 1860년 베이징 조약을 체결했다. 그러면서 작은 어촌이던 블라디보스톡은 1880년 공식적으로 시로 승격, 연해주의 행정 중심 도시로 성장했다. 이후 블라디보스톡은 영국 함대의 지속적인 위협에 방어하기 위해 해군 기지로 발전했다.

04
유라시아 대륙을 연결하다
시베리아 횡단철도
1890~1916년

1890년대부터 블라디보스톡은 극동 러시아의 무역항으로 크게 발전했다. 1891년에는 러시아제국의 황제 알렉산드르 3세의 명령으로 블라디보스톡부터 모스크바까지 연결되는 철도 건설에 착공하여, 1916년 9,288km 길이의 세계 최장 노선인 시베리아 횡단철도가 탄생했다. 또한 1900년대 초반 중국과 우수리스크를 연결하는 철도가 만들어지면서 전체적인 경제 호황과 함께 상주 인구도 폭발적으로 증가했다.

05
1차 세계대전의 전초전
러일전쟁
1904~1905년

1904년 2월부터 1905년 9월까지 만주 지역과 조선의 지배권을 두고 러시아제국과 일본제국이 한반도에서 벌인 전쟁이다. 결과는 러시아의 패배였다. 러일전쟁의 패전으로 러시아 황실의 위신은 추락하고 기존에 존재했던 노동자·농민 계층의 불만이 고조되어 러시아혁명의 계기가 되었다. 블라디보스톡의 곳곳에는 러일전쟁에서 희생된 군인과 노동자들을 기리는 기념비가 있다. 한편 러일전쟁은 포츠머스 조약과 을사조약으로 이어져 대한제국의 주권이 일본에게 넘어가는 결과를 낳았다.

HISTORIC KEYWORD   035

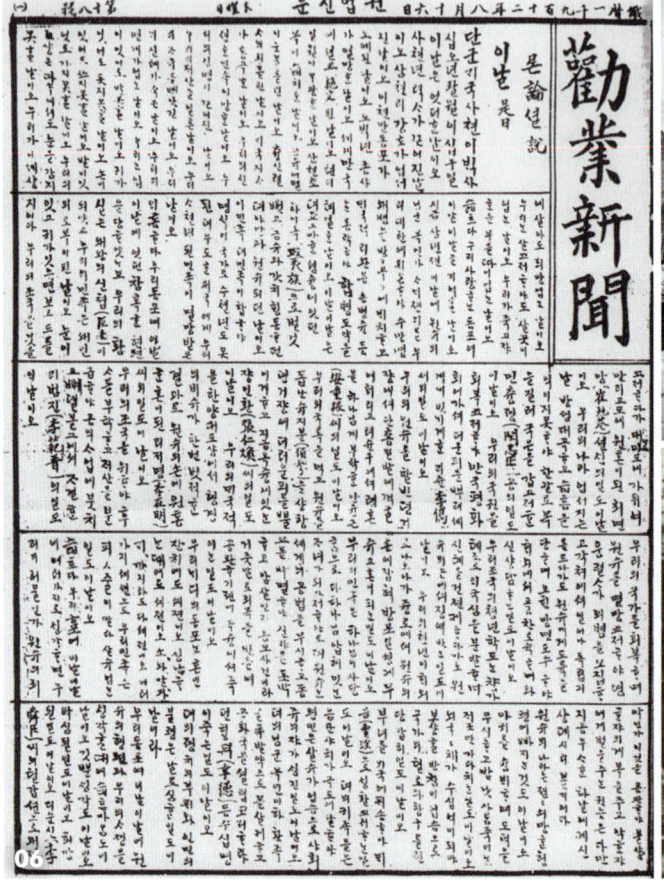

06
해외 항일 독립운동의 거점
권업회, 대한광복군정부
1911~1914년

1911년 블라디보스톡에서 독립운동 단체 권업회가 조직되었고, 1914년에는 우리나라 최초의 국외 임시정부 대한광복군정부가 만들어졌다. 이토 히로부미 저격의 배후에는 러시아 한인 사회의 존경받는 지도자였던 최재형 선생이 있었다. 최재형 선생이 4월 참변 전까지 거주한 고택은 지금도 우수리스크에 남아 있다. 1차 대전으로 러시아가 전시 체제를 확립하고 러일동맹이 성립되어 권업회가 강제 해산되자, 대한광복군정부도 해산되었다.

07
우리 민족의 가슴 아픈 역사
고려인
1863~1945년

1884년 조·러수호통상조약 체결 등 러시아의 우호적 태도에 힘입어 한인의 연해주 이주가 활발해졌다. 이후 일제의 조선 침략이 본격화되면서 한인 이주가 급증하자, 러시아의 제한정책이 시작되었다. 1937년에는 스탈린의 소수민족 이주정책의 일환으로 고려인 18만 명이 중앙아시아의 벌판에 강제로 버려졌고, 4만 명 이상이 사망했다. 현재 우수리스크의 고려인 문화 센터에는 가슴 아픈 역사와 독립운동가들을 기리는 고려인역사관이 있다.

08
피로 물든 20세기
전쟁의 시대
20세기 초반~중반

도시는 급속하게 성장해, 아시아 태평양 지역의 경제 중심지로 자리 잡았으나 1차 대전이 발발하자 중요 경유지가 되었고 두 차례의 혁명이 일어나 내전으로 번졌다. 1922년 소비에트 연방이 수립되자 일본 군대가 블라디보스톡의 자원을 약탈해, 은행은 파산하고 도시 인구가 크게 감소했다. 전쟁의 아픔이 채 가시기도 전에 2차 대전이 발발해 블라디보스톡은 연합군의 원조물자를 양륙하는 항구가 됐다.

HISTORIC KEYWORD 037

REAL TIP 깊이 있는 블라디보스톡 여행을 위해 함께 읽으면 좋은 책

- 〈유라시아를 여는 문 극동 러시아〉 강승아·서정희 지음, 빛누리, 2015.
- 〈박환 교수와 함께 걷다 블라디보스토크〉 박환 지음, 아라, 2014.
- 〈독립의 기억을 걷다〉 노성태 지음, 한울, 2015.

09
새로운 국가로 재탄생하다
소비에트 연방에서 러시아로
1991년~현재

소련 붕괴 이후 블라디보스톡의 경제는 급격히 어려워지고, 1992년까지 태평양함대 사령부 중심의 군항으로 외국인은 물론 자국민도 왕래가 자유롭지 않아 동아시아에 있는 미지의 도시로 불렸다. 그러나 2000년대 들어 극동아시아의 운송, 무역 및 금융 중심지로 각광을 받기 시작했다. 2012년 APEC 정상회의를 기점으로 블라디보스톡의 인프라 개발에 약 200억 달러가 투자됐다. 러시아의 랜드마크 금각만대교와 루스키대교가 건설되고 극동연방대학교 루스키 캠퍼스가 자리 잡으면서 그동안 비밀 군사지역이었던 루스키 섬도 개방되었다. 2014년 1월 한·러 무비자 조약이 체결되면서 한국인을 맞이하는 시설이 급증, 2017년 러시아 내 관광도시 4위를 기록할 만큼 급부상했다.

여행 전 알아두면 좋을
러시아 문화 7

원활한 블라디보스톡 여행을 위해 알아두면 좋을 러시아 문화와 에티켓 일곱 가지를 살펴보자.

01
공연장 방문 시
격식 있는 복장은 필수

러시아인은 공공장소에서 상대방의 복장을 매우 중요하게 여긴다. 특히 극장이나 오페라 공연 관람 시 원피스나 정장 등으로 한껏 차려입는데, 이는 예술의 가치를 높게 평가하는 러시아인의 기본 에티켓이다. 등산복이나 슬리퍼 착용은 엄격하게 금지되므로, 여행 중 공연을 보러 갈 때는 이에 맞는 의상을 준비하자.

02
실내에서는 무조건
외투를 맡겨라

러시아는 모든 레스토랑, 공연장, 박물관, 미술관, 심지어 도서관까지 외투 보관 장소(Гардеробная, 가르제롭나야)가 있을 정도로 옷 보관 문화가 보편화되어 있다. 늦가을에서 초봄까지는 공연을 관람하거나 식사를 즐기기 전 입구에 위치한 가르제롭나야에 외투를 맡겨야만 입장이 가능하다. 실내 활동이 많은 겨울철에는 입장 전 외투를 맡기기 위해 한참 줄을 서야 하기 때문에 늦어도 공연 시작 30분 이전에 도착해야 한다.

03
문을 열어주고
잡아주는 문화

러시아의 현관문의 두께는 대체로 10cm 이상으로 두껍고 무거워 한 손으로 열기 버거울 정도다. 기차역이나 대형 쇼핑몰은 입구와 출구가 나뉘어 있다. 이것은 차가운 바람을 막기 위해 설계된 것으로, 러시아의 혹독한 겨울 추위의 영향이다. 두꺼운 출입문을 지날 때 뒤를 돌아보고 다음 사람을 위해 몇 초간 잡아주며 기다리는 배려가 필요하다. 특히 여성을 위해 문을 잡아주는 러시아 남성의 모습을 자주 볼 수 있다.

04 독특한 식당 예절

러시아에서는 패스트푸드점이나 쇼핑몰의 푸드코트에서도 음식을 먹은 뒤 본인이 식기를 치우면 안 된다. 빈 그릇을 치우는 직원이 따로 있어 그들의 일거리를 없애는 무례한 행위일 수 있기 때문이다. 일반적인 식당에서도 자리 안내, 주문, 서빙, 계산, 치우는 직원 등 업무가 세세하게 분담되어 있다. 식사를 마친 뒤에는 자리에서 계산이 진행되기 때문에 '계산서 부탁합니다(Счёт пожалуйста, 숏 빠좔스따)'라고 말한 후 기다리자. 서빙하는 직원에게 계산을 요청한 뒤 계산하는 직원이 올 때까지 다소 기다려야 할 수도 있다.

05 우리에겐 낯선 건식 욕실

우리나라는 대부분 바닥 한 귀퉁이에 배수구가 있는 습식 욕실을 사용하나, 러시아식 호텔 및 가정집 욕실은 대부분 바닥에 배수구가 없는 건식 형태이다. 따라서 욕조 밖으로 물이 쏟아지면 도로 퍼낼 수 없다. 일부 호텔에서는 이러한 경우 벌금을 물리는 경우도 있으니, 샤워 시 꼭 샤워커튼을 치고 욕조 안으로 넣어 이용하자. 건식 욕실은 바닥에 온돌이 설치되어 있어서 추운 겨울철에도 따뜻하게 사용할 수 있다.

06 낯선 이를 대하는 예의

러시아에서 모르는 사람을 부를 때 툭툭 치거나 지나가는 아이들을 귀엽다고 쓰다듬는 행위는 절대 금물이다. 빤히 쳐다보는 것도 큰 실례다. 떨어진 물건을 직접 주워주는 것도 의심을 받을 수 있다. 더구나 손가락질은 절대 해서는 안 되는 실례이므로, 무엇인가를 가리킬 때는 손바닥으로 가리키거나 '실례합니다(Извините, 이즈비니쩨)'라고 말해야 한다.

07 공공장소에서의 에티켓

공공장소에서 큰소리로 웃고 떠드는 행위는 무례한 행동으로 여겨진다. 특히 재채기를 할 때는 무조건 손으로 가려야 한다. 러시아인들은 재채기하는 것을 실례라고 생각하며, 재채기를 크게 하면 주변 사람들에게 병균을 옮길 수 있는 심각한 행위일 수 있다고 생각한다. 누군가가 재채기를 하면 주위의 사람들이 걱정하며 '건강하세요(Будьте здоровы, 붓쩨 즈다로븨)'라고 말해주기도 한다.

한눈에 보는
시베리아 횡단열차

설국열차의 실사판이라고도 불리는 시베리아 횡단열차, 듣기만 해도 여행자의 낭만을 불러일으키는 단어다.

01 시베리아 횡단열차는 얼마나 멀리 갈까?

시베리아 횡단열차는 9,288km를 달린다. 지구 둘레의 약 4분의 1에 해당하는 거리로, 세계에서 가장 긴 기찻길이다. 동아시아의 시작점은 블라디보스톡에, 유럽의 시작점은 러시아의 수도 모스크바에 있다. 두 역은 출발하는 방향에 따라 설레는 출발점이 되거나 기나긴 여행의 종착점이 되기도 한다. 블라디보스톡역에서 모스크바역까지는 001호 열차를 기준으로 약 147시간, 총 6박 7일이 소요되며, 이동하는 동안 시차가 하루에 한 번씩 바뀌는 유라시아 횡단의 대장정이다. 블라디보스톡역 내에는 시베리아 횡단철도의 총 거리를 의미하는 9,288km 기념비가 위풍당당하게 서 있다.

02 티켓 가격은 어느 정도일까?

시베리아 횡단열차는 열차 번호에 따라 시설과 가격이 천차만별인데 앞 번호부터 뒤로 갈수록 시설이 오래되고 가격도 저렴한 편이다. 001번 러시아(Россия) 호는 러시아를 대표하는 열차로, 최신 시설이며 티켓이 가장 비싸다. 또한 2인실, 4인실, 6인실 객실의 종류에 따라 가격도 달라진다. 2018년 001번 러시아 호 기준, 블라디보스톡부터 모스크바까지 2인실 약 50,000루블, 4인실 약 20,000루블, 6인실 약 7,500루블 정도. 가격은 실시간으로 변경되므로, 러시아 철도청 웹사이트(pass.rzd.ru)에서 시간 및 요금을 반드시 조회하자. 미리 예약할수록 저렴하게 이용 가능하고(탑승 날짜 기준 최대 60일 전 예약 가능). 노선 중간에 하차 후 재탑승하는 경우 비용이 조금 더 늘어날 수 있다.

03 기차의 내부 시설은?

열차의 가장 끝에는 개방형 6인실, 중간에는 폐쇄형 4인실, 맨 앞쪽에는 폐쇄형 고급 2인실이 있다. 고급 객실 칸을 지나면 제일 앞 칸에 레스토랑이 있다. 음식 가격이 매우 비싼 편이고 입맛에 맞지 않을 수 있으나, 객실 내에서 마시는 게 금지된 시원한 맥주를 즐기러 한 번 정도 이용해볼 만하다. 모든 칸 양옆 끝부분에 화장실이 있으며, 앞쪽에는 뜨거운 물을 이용할 수 있는 온수기가 있다. 열차의 각 칸마다 차장이 있어 화장실 및 복도 청소, 기념품 판매 등 객실의 전반적인 관리를 하며, 200루블 내외를 지불하고 20분 정도 샤워실 사용을 요청할 수 있다. 차장은 승객들의 탑승 정보를 인지하고 있어서 각 승객이 도착지에 다다르기 전 미리 안내해주기도 한다.

04 기차여행 시 주의해야 할 점은?

횡단열차 내 치안은 안전한 편이나 노트북이나 디지털카메라, 스마트폰 등 고가의 물건은 잘 관리해야 한다. 횡단열차에서는 음주와 흡연이 금지된다. 과거에는 맥주처럼 낮은 도수의 주류는 큰 문제가 없었으나, 최근 개방형 6인실에서는 이마저도 제재하는 추세다.

달리는 기차에서 전화는 가능하지만 인터넷은 거의 연결이 되지 않으며, 규모가 어느 정도 있는 기차역에 가까워지면 3G 데이터 속도 수준으로 조금씩 이용 가능하다. 그러니 기차여행 중 인터넷을 이용하려면 정차하는 순간을 놓치지 말자. 30분 이상 정차하는 대규모 역 내에서 무료 Wi-Fi를 사용할 수 있다.

05 당일치기로 가볼 만한 다른 도시는?

우수리스크는 블라디보스톡에서 기차로 약 2시간 거리에 있어 당일치기 여행이 가능하다. 우수리스크는 과거 발해의 땅이자 항일독립운동의 중추적 역할을 했던 작은 도시로, 동아시아 육로 교통의 요충지였다. 시베리아 횡단철도를 이용해서 우수리스크로 가는 방법은 두 가지가 있다. 단거리 노선으로 운행되는 지상전철(Электрички, 엘렉뜨리치끼)은 나무 의자가 딱딱해 약간 불편하지만 편도 200루블로 저렴한 편이다. 이보다 가격은 조금 비싸지만 전체 객실이 침대칸인 일반열차로 짧은 시간 동안 시베리아 횡단열차 체험을 해볼 수도 있다. 가격대는 객실에 따라 편도 400루블부터 4,000루블 대까지 다양하다.

블라디보스톡에서 북쪽으로 약 760km 정도 떨어져 있는 하바롭스크까지는 야간열차가 운행된다. 약간 타이트하게 일정을 짠다면 밤에 열차에 탑승 후 아침에 일어나 당일치기로 여행 후 돌아오는 것도 가능하다. 약 12시간 소요되며 티켓은 객실 등급에 따라 편도 900루블부터 8,000루블까지 다양하다.

총 소요시간
146시간
6박 7일

크라스노야르스크
이르쿠츠크
울란우데
치타
하바롭스크

블라디보스톡역 내
9,288km
기념비

블라디보스톡

Q & A
블라디보스톡 여행 정보

Q 블라디보스톡 여행, 언제가 좋을까?

- **봄·가을:** 4월부터 슬며시 봄기운이 찾아오지만 가끔 눈이 쏟아지기도 한다. 5월은 본격적으로 따뜻해지는 시기로, 특히 5월 초에는 노동절과 전승기념일 축제가 있어 도시가 활력을 띠고 볼거리가 많다. 가을에는 9~10월 초까지 날씨가 맑아 여행하기 좋으며, 10월 말부터 차츰 겨울이 찾아와 본격적으로 추워진다.

- **여름:** 연중 최대 성수기로 최소 2~3개월 전 항공권과 숙소 예약을 권장한다. 여름에는 밤 10시쯤 해가 지고, 새벽 5시쯤부터 차츰 해가 뜬다. 낮이 길어 하루를 길게 누릴 수 있다.

- **겨울:** 평균 최저기온이 영하 15도까지 내려가며, 체감 온도는 영하 30도까지 떨어지니 야외 활동 시 핫팩을 꼭 챙겨야 한다. 현지에서 구하기 어려우니 미리 준비해가자.

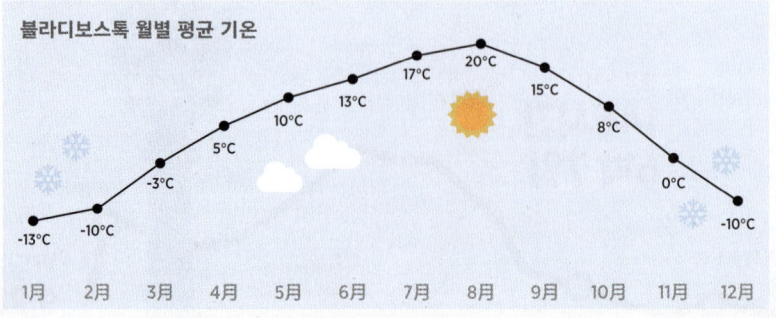

Q 시기별 적합한 복장은?

- **봄·가을:** 봄, 가을에는 간절기용 니트나 후드티, 트렌치코트, 가벼운 점퍼가 적당하다. 날씨의 변동이 잦으니 우산을 늘 지참하자.

- **여름:** 우리나라에 비해 약 10도 낮으나 더울 때는 체감온도가 30도에 육박하기도 한다. 반팔이나 민소매 등 얇은 옷 위주로 착용하고, 가벼운 카디건을 준비하면 유용하다. 루스키 섬 트레킹을 원한다면 긴팔 티셔츠와 긴바지 착용은 필수.

- **겨울:** 겨울에는 보통 실내 난방이 잘 되는 편이나, 밖에서 활동할 때는 털모자, 목도리, 겨울 부츠를 착용해야 한다. 외투 안에 가벼운 옷을 여러 겹 껴입어 보온성을 높이자.

Q 숙소를 고를 때 주의할 점은?

- **위치:** 4~5성급 고급 호텔을 제외하고 숙소의 수준은 대체로 비슷하므로 위치가 관건. 블라디보스톡 시내에는 언덕이 많아, 저렴한 숙소는 걸어가기 어려운 외진 곳에 있을 수 있으니 꼼꼼히 확인하자.

- **아파트 숙소:** 시세보다 터무니없이 저렴하거나 선지불을 요구하는 개인 소유의 아파트라면 의심해봐야 한다. 간혹 허위 숙소도 있으니 후기를 잘 살피자.

Q 블라디보스톡 치안은 안전한가?

여자 혼자 여행하기 안전할 만큼 치안이 양호하지만, 밤늦게 외진 곳을 돌아다니는 건 당연히 피해야 한다. 블라디보스톡 시내 대부분의 지역은 안전하나, 북한 관련 시설 방문이나 북한사람과의 접촉은 삼가는 것이 좋다. 특히 블라디보스톡 남쪽 약 200km 떨어진 북한 접경 지역은 외교부의 여행 유의 지역으로 지정되어 있다.

REAL TIP 여행자 사전등록제와 총영사관을 활용하자

여행자 사전등록제 '동행'에 일정을 등록하면 위급상황 발생 시 도움을 받을 수 있다. 외교부 해외안전여행 홈페이지(0404.go.kr)에서 간단한 가입절차를 거쳐 이용할 수 있다. 여권을 잃어버리면 신원을 증명할 수 없어 투숙이나 출국이 불가능하므로 주의해 관리하자. 만약 잃어버렸다면 총영사관에서 여행증명서를 발급받을 수 있다.

주 블라디보스톡 대한민국 총영사관
📍 Ул. Пологая, 19   🕘 09:00~18:00(토·일 휴무)
🏠 overseas.mofa.go.kr/ru-vladivostok-ko/index.do
📞 근무시간 +7-423-240-2222 근무시간 외 +7-423-240-2222   📍 43.122751, 131.880905

Q 여행 경비는 얼마나 들까?

- **항공 & 선박**: 항공료는 평균 20~30만 원선이나, 핫한 여행지로 각광 받으면서 명절 등 연휴 시즌에는 40~50만 원까지 오르기도 한다. 동해에서 출발하는 DBS크루즈페리 요금은 선실 등급에 따라 왕복 37만원부터 93만원까지 다양하다. 대학생이나 경로 할인 대상자는 20%가 할인되어 이코노미 기준 왕복 약 30만원에 이용 가능하다.

- **숙박비**: 가족 여행의 경우 조금 비싸더라도 호텔이 편리하다. 게스트하우스의 다인실 요금은 1박에 500~1,000루블, 중급 호텔은 1박에 3,000~5,000루블, 호텔의 경우 1박에 10,000루블 이상이다. 호텔은 성수기에는 가격이 두 배 가까이 치솟기도 한다.

- **교통비**: 공항에서 블라디보스톡 시내 진입 시 공항철도, 미니버스, 택시를 이용할 수 있다. 공항철도는 왕복 460루블, 미니버스는 왕복 370루블(짐 추가 시 90루블 추가)이며, 택시는 편도 약 1,000~1,500루블 정도로 거리 대비 저렴한 편이다. 시내버스 요금은 2018년 기준 23루블이다.

- **입장료**: 박물관, 미술관 등의 입장료는 100~400루블이다. 서커스장, 마린스키 극장 공연의 경우 좌석등급에 따라 요금이 다양하나, 보통 1,000루블 내외면 괜찮은 좌석을 구할 수 있다. 일정을 짜면서 방문하고자 하는 곳들의 대략적인 입장료도 예상해두자.

- **식비 및 생활비**: 점심, 저녁 식사로 500루블 내외, 커피 및 디저트 200루블 이내, 생수 등의 비용을 포함해 하루 1,500~2,000루블이면 넉넉하다. 고급 펍이나 바에서 즐기고 싶다면 하루 1,000루블 정도를 추가 책정하자.

- **기타 경비**: 여행 중 예상치 못한 상황을 위한 기타 경비는 하루 500루블 정도로 예상하면 된다.

3박 4일 실속 예산 짜기

항공 요금	약 30만 원
숙박비(게스트하우스)	1,000루블 × 3박 = 약 3,000루블
식비 및 생활비	1일 1,500루블 × 4일 = 약 6,000루블
교통비	버스·택시 1일 평균 300루블 × 4일 + 블라디보스톡 국제공항과 시내 공항철도 왕복 460루블 = 약 1,660루블
입장료	약 1,500루블
기타 경비	500루블 × 4일 = 약 2,000루블
총액	15,000루블 + 30만 원 = 약 57만 원

Q 환전은 얼마나 해야 적당할까?

루블화는 기타통화로서 환율 우대가 거의 되지 않을 뿐 아니라, 취급하는 국내 은행도 많지 않아 여행 후 남은 루블을 되팔 때 손해가 큰 편이다. 블라디보스톡 대부분의 식당과 술집, 대형 슈퍼마켓에서는 해외겸용 VISA 및 Master Card 결제가 가능하고, 카드 수수료도 국내 은행에서 환전하는 수수료보다 저렴하다. 따라서 게스트하우스 숙박비, 교통비, 입장료 및 기타 생활비 등 최소한의 현금만 환전하는 것이 합리적이다.

- **환전 금액**: 2박 3일 일정은 1인당 5,000루블, 3박 4일 일정은 1인당 7,000~8,000루블 정도가 적당하다.
- **환전 수수료**: 국내 은행에서 환전하는 것보다는 원화나 달러를 블라디보스톡 시내의 환전소에서 환전하거나, 국제 체크카드로 블라디보스톡 공항 ATM에서 현금을 인출하는 것이 낫다. 국제학생증이 있다면 비교적 저렴한 수수료로 인출할 수 있어 유용하다.
- **주의할 점**: 러시아의 화폐 중 동전 10루블(한화 약 200원)과 50코페이카(한화 약 10원)는 색깔이 비슷하다. 현지에서 지폐로 계산 후 거스름돈을 잘못 받아 낭패를 보는 경우가 있으니, 자리를 뜨기 전에 제대로 확인하자. 버스를 탈 때도 미리 동전을 준비하는 것이 좋다.

 러시아 ATM에서 환전한다면?

러시아 ATM에서는 원하는 화폐 종류를 선택할 수 없는 경우가 많고, 슈퍼마켓이나 은행에서도 잔돈 교환이 어렵다. 기계에서 출금을 했는데 한화 9만원에 가까운 5000루블 고액지폐 1장이 나온다면 매우 당황스러울 것이다. 잔돈이 필요하다면 출금 금액 '기타(Other)버튼'을 누른 후 5000루블 대신 4900루블로 입력하는 식으로 끝자리를 조정하는 것이 꿀팁!

PART 02

한 걸음 더, 테마로 즐기는 블라디보스톡

INSIDE VLADIVOSTOK

THEME
나만을 위한 맞춤 여행 P.048

EAT
입이 즐거운 요리 P.072

SHOP
비행깃값 버는 쇼핑 완전 정복 P.092

사계절 내내 화려한
블라디보스톡 축제

THEME

나만을 위한
맞춤 여행

러시아 문화예술의 향연
이색 공연
PERFORMANCE

바다 투어부터
개썰매 체험까지
체험 여행
EXPERIENCE

눈으로만 보는 여행이 지루하다면, 블라디보스톡을 온몸으로 느껴보자. 기차와 유람선을 타고 바다를 즐기고, 매혹적인 발레와 오페라 공연을 두 눈에 담으며, 신나는 라이브 공연에 신선한 크래프트 맥주까지! 오감이 풍성한 추억을 만들어 보자.

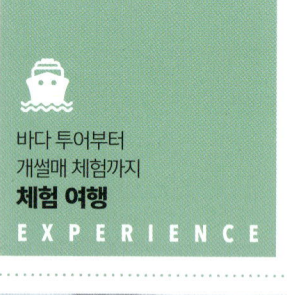

극동 시베리아의
역사와 예술을 보다
박물관과 미술관
MUSEUM & GALLERY

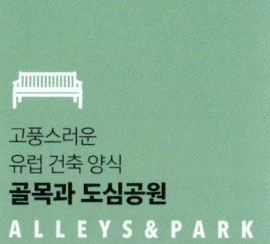

고풍스러운
유럽 건축 양식
골목과 도심공원
ALLEYS & PARK

신나는 공연과
함께 즐기는
크래프트 맥주 투어
CRAFT BEER

시베리아의
진기한 식재료 탐방
현지 시장
LOCAL MARKET

자연을 그대로 담은
루스키 섬을 걷다
힐링 여행
HEALING TOUR

EXPERIENCE

바다 유람선 투어부터 개썰매와 스파까지
체험 여행

남다른 블라디보스톡 여행을 원한다면 시도해보자. 바다 유람선 투어는 물론이고 끝없이 펼쳐진 바다를 보며 뜨끈한 사우나와 수영을 번갈아 즐길 수도 있다. 블라디보스톡에서만 체험할 수 있는 다채로운 활동을 소개한다.

아무르 만의 아름다움을 두 눈에 담다
바다 유람선 투어

블라디보스톡 바다 유람선 투어는 꽁꽁 언 바다가 해빙되는 시기인 5월 1일에 시작해 보통 10월 말까지 정기적으로 운영된다. 여객선을 타고 약 1시간 동안 해안을 관람하는 것이 기본 코스다. 블라디보스톡의 랜드마크인 금각만대교와 루스키대교의 웅장함을 느낄 수 있다. P.118

손발이 꽁꽁 어는 짜릿함
겨울 얼음낚시

겨울철 아무르 만에 가면, 영하 10~20도에 달하는 혹한에도 불구하고 오랜 시간 빙어(Корюшка, 꼬류쉬까) 낚시를 하는 사람들을 볼 수 있다. 손발이 꽁꽁 얼 듯한 추위지만 빙어를 낚을 때마다 입가에 미소가 번진다. 얼음낚시 장비를 대여하는 과정이 번거롭다면, 그 모습을 구경하는 것만으로도 즐겁다. P.120

체험 여행 **THEME** 051

겨울나라의 로망을 즐기다
시베리안 허스키 개썰매

많은 이들이 개썰매 체험은 북유럽 지역에서만 가능하다고 생각하지만, 블라디보스톡 근교에서도 프로그램을 운영하고 있다. 실제 썰매 탑승시간은 길지 않지만, 시베리안 허스키의 묘기를 보며 기념촬영을 하는 등 소소한 재미를 느낄 수 있다. 블라디보스톡 현지 여행사를 통해 예약해야 하므로, 여행사에 영어가 가능한 러시아어 통역원이 있는지 확인하자. P.069

뜨끈뜨끈 오두막집의 추억
바냐

바냐는 한국의 여행 TV 프로그램에서도 소개된 러시아식 사우나다. 벽난로에 물을 뿌려 수증기가 발생하면 그 열기로 몸이 뜨끈해지면서 독소가 빠져나간다. 통나무집 내 거실에는 커피포트와 컵이 구비되어 있으며 식사도 가능하다. 에게르셀드 등대 근처의 루스까야 바냐(Русская баня)와 루스키 섬의 노빅컨트리클럽 등이 대표적이다. P.145

소중한 내 몸을 위한 휴식
마사지 & 스파

블라디보스톡에서도 태국식 마사지와 스파를 즐길 수 있다. 고급 시설은 물론, 태국 마사지 및 전통 의학 학교 출신 마사지 마스터가 있어 전문적이다. 마사지 후에 제공되는 과일과 허브차 서비스를 받고 나면 마지막까지 기분이 좋아진다. 일정에 여유가 있다면 여행의 피로를 이곳에서 풀어보자!

P.125

INSIDE VLADIVOSTOK

PERFORMANCE

러시아 문화예술의 향연
이색 공연

블라디보스톡에서는 실외 활동만 즐길 수 있는 게 아니다. 최신 실내 시설에서 즐기는 화려하고 아름다운 공연은 여행의 재미를 극대화한다. 오랜 역사와 전통을 자랑하는 러시아 공연예술의 매력에 푹 빠져보자.

시베리아 호랑이들의 화려한 묘기
서커스

블라디보스톡 서커스장(Владивостокский Цирк)은 2017년 12월 새롭게 개장해 최신식 시설을 자랑한다. 앙증맞은 동물부터 거대한 시베리아 호랑이까지, 공연 내내 웃음이 끊이지 않을 것이다. 러시아 공연자들의 현란하고 놀라운 퍼포먼스도 멋지다. 공연 당일에는 매표소 줄이 길어 복잡할 수 있으므로, 블라디보스톡 서커스 공식 홈페이지(circus-vladivostok.ru)에서 온라인으로 예매하는 것이 좋다. P.192

흰고래와 은빛돌고래의 환상적인 묘기
돌고래 쇼

루스키 섬 아쿠아리움에서는 합리적인 가격으로 최고의 돌고래 쇼를 관람할 수 있다. 아이들과 함께 블라디보스톡을 방문한다면 필수 방문 스폿이다. 능숙한 조련사와 영리한 흰고래, 돌고래, 물개, 바다사자의 놀라운 묘기를 감상하다보면 45분이 눈 깜짝할 새 지나간다. 수중 카메라를 통해 대형 스크린으로도 동시에 관람이 가능해 몰입감이 높다. P.228

이색 공연 **THEME** 053

작은 규모지만
품격 있는 예술 공연
연극&콘서트

해군제독 광장 부근에 위치한 고리키 극장, 스베뜰란스까야 거리에 있는 필하모닉 극장 등에서 러시아의 고전 연극과 연주회를 감상할 수 있다. 러시아어로 진행되지만 표정과 동작만으로도 배우의 감정이 생동감 있게 다가온다. 4월에는 클래식 페스티벌 '극동의 봄'이, 11월에는 '블라디보스톡 재즈 페스티벌'이 열린다. P.188

고전 발레의 본고장 러시아
발레&오페라

발레와 오페라 등 러시아 예술은 오랜 역사와 전통을 자랑하며, 세계적으로 명성이 자자하다. 블라디보스톡에 위치한 마린스키 극장 연해주 분관에서 러시아를 대표하는 작품들을 관람해보자. 러시아의 세계적인 작곡가 차이콥스키의 〈백조의 호수〉, 〈잠자는 숲 속의 미녀〉, 〈호두까기 인형〉 등의 발레와 〈햄릿〉, 〈맥베스〉 등 오페라 공연을 합리적인 가격에 감상할 수 있다.
P.195

MUSEUM & GALLERY

극동 시베리아의
역사와 예술을 보다

박물관과 미술관

블라디보스톡에는 발해시대부터 여진, 청나라까지 다양한 민족과 국가의 역사뿐 아니라 세계대전을 비롯한 과거 여러 전쟁의 흔적이 남아 있다. 다사다난했던 연해주 지역의 역사 유물부터 러시아의 고전 미술작품까지 다양한 전시를 즐겨보자.

발해시대부터 현대에 이르기까지
아르세니예프 연해주 국립박물관

연해주 전체에서 가장 규모가 크고 오래된 박물관으로, 차근히 돌아보면 족히 한 시간 이상 걸리는 알찬 명소다. 연해주 지역의 구석기, 신석기 시대부터의 흔적을 한눈에 볼 수 있다. 이 지역에 살았던 소수민족 관련 전시물 중 발해시대 유물도 감상할 수 있다.
P.160

세계를 일주한
소련 최초의 잠수함
잠수함 박물관

2차 대전 중 발발한 독·소전쟁에서 활약한 잠수함 C-56이 잠수함 박물관으로 개조되었다. 블라디보스톡 해군의 역사가 기록된 전시관을 지나면 중앙제어실 및 사령관의 공간과 당시 해군이 이용한 침실 등을 볼 수 있다.
P.189

박물관과 미술관 **THEME**

러시아 미술의 축소판
연해주 국립미술관

블라디보스토크 기차역 근처에 자리한 국립미술관. 18~20세기 초부터 현대 작품까지, 러시아 예술의 역사를 함축적으로 살펴볼 수 있다. 또한 세계적으로 유명한 작가들의 작품을 포함해 약 250점 이상의 고대 러시아와 서유럽 작가들의 미술 작품을 보유하고 있다. P.119

시대를 아우르는 자동차의 역사
골동품 자동차 박물관

1900년대 초 탄생한 포드를 비롯해 여러 국가의 옛 자동차와 오토바이, 소련 시대의 군용 자동차가 전시되어 있다. 특히 2차 대전 때 소련에서 붙잡힌 독일과 일본의 군용 자동차는 박물관의 가장 흥미로운 전시품 중 하나다. P.197

ALLEYS & PARK

고풍스러운
유럽 건축 양식

골목과 도심공원

블라디보스톡의 거리에는 유독 구석구석 볼거리가 많다. 느긋이 걸으며 유럽식 건축물을 살펴보자. 고즈넉한 공원과 좁은 골목마다 고유한 역사가 담겨 있다.

125년 역사의 산증인
굼 백화점과 굼 옛 마당

블라디보스톡의 역사적 건물 굼(ГУМ) 백화점과 그 뒤에 자리한 아담한 옛 마당이다. 2016년, 기존에 창고로 사용하던 자리를 문화 공간으로 새롭게 단장했다. 카페, 식당, 미용실, 아트 스튜디오 등의 상점이 오밀조밀 모여 있다. P.160, 176

범죄 소굴에서 예술 공간으로
밀리온카

붉은 벽돌 건물에 벽화와 낙서가 있는 오래된 골목들을 밀리온카라고 부른다. 블라디보스톡 시내 중심부의 골목 밀리온카는 과거 중국 갱단이 장악한 범죄 소굴이자 매춘 업소, 도박장, 마약 거래소 등이 있는 지역이었다. 그러나 그로부터 100년 이상이 지난 지금, 카페와 갤러리가 들어서면서 활력 넘치는 공간으로 변화했다.

골목과 도심공원 **THEME** 057

황금빛 정교회 사원과 고즈넉한 쉼터
빠끄롭스키 정교회 사원

빠끄롭스키 정교회 사원은 블라디보스톡에 있는 약 40개의 러시아정교회 사원 중 가장 규모가 크고 위엄있다. 사원 뒤에는 현지인들의 휴식처인 고즈넉한 공원이 있다. 가볍게 걸으며 산책하기 좋은 곳으로, 여름에는 현지인들의 열띤 체스 게임을 구경해도 좋다. P.212

블라디보스톡 젊음의 거리
체사레비치 제방 공원

체사레비치 제방에 위치한 엔터테인먼트 단지. 대형 주차시설을 갖췄고, 롤러스케이트 및 스케이트보드를 타기 좋아 젊은이들에게 인기가 많다. 자전거나 전동 킥보드를 대여해 탈 수 있고, 말타기 체험도 가능하다. 시민을 위한 다채로운 공연과 이벤트가 진행된다. P.190

CRAFT BEER

신나는 공연과 함께 즐기는
크래프트 맥주 투어

블라디보스토크에는 독보적인 풍미의 크래프트 맥주를 맛보며 신나는 공연과 스포츠 중계를 볼 수 있는 흥겨운 펍이 많다. 자체 양조장을 보유한 장인의 맥주 펍을 몇 곳 소개한다.

공연과 함께 즐기는 장인 맥주
한스 바

자체 보유한 양조장에서 갓 뽑아낸 크래프트 맥주가 입맛을 사로잡는다. 특히 맥주를 한 번에 2L 이상 주문하면 맥주잔 모양의 대형 디스펜서에 담겨 나와 재미 요소도 탁월하다. 매주 주말 밤 11시부터 현지 밴드의 라이브 공연이 있어 펍 전체가 열정의 도가니로 변한다. P.166

해산물 튀김이 맛있는 뮤직 펍
캣 앤 클로버

해양공원 입구에 자리한 펍. 블라디보스토크의 잠들지 않는 활력의 공간이다. 공연이 진행되는 무대 옆 오른쪽 벽면은 연도별로 분류한 LP판으로 빼곡하다. 자체 생산한 맥주를 300ml부터 5L까지 다양한 양으로 판매한다. 바삭한 해산물 튀김은 안주로 제격이다. P.134

크래프트 맥주 투어 **THEME** 059

천연재료로 발효한
바이에른 맥주
뮌헨

독일 바이에른 주의 주도 뮌헨의 이름을 딴 이 펍에서는 바이에른 전통 맥주 제조법으로 만든 세 종류의 우수한 맥주를 제공한다. 밀 맥아를 사용해 제조한 화이트 비어와 캐러멜 맥아로 양조해 특별한 맛을 내는 레드 비어, 그리고 구운 맥아와 특수 효모로 만든 다크 비어를 판매한다. P.170

REAL TIP 드래프트 맥주와 크래프트 맥주의 차이점?
드래프트 맥주(Draft beer)는 시중의 호프집에서 제공하는 일반 생맥주이며, 크래프트 맥주(Craft beer)는 소규모 양조장에서 자체 제조한 특색 있는 수제맥주다. 전자는 보리를 포함해 쌀이나 옥수수를 사용하는 경우가 많고, 후자는 대부분 전통 방식으로 제조한 순수 보리 맥주다.

스포츠 관람에는 맥주가 제격
트리니티 아이리쉬 펍

초대형 슈퍼마켓 블라제르 우측에 위치한 아이리쉬 펍. 맛있는 맥주를 즐길 수 있는 곳이다. 금요일과 토요일에는 라이브 공연이 펼쳐진다. 러시아 팀의 스포츠 경기가 있을 때는 실내에 설치된 대형 스크린으로 생중계 방송을 관람할 수 있다. P.216

LOCAL MARKET

시베리아의 진기한 식재료 탐방
현지 시장

현지 시장이야말로 도시의 숨은 얼굴을 볼 수 있는 진짜 여행지다. 다양한 길거리 간식과 더불어 블라디보스톡의 특산물 킹크랩과 곰새우를 저렴하게 맛볼 수 있다. 구경만으로도 충분히 흥미진진한 현지 시장을 방문해보자.

시즌에만 열리는 도심 속 재래시장
혁명광장 주말시장

날씨가 따뜻해지는 4월부터 12월 초까지 혁명광장에서는 금요일과 토요일 오전 9시부터 오후 6시까지 주말 재래시장이 열린다. 시베리아산 과일, 채소, 꿀, 해산물 등의 각종 식료품을 저렴한 가격에 구매할 수 있다. P.156

블라디보스톡에서 가장 큰 재래시장
중국시장 스빠르찌브나야

블라디보스톡에서 규모가 가장 큰 전통 재래시장. 다채로운 구경거리가 많다. 중국산 상품이 많아 '중국시장'이라는 이름이 붙었다. 도시 특산물인 킹크랩, 곰새우 등의 해산물을 포함해 다양한 식료품을 다른 곳에 비해 훨씬 저렴한 가격에 판매한다. P.197

현지 시장 **THEME**

겨울이 긴 러시아의 특성이
반영된 시장
뻬르바야 레치카 실내시장

혹한이 찾아오는 겨울에 더욱 활기
찬 실내 시장으로, 약 70년의 역사
를 지녔다. 내부에 대형 약국 마나스
뜨롭(Монастырёв.рф)과 추다데이
(Чудодей)가 있으며 각종 생활용품,
의류 및 잡화, 식재료를 구입할 수 있
다. 특히 고려인 출신 주인이 만든 김
밥과 각종 한국 음식이 반갑다. **P.214**

HEALING TOUR

자연을 그대로 담은 루스키 섬을 걷다
힐링 여행

자연 속 모험을 원한다면 블라디보스톡 남부의 루스키 섬으로 떠나보자. 자연이 빚어낸 신비한 절벽과 끝없이 펼쳐진 시원한 바다, 그리고 소련시대 비밀 지하 공간까지 흥미진진한 스폿들이 기다린다.

연해주 지역 최대 규모의 대학교
극동연방대학교 루스키 캠퍼스

극동러시아의 최대 규모 대학교인 극동연방대학교의 루스키 캠퍼스는 낭만이 넘치는 캠퍼스이자 시민들의 휴식처다. 학생 및 시민을 위한 무료 셔틀버스를 운영해 넓은 캠퍼스를 돌아다니기도 좋다. 캠퍼스 내 해안가는 여름이면 해수욕을 즐기는 사람으로 가득하다. 해변 주위를 산책하거나 자전거를 대여해 캠퍼스를 둘러보는 것도 좋다. P.227

힐링 여행 **THEME** 063

자연이 깎아내린 신비한 절벽
뱌뜰리나 곶 & 토비지나 곶

루스키 섬에는 높이가 서로 다른 47개의 봉우리가 있다. 특히 북한의 지형을 닮아 한국인들이 '북한 섬'이라고도 부르는 뱌뜰리나 곶과 자연이 깎아내린 절벽 토비지나 곶을 따라 트레킹하기 좋다. 아주 드물게 시베리아 여우를 만날 수도 있다. P.229

세계에서 세 번째로 큰 수족관
연해주 아쿠아리움

루스키 섬의 중심부에 위치한 연해주 아쿠아리움은 축구장 5개의 넓이로 세계에서 세 번째로 큰 수족관이다. 바다 생명체의 역사와 아무르 강 유역 및 바이칼 호에 서식하는 동·식물 관련 전시가 알차게 구성되어 있다. P.228

INSIDE VLADIVOSTOK

사계절 내내 화려한
블라디보스톡 축제

화려한 퍼레이드와 축제의 도시 블라디보스톡. 특히 여름에는 축제가 끊이지 않는다.
러시아의 색이 담긴 역동적인 퍼레이드와 불꽃으로 수놓는 축제는 블라디보스톡의 자랑이다.
여행을 더욱 풍성하게 만드는 다채로운 축제를 알아보자.

1월

새해기념일 & 성탄절
New Year's Day & Christmas
Новый Год и Рождество

🕐 1월 1~7일 |🚩 중앙광장

러시아의 크리스마스는 새해 첫날 또는 전날에 시작해 1월 7일까지 계속되는 새해 연휴의 일부로 자리 잡았다. 중앙광장의 대형 크리스마스트리 주변에 형형색색의 전등이 수를 놓고, 아이들을 위한 놀이기구가 설치되며, 도시 한복판에서 썰매를 탈 수 있다. 크리스마스 꽃마차, 말 타기, 루돌프 마차 체험은 새해 연휴에만 즐길 수 있는 이벤트다.

3월

마슬레니짜 Maslenitsa
Масленица

🕐 3월 초~중순 |🚩 중앙광장

러시아정교회의 사순절 직전 일주일 동안 열리는 러시아 대표 축제다. 러시아인들은 혹독하고 긴 겨울을 보내고 따뜻한 태양과 봄을 맞이하는 의식을 진행한다. 중앙광장에서는 노릇노릇한 블린, 꿀 케이크, 따뜻한 차 등을 판매한다. 마슬레니짜가 끝나는 일요일에는 악령을 제거하는 의미로 마슬레니짜 인형을 태우는 의식을 치르며, 다양한 퍼포먼스가 진행된다.

4월

부활절 Easter
Пасха

🕐 4월 초~중순 |🚩 빠끄롭스키 성당, 중앙광장 등

러시아인에게 부활절은 성탄절보다 중요한 명절이자 축제다. 부활절 당일 오전에는 블라디보스톡 주요 거리에서 기념 퍼레이드가 진행된다. 연휴는 '예수 부활 대축일'을 시작으로 일주일 내내 진행되며, 이 기간에는 성당에서 부활 축하 미사를 진행한다. 시민들은 아침이 되면 달걀과 부활절 케이크 꿀리치(Кулич) 등을 서로 나누며 "흐리스또스 바스끄레스!(Христос воскрес!)"라는 축하의 인사를 한다.

5월

전승기념일 Russia Victory Day
День Победы

🕐 5월 9일 |🚩 중앙광장, 스베뜰란스까야 거리

2차 대전에서 소련이 독일에게 항복을 받아낸 1945년 5월 9일을 기념하는 날이다. 주요 대로에서 오전부터 전사자 가족과 해군 장교의 행진이 이루어진다. 행사 기간 동안 러시아인들은 가방, 옷, 머리 등에 3개의 검은색 줄과 2개의 주황색 줄로 이루어진 게오르기 리본을 단다. 밤의 독수리 전망대는 불꽃놀이를 관람하러 온 많은 인파로 장관을 이룬다. 불꽃이 터질 때마다 러시아어로 만세라는 단어인 "우라(ypa)!"가 여기저기서 터져 나온다.

7월

블라디보스톡 도시의 날 Day of the City
День города

🕐 7월 2일 | 🚩 스베뜰란스까야 거리, 해양공원 등

도시의 날은 1860년 7월 2일, 알렉세이 중위의 지휘하에 시베리아 소함대 만주르(Манджур) 군함이 블라디보스톡에 상륙한 것을 기념하는 축제다. 오전부터 주요 도로에서 다양한 퍼레이드와 인기 가수의 콘서트가 열린다. 특히 밤 9시 이후 해양공원 등불 축제에서는 등불에 불을 밝혀 물 위에 띄우며 소원을 빌 수 있다. 10시가 되면 도시의 날을 축하하는 화려한 불꽃이 밤하늘을 수놓는다.

해군의 날 Day of the Russian Navy
День Военно-морского флота

🕐 7월 30일 | 🚩 해양공원

러시아 5대 함대 중 하나인 태평양 함대의 본부가 있는 군항도시인 만큼, 해군의 날 축제를 성대하게 연다. 행사 일주일 전부터 전함 행렬이 바다 위를 수놓고, 아무르 만의 가장자리는 시민과 관광객으로 가득 차며, 해양공원은 해군 기념품을 파는 상인들로 북새통을 이룬다. 태평양 함대 13척의 전함과 보트, 잠수함 등이 총 동원된다. 해상 퍼레이드에서 물기둥과 화염기둥이 바다 위로 솟아오르면 시민들의 환호가 쏟아진다.

8월

블라디보스톡 국제 록페스티벌 V-ROX

🕐 8월 초 | 🚩 해양공원

2013년 시작된 대규모 국제 음악 축제로, 전 세계 300명 이상의 아티스트가 무대에 서며, 2015년에는 한국 그룹 YB가 참가했다. 특설무대의 메인 공연뿐 아니라, 10시 이후에도 무미뜨롤 뮤직 바(Мумий Тролль Music Bar), 캣 앤 클로버(Cat & Clover), 블랙 래빗(Black Rabbit) 등 블라디보스톡 내 주요 뮤직 바의 무대에서 공연이 펼쳐진다. 해양공원 주변에 행사를 후원하는 가게의 각종 홍보 부스가 설치되고, 티셔츠와 기념품을 판매하는 플리마켓 등 볼거리가 많다.

바디페인팅 축제 Festival of Colors Holi
Фестиваль Красок

🕐 8월~9월 | 🚩 디나모 경기장 등

다양한 연령층이 참여한다. 입장 티켓은 이코노미(300루블), 일반(600루블), VIP(1000루블)로 나뉜다. 아이들이 뿌리는 다채로운 색상의 가루는 인도의 축제에 사용되는 홀리 가루로, 착색이 되지 않는 천연소재이기 때문에 의류 및 피부에는 안전하다. 댄스 공연과 콘서트 등의 다양한 볼거리는 덤이다.

9~10월

블라디보스톡 아시아태평양 국제 영화제
Pacific Meridian International Film Festival
Тихоокеанский Меридиан

🕐 9월 중순　|📍 아께안 극장, 마린스키 극장 등

2003년에 시작해 매년 9월 중순 열리는 국제 영화제다. 2014년에는 배우 이선균과 조진웅이 초청되고 2017년에는 곽경택 감독이 수상자로 이곳을 찾았다. 보통 러시아 극장에서 상영되는 외국 영화는 자막이 나오는 게 아니라 러시아어로 더빙이 되기 때문에, 한국 영화마저 러시아어로 들어야 한다. 그러나 국제 영화제 기간에 상영되는 세계 각국의 영화는 모두 자막 처리가 되니, 해외 영화제에서 한국 영화를 보는 특별한 경험도 해볼 만하다. 영화제 출품작은 공식 홈페이지(http://pacificmeridianfest.ru)에서 확인할 수 있다.

국제 킹크랩 축제
International King Crab Festival
Международный Фестиваль 'Держи краба'

🕐 10월 중순~말(2주간)　|📍 블라디보스톡 주요 레스토랑

캄차카 지역 킹크랩의 수확 시기에 맞춰 2주간 진행되는 킹크랩 축제(Grab a Crab)는 극동지역 어업회사와 수산물 유통업체의 후원으로 2016년부터 매년 진행된다. 홈페이지(https://kingcrabrussia.ru)에서 참여 레스토랑 목록과 위치를 확인할 수 있다. 참가 레스토랑들은 행사 기간에 킹크랩을 평소 가격의 반값 정도인 1,200루블에 판매한다. 살이 오동통하게 찬 제철 킹크랩은 입에서 부드럽게 녹는다. 이 시기 블라디보스톡을 여행한다면 1년 중 단 한 번 열리는 킹크랩 축제를 놓치지 말자.

ⓒ 블라디보스톡 아시아태평양 국제 영화제

호랑이의 날 Day of the Tiger
День тигра

🕐 9월 마지막 주 일요일　|📍 중앙광장, 스베플란스까야 거리

블라디보스톡은 러시아 최초로 호랑이의 날(День тигра)을 공휴일로 지정한 도시다. 야생 호랑이를 보호하고 야생동물에 대한 관심을 높이기 위한 취지다. 국제 자선재단 및 러시아 환경단체 등이 추진해 2000년부터 시작했다. 오후 12시 축제 행렬부터 시작해 다양한 공연 및 행사가 진행된다. 참가자들은 호랑이 무늬의 의상과 소품을 착용하고, 호랑이 보호 구호를 외치며 거리를 활보한다. 앞장서서 야생동물 보호를 외치고 자발적으로 참여하는 블라디보스톡 시민들의 아름다운 마음씨를 함께 느낄 수 있는, 9월 여행의 묘미다.

 러시아의 명절

러시아의 2대 명절은 신년 연휴와 노동절 연휴다. 관광객이 많은 여름시즌이 아니라도, 공휴일이 몰려 있는 1월 초와 5월 초에 갈 계획이라면 숙박 등의 예약을 서두르는 것이 좋다.

REAL STORY

블라디보스톡의
시즌별 오락거리

따뜻한 계절의 아무르 만 해변 풍경

바다를 즐기는 러시아인

여름시즌에는 아무르 만 해변에서 일광욕을 하거나 바다 수영(Плавание в море, 쁠라바니예 브 모례)을 하는 사람들을 볼 수 있다. 대표적인 여름철 수영 명소는 토카렙스키 등대 주변의 일광욕장, 루스키 섬의 해변, 극동연방대학교 내 해수욕장, 샤마라 해변이다. 특히 따뜻한 계절에만 열리는 몇몇 비치클럽은 현지인의 여름철 핫 플레이스다. 낮에는 파라솔 아래 썬베드에서 일광욕을 즐기는 사람들로 가득하지만, 밤에는 DJ가 음악을 트는 열정적인 클럽으로 변신한다.

블라디보스톡 남부에 위치한 루스키 섬 연안에서는 가을철 따뜻한 햇살을 벗 삼아 바다낚시에 열중하는 러시아인을 종종 볼 수 있다. 그러나 봄 산란철에는 낚시 및 대형 그물로 어류를 포획하는 행위가 엄격하게 금지되어, 큰 벌금을 낼 수 있다.

REAL STORY 069

극동 시베리아 겨울의 모습

손발이 꽁꽁! 겨울 얼음낚시

12월이 다가오면 블라디보스톡은 시베리아 기단의 차가운 바람을 맞고 차츰 얼음 나라로 변신하고, 반도를 둘러싼 주변 바다는 두꺼운 얼음 층으로 단단해진다. 얼음낚시 (Зимняя рыбалка, 짐냐야 리발까)는 현지인에게 가장 인기 있는 겨울 오락거리다. 겨울철 아무르 만은 영하 10도에서 20도에 달하는 날씨에도 얼음 위에서 태평양 빙어 꼬류쉬까(Корюшка) 낚시를 하는 사람들로 붐빈다. 태평양 빙어 꼬류쉬까는 겨울이 긴 블라디보스톡의 상징이다.

 해빙기 주의사항

한겨울에는 아무르 만이 부분적으로 얼지만, 해빙기가 시작되는 2월 말부터는 꽁꽁 언 얼음에 균열이 생기고 두께가 점차 얇아진다. 이 기간에는 바다로의 접근을 자제하는 것이 좋다.

시베리안 허스키 개썰매

현지 여행사를 통해 블라디보스톡 시 및 연해주 지역의 다양한 프로그램을 체험할 수 있다. 특히 시베리안 허스키 개썰매(Снежные псы хаски, 스녜쥐니에 쁘씨 하스키) 체험 코스는 겨울철 현지인에게 가장 인기 있는 투어 프로그램으로, 300m 코스와 1km 코스가 있다(2018년 1월 기준 300m 코스 2,100루블, 1km 코스 3,150루블). 다만, 현지 투어의 가이드는 대부분 러시아어로 진행하는 경우가 많기 때문에, 통역사가 필요하면 추가 비용을 지불하고 요청하거나 개인적으로 발품을 팔아야 한다. 대부분의 프로그램은 사전 예약제로 진행되어 아침 일찍 출발하므로 당일 참가 신청은 사실상 불가능하니 공식 홈페이지(www.vl.ru/afisha/vladivostok/events/by-category-tours)를 통해 미리 문의 및 예약을 하거나 현지 투어리스트 센터에서 신청하자. 참고로, 현지 한인 여행사를 이용할 경우 2~3배의 비용이 든다.

알고 보면 더 재밌는
러시아 발레와 오페라 이야기

러시아 예술은 오랜 역사와 전통을 자랑하며, 세계적으로도 위상을 인정받고 있다. 발레 공연은 대사가 없고 오직 동작과 표정으로만 연기하기 때문에 극장 방문 전에 줄거리를 숙지하고 공연을 감상하면 작품에 대한 몰입도가 높아질 것이다. 수많은 발레 및 오페라 작품 중 대표적인 명작 몇 가지를 살펴보자.

차이콥스키의 3대 고전 발레 작품

백조의 호수 Swan Lake Лебединое Озеро

발레에 대해 잘 몰라도 차이콥스키의 〈백조의 호수〉 주제곡은 한 번쯤 들어봤을 것이다. 백조의 호수는 1877년 모스크바 볼쇼이 극장에서의 초연 후 안무 수정을 거쳐 현재의 작품으로 재탄생했다. 총 3막 4장으로, 백조 오데트와 흑조 오딜을 연기하는 1인 2역 연기가 관전 포인트. 지그프리트 왕자는 악마 로트바르트의 저주에 걸려 낮에는 백조의 모습으로 있는 여인 오데트와 사랑에 빠진다. 진정한 사랑으로 마법이 풀리지만, 사랑의 서약이 깨지면 오데트는 영원히 백조로 남아야 한다. 오데트를 탐했던 악마 로트바르트는 딸 오딜을 보내 왕자를 유혹하게 한다. 왕자는 계략에 걸려 오딜에게 사랑을 고백하고, 오데트는 그 장면을 목격한다. 왕자는 실수를 깨닫고 용서를 구하지만, 돌아오는 것은 오데트의 냉담한 거절뿐. 극장과 연출가의 해석에 따라 달라지기도 하는 결말이 궁금하다면 마린스키 극장에서 확인해보자.

잠자는 숲속의 미녀 The Sleeping Beauty Спящая Красавица

프랑스 동화 작가 샤를 페로의 작품을 바탕으로 제작되어, 1890년 상트페테르부르크의 마린스키 극장에서 처음 공연되었다. 작품은 3막 5장으로 구성된다. 어느 왕이 공주의 탄생을 축하하는 자리에 12명의 마법사를 초대한다. 마법사들이 공주에게 아름다움, 지혜 등 한 가지씩 축복의 선물을 주던 중 11번째 마법사의 순서가 끝나자, 초대받지 못한 13번째 마법사가 나타나 공주가 방추에 찔려 죽을 것이라고 저주를 건다. 아직 선물을 주지 않았던 12번째 마법사는 저주를 풀 수는 없지만, 공주가 깊은 잠이 들도록 하는 마법을 건다. 왕은 나라 안의 모든 방추를 불태웠지만 공주는 15세 되던 해 혼자 성을 돌아다니다 결국 방추에 손을 찔려 깊은 잠에 빠진다. 많은 왕자들이 공주를 구하려 성으로 들어가지만 모두 실패한다. 그러나 100년이 지난 후, 한 왕자가 성으로 들어가 공주에게 입을 맞추고, 깨어난 공주는 왕자와 행복하게 산다는 결말이다.

호두까기 인형 The Nutcracker Щелкунчик

1816년 독일의 소설가 호프만이 친구의 아이들을 위해 쓴 이야기인 〈호두까기 인형과 생쥐 대왕(Nussknacker und Mausekönig)〉을 모티브로 만든 작품이다. 총 2막 3장으로 구성된 이 작품은 러시아뿐 아니라 타 유럽 국가에서도 크리스마스마다 공연될 만큼 인기가 많다. 독일의 한 작은 마을에 사는 주인공 클라라는 어느 저택에서 열리는 크리스마스이브 파티에 참가한다. 이날 그녀는 삼촌에게 쥐마왕과 호두까기 인형의 놀라운 이야기를 듣는다. 선물로 받은 호두까기 인형을 안고 잠이 든 클라라는 특별한 모험 속으로 빠져든다.

셰익스피어의 비극과 러시아 오페라

러시아는 18세기부터 해외의 예술음악을 국내에 도입했다. 당시 오페라의 본고장인 이탈리아 오페라 양식이 주를 이루었고, 프랑스가 가세해 쌍벽을 이루며 러시아 오페라를 융성시켰다. 이러한 문화 전파에 영향을 받아 현재까지 〈햄릿〉과 〈멕베스〉는 블라디보스톡 마린스키 극장을 포함한 러시아의 많은 오페라 극장에서 접할 수 있는 대중 오페라로 자리 잡았다.

햄릿 Hamlet Гамлет

오페라 〈햄릿〉은 5막으로 구성된다. 〈햄릿〉의 원작 줄거리에서는 덴마크의 왕자 햄릿이 아버지를 죽이고 왕이 된 삼촌에게 복수하려는 과정이 그려지는데, 그 과정에서 삼촌과 재혼한 어머니가 죽고 결국 본인도 목숨을 끊는다. 오페라 〈햄릿〉은 결말이 제 5막에 포함되는데 연출가에 따라 원작과 전혀 다른 결말로 해석되기도 한다.

멕베스 Macbeth Макбет

이탈리아 작곡가 베르디가 작곡한 4막으로 구성된 오페라다. 충신이었던 주인공 맥베스는 왕이 될 것이라는 마녀들의 예언에 현혹되어 부인과 왕을 살해하고 결국 파멸에 이른다. 욕망으로 무분별하게 죄를 범하는 인간의 어리석음과 주요 인물들의 정교한 심리 묘사는 관객에게 특별한 인상을 남기며, 베르디의 가장 뛰어난 초기 작품으로 평가된다.

> **REAL TIP** 공연 장르에 따라 다른 박수 타이밍
>
> 오페라의 경우 아리아, 중창, 합창 등 한 장면이 끝나면 박수를 치지만, 발레는 남녀 주연의 첫 등장, 어려운 동작이 끝난 뒤나 피날레 등 주요 대목에서 즉흥적으로 친다. 커튼콜에는 모든 관객이 일정한 박자에 맞춰 박수를 친다.

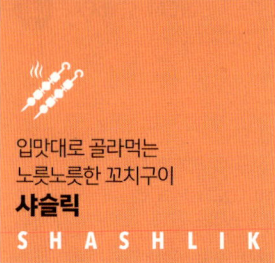

입맛대로 골라먹는
노릇노릇한 꼬치구이
샤슬릭
S H A S H L I K

FOOD

입이 즐거운
**블라디보스톡
요리**

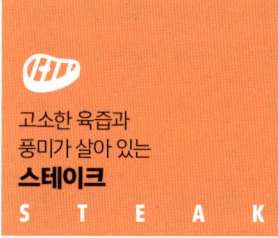

고소한 육즙과
풍미가 살아 있는
스테이크
S T E A K

푸짐한 재료와
부드러운 식감의 향연
수제버거
B U R G E R

블라디보스톡의 음식은 동서
양의 식문화가 잘 조화되어 한
국인 입맛에도 잘 맞는다. 캄
차카 지방에서 잡은 신선한 해
산물은 물론 육즙이 살아 있
는 육류 요리까지! 미각을 즐겁
게 하는 음식이 넘쳐난다.

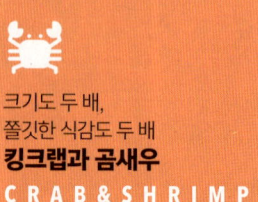

크기도 두 배,
쫄깃한 식감도 두 배
킹크랩과 곰새우
C R A B & S H R I M P

입안에서 살살 녹는
바다의 맛
생선요리
FISH DISHES

저렴한 가격에
든든한 한 끼!
길거리 음식
STREET FOOD

굽고 찌고 튀기고!
만두의 다양한 매력
러시아식 만두
PELMENI

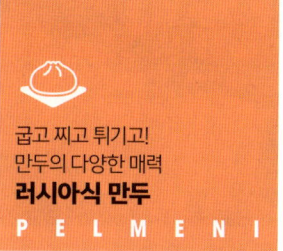

입이 행복해지는
달달함
디저트 카페 베스트 5
DESSERT

여행 중 즐기는
한 잔의 휴식
차와 커피 베스트 5
COFFEE

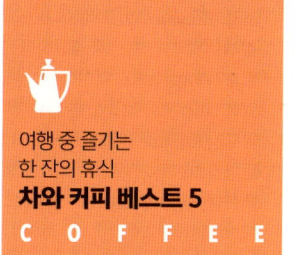

SHASHLIK

입맛대로 골라먹는
노릇노릇한 꼬치구이

샤슬릭

러시아의 전통 꼬치 요리인 샤슬릭은 블라디보스톡의 식당에서 쉽게 맛볼 수 있다. 재료를 재는 양념과 굽기 정도에 따라 맛이 달라지기 때문에, 식당 선정이 매우 중요하다. 육류별로 맛있는 음식점 또한 다르다.

알고 먹자! 샤슬릭

샤슬릭은 돼지고기, 소고기, 양고기, 닭고기 등의 육고기, 그리고 새우, 조개 관자 등의 해산물을 숯불에 구워낸 러시아 전통 꼬치 요리다. 일반적으로 꼬치구이라고 하면 일본식 꼬치구이나 중국식 양꼬치처럼 고기를 잘게 썰어 나무에 꽂은 꼬치를 생각하는데, 러시아의 샤슬릭은 주먹고기 같이 크게 썰어 긴 칼 모양 꼬치에 끼워 굽는다. 한 끼 식사로도 든든하며 술안주로 더할 나위 없다.

샤슬릭의 종류

- **돼지고기(Свинина, 스비니나)**: 보통의 한국인 입맛에 잘 맞는다. 노릇노릇하고 부드러운 식감이 일품이다.
- **소고기(Говядина, 가뱌지나)**: 돼지고기보다 담백하고 고소하다. 적당히 익혀 질기지 않게 만드는 게 중요하다.
- **양고기(Баранина, 바라니나)**: 식감은 소고기와 비슷하거나 약간 더 무게감이 있다. 양고기 특유의 향을 잡는 것이 관건이다.
- **닭고기(Курица, 꾸리짜)**: 특유의 향이 없어 누구나 맛있게 먹을 수 있다. 순수 닭가슴살로 만든 샤슬릭 외에는 실패할 확률이 낮다.
- **해산물(Морепродукты, 모례쁘라둑띄)**: 쫄깃한 식감이 좋지만 육고기 샤슬릭에 비해 비싸다.

현지인이 추천하는 샤슬릭 음식점
★ BEST 5 ★

1 수쁘라

과거 소련에 속했던 캅카스 지역의 조지아식 레스토랑이다. 이국적이고 신비한 분위기로, 대기 손님에게는 사과가 무료 제공되어 식사 전부터 기분이 좋다. 양고기 샤슬릭이 가장 유명하다. 조지아식 만두 힌깔리, 그리고 치즈가 듬뿍 담긴 빵 하차뿌리를 맛볼 수 있다. P.134

2 샤슬리코프

디나모 경기장 건너편에 위치한 샤슬릭 전문점으로, 시베리아와 극동 지역에서 매우 유명한 프렌차이즈 레스토랑이다. 소고기, 돼지고기, 양고기, 닭고기, 연어까지 다양한 재료의 샤슬릭을 맛볼 수 있다. P.137

3 포르토-프랑코

방송에도 소개된 맛집으로, 앤티크한 가구와 화려한 색으로 그린 벽화가 인상적이다. 통통한 돼지고기 샤슬릭이 주력 메뉴다. P.167

REAL TIP

흑빵과 함께하는 러시아 국민 수프
보르쉬 Борщи

비트를 주재료로 끓인 러시아 전통 수프. 깔끔한 맛이 나며 육류 요리에 곁들여 먹으면 느끼함이 덜하다. 한국 관광객들은 러시아의 김치찌개라고도 부른다. 러시아에서는 보르쉬를 포함해 다양한 요리에 우끄롭(Укроп)이라고 하는 허브를 파처럼 썰어 뿌려 먹는데, 향에 민감하다면 음식 주문 시 미리 양해를 구하고 뺄 수 있다. "베스 우끄로빠, 빠좔스따(без укропа, Пожалуйста)"라고 말하자.

4 세반

육즙이 기가 막힌 샤슬릭 전문 식당. 시내에서 약간 떨어져 있다. 특제 소스에 재운 고기를 적당한 시간 동안 익혀 부드러운 식감을 자랑한다. 함께 제공되는 소스를 찍어 먹으면 더욱 맛있다. P.240

5 샤마라 해변

여름철이라면 샤마라 해변에 있는 라주르나야 거리(샤슬릭 거리)를 방문해보자. 끝없이 펼쳐진 골목에서 풍겨오는 노릇노릇한 숯불향이 발걸음을 멈추게 한다. P.240

STEAK

고소한 육즙과 풍미가 살아 있는
스테이크

숯불향과 촉촉한 육즙이 배어 있는 스테이크는 블라디보스톡에서 샤슬릭 만큼이나 인기 있는 음식이다. 한국에서의 일반 식사 가격으로 고급스러운 레스토랑에서 호사를 누릴 수 있는 기회를 놓치지 말자.

알고 먹자! 스테이크

유럽식 스테이크는 주로 코스 요리로 발달해 푸짐한 미국식 스테이크에 비해 양이 적은 편이나, 맛은 최고 수준이다. 특히 러시아에서는 질 좋은 소고기를 돼지고기보다 저렴한 가격에 마음껏 즐길 수 있다.

스테이크의 익힘 정도

- **레어(С Кровью, 스 끄라비유)**: 매우 높은 온도에서 겉만 구워내고 속은 거의 안 익혀 나온 형태로, 미식가와 서양인이 가장 좋아하는 익힘 정도이다.
- **미디엄 레어(Слабой прожарки, 슬라바이 쁘라좌르끼)**: 나이프로 고기를 썰면 핏물이 선명히 보일 정도의 익힘이다. 한입 베어 물었을 때 육즙이 배어 나와 고소한 풍미와 부드러운 식감이 일품이다.
- **미디엄(Средней прожарки, 스렛네이 쁘라좌르끼)**: 속살이 옅은 붉은색을 띠는 정도로, 보편적으로 가장 많이 선택한다. 육질이 부드러우며 탄력 있다.
- **미디엄 웰던(Почти прожаренное, 빠취지 쁘라좌렌나예)**: 연한 핑크빛이 돌며 육즙이 조금 있는 정도로, 육질이 단단하며 약간의 탄력이 있는 식감이다.
- **웰던(Прожаренное, 쁘라좌렌나예)**: 선홍색 부분 없이 내부까지 모두 익힌 상태. 조리시간이 길어 수분이 날아가 식감이 질기다는 단점이 있다.

스테이크 **FOOD**

현지인이 추천하는 스테이크 전문점
★ BEST 5 ★

1 신디케이트

블라디보스톡의 작은 미국이다. 서부 영화에 등장할 법한 고풍스러운 인테리어가 인상적이다. 분위기 있는 재즈 공연과 함께 맛보는 부드러운 육질의 스테이크는 그야말로 환상적이다. 뉴욕 스테이크가 특히 인기 있다. **P.217**

2 브라더스 바 앤 그릴

젬추지나 호텔 앞에 위치한 그릴 요리 전문점이다. 근사한 분위기의 붉은 벽돌집에 들어서면 나뭇가지로 장식한 천장이 겨울 숲 분위기를 자아낸다. 부드러운 식감을 자랑하는 스테이크에 곁들여 플레이팅 된 구운 감자가 맛의 조화를 이룬다. **P.128**

3 젤라 브 먀쎄

스베뜰란스까야 거리의 명물 레스토랑이다. 스테이크의 육즙, 중독성 있는 소스, 아삭한 식감이 살아 있는 채소가 입안에서 사르르 녹아 탄성을 자아낸다. **P.171**

4 이즈 브라세리

샤슬릭과 각종 해산물 요리로 유명한 고급 레스토랑이다. 디나마 경기장 인근에 위치해 접근성도 좋다. 양고기 스테이크와 생선 스테이크가 일품이다. 가격대가 다소 높기는 하지만 그만큼 재료의 질도 최상급. **P.173**

5 구스토

굼 옛마당 입구에 위치한 트랜디한 유럽식 레스토랑으로, 현지인들에게 스테이크 맛집으로 알려져 있다. 오후 12시부터 4시 사이에 방문하면 저렴한 가격에 런치메뉴를 먹을 수 있다. **P.163**

BURGER

푸짐한 재료와
부드러운 식감의 향연
수제버거

도톰한 소고기 패티와 달콤하고 부드러운 소스, 아삭한 채소가 최고의 조합을 이룬다. 재료를 감싸는 빵의 종류도 사랑스러운 핑크 번부터 러시아 특유의 블랙 번까지 다양하다.

알고 먹자! 수제버거

버거 패티의 종류
- 소고기(Говядина, 가뱌지나): 패티 재료로 가장 많이 사용된다. 다진 소고기와 각종 양념을 첨가해 직화로 구워 낸 소고기 수제버거는 은은하게 퍼지는 숯불 향과 담백한 육즙이 일품이다.
- 돼지고기(Свинина, 스비니나): 중후한 맛의 소고기보다 약간 더 가볍게 즐길 수 있는 재료다. 탄력 있는 식감으로 씹는 즐거움이 있다.
- 닭고기(Курица, 꾸리짜): 대부분 훈제 가슴살로 만든다. 겉은 다소 단단해도 속은 촉촉해 특히 여성들에게 인기 만점이다.
- 연어(Лосось, 라쏘씨): 다져서 만드는 소고기나 돼지고기 패티와 달리, 연어를 통째로 튀겨 넣는다. 맛은 고소하고 식감은 바삭함과 촉촉함을 동시에 선사한다.

수제버거 FOOD

현지인이 추천하는 버거 전문점
★ BEST 4 ★

1 댑 바
화려한 샹들리에가 분위기를 압도한다. 밤에는 근사한 펍으로 변신해 관광객은 물론 현지인에게도 인기가 많다. 한입 베어 물면 숯불향을 머금은 패티와 함께 아낌없이 들어간 치즈가 주르륵 흘러내린다. P.130

2 쇤켈
장인 정신이 담긴 도톰한 패티와 달달한 양파 소스의 궁합이 감탄을 자아낸다. 시크한 매력의 블랙 번부터 여심을 저격하는 핑크 번까지 보기에도 예쁘다. P.164

3 비알쥐알 프로젝트
깨가 뿌려진 새까만 번에 직화로 구운 패티와 채소의 조합이 일품. 1만원 이하의 합리적인 가격으로 수제버거와 생맥주까지 함께 즐길 수 있다. P.202

4 더블린 아이리쉬 펍
특제 소스를 바른 치킨을 통으로 구워 육즙이 살아 있다. 러시아식으로 담근 피클과 신선한 토마토에서는 재료 본연의 맛이 느껴진다. 매주 주말에는 라이브 공연을 볼 수 있다. P.199

CRAB & SHRIMP

**크기도 두 배,
쫄깃한 식감도 두 배**

킹크랩과 곰새우

킹크랩과 곰새우는 블라디보스톡에 왔다면 무슨 일이 있어도 먹어야 하는 대표 음식이다. 특히 이곳에서만 맛볼 수 있는 곰새우의 쫄깃함은 오래도록 기억에 남을 것이다.

알고 먹자! 킹크랩 & 곰새우

- **킹크랩(Королевский краб, 까랄렙스끼 끄랍)**
  블라디보스톡에서 맛볼 수 있는 킹크랩은 대부분 러시아 불곰으로도 유명한 캄차카 지역산이다. 배가 단단하고 살이 꽉 찬 것이 비린내도 없고 식감이 탱글탱글하다. 보통 무게에 따라 가격이 책정되는데, 일반 레스토랑에서는 1kg당 2,000루블 내외이며 킹크랩 축제 기간에는 1,200루블 정도이다. 같은 무게라면 크기가 작은 킹크랩 두 마리보다는 크기가 큰 한 마리가 살도 많고 맛도 좋다. 블라디보스톡에서 킹크랩은 곰새우보다 저렴해 라면에 넣고 끓여 먹어도 부담이 없을 정도다.

- **곰새우(Медведка, 메드베뜨까)**
  블라디보스톡의 명물 곰새우는 러시아어 단어 곰(Медведь, 메드베찌)과 새우(Креветка, 끄리베뜨까)의 합성어다. 외양은 시베리아 야생 불곰처럼 사납게 생겼는데 속을 열어보면 일반 새우와 흡사하고, 쫄깃한 식감은 랍스터와 비슷하다. 껍질은 일반 새우에 비해 거칠고 단단해 반으로 똑 부러뜨려 쉽게 깔 수 있다. 클수록 비싸고 살이 많다. 일반 레스토랑에서도 비싼 메뉴에 속하며 전통시장에서 구매하는 게 가장 저렴하다.

킹크랩 & 곰새우 **FOOD**

현지인이 추천하는 킹크랩 & 곰새우 음식점
★ BEST 5 ★

1 아가녹

입구에 위치한 킹크랩 수족관에서 바로 잡아 요리해 더욱 싱싱하다. 스테이크 맛집으로도 유명한 이곳은 해산물 요리도 일품이다. 고급스러운 원목 가구와 불꽃축제를 연상시키는 화려한 실내조명이 운치를 더한다. P.218

2 포트카페

블라디보스톡에서 손에 꼽히는 해산물 전문 레스토랑으로, 푸짐한 크기의 킹크랩과 알이 꽉 찬 곰새우를 즐길 수 있다. 맛있는 해산물 요리를 먹으면 절로 콧노래가 나온다. P.217

3 주마

국내 방송에서 킹크랩 전문 레스토랑으로 소개해 유명해진 이후 외국인에게 10% 부가세를 붙이는 게 약간의 흠이지만, 고급스러운 분위기에 각종 해산물 요리, 아시아 퓨전 요리 등을 맛볼 수 있다. P.139

4 씸 푸토프

블라디보스톡 요트 클럽 내 위치한 고급 레스토랑. 해변을 바라보며 분위기 있게 식사하기에 안성맞춤이다. 여름에는 야외 테라스에서 식사 가능하다. 시원한 바람을 맞으며 먹는 킹크랩 한 점은 잊지 못할 추억을 선사한다. P.129

5 해산물 마켓

해양공원의 양쪽 끝을 지키는 터줏대감으로, 바다를 바라보고 곰새우를 먹으며 생맥주 한 잔을 즐길 수 있는 장소다. 유리로 된 냉장고에서 원하는 해산물을 선택한 후 바로 옆 넓은 공간에서 맛볼 수 있다. P.139

FISH DISHES

입안에서 살살 녹는 바다의 맛
생선요리

연해주 지역의 풍부한 어획량 덕에 합리적인 가격에 생선요리를 즐길 수 있다. 특히 연해주의 신선한 생선은 맛있는 일본식 스시를 만들기에 적합하다.

알고 먹자! 생선요리

생선요리의 종류

- **광어(Палтус, 빨뚜스)**: 블라디보스톡의 레스토랑 어디든 광어요리가 빠지지 않는다. 오븐에 굽고, 기름에 튀기고, 물에 찌기까지 다양한 방법으로 요리한다.
- **연어(Лосось, 라쏘씨)**: 지방 비율이 높아 야들야들하고 입에서 사르르 녹는다. 훈연한 연어는 특유의 고소한 향미가 높다.
- **가자미(Камбала, 깜발라)**: 연하고 찰진 식감이 특징이다. 다른 생선과 비교해 살을 오랜 시간 익혀도 퍽퍽하지 않으며 부드럽다.
- **가리비(Гребешок, 그레베속)**: 쫄깃쫄깃한 관자에 부드러운 소스가 가미되어 멋진 요리로 재탄생했다. 많은 해산물 전문점에서 관자를 이용한 다양한 요리를 맛볼 수 있다.
- **캐비어(Икра, 이끄라)**: 블라디보스톡에서는 러시아산 철갑상어 알로 만든 스시를 저렴한 가격에 맛볼 수 있다. 입안에서 톡톡 터지는 식감이 재미있다.

생선요리 FOOD

현지인이 추천하는 생선요리 음식점
★ BEST 5 ★

1 삐야띠 아께안

'다섯 번째 대양'이라는 이름에 어울리는 곳. 특히 광어로 만든 그라탕은 살살 녹는 광어살과 풍부한 치즈의 풍미가 좋다. 해양공원 끝쪽 작은 등대 근처에 자리한다. P.139

2 델마르

생선 및 해산물 요리 전문 레스토랑으로 러시아의 정치인과 스타가 방문해 더욱 유명해졌다. 벽면 전체가 유리로 되어 있어 식사를 하며 도시의 풍경을 감상하기에도 좋다. P.200

3 브이싸타

독수리전망대 근처 19층에 위치해 야경을 감상하기에 더할 나위 없이 좋다. 크림소스를 곁들인 가리비 요리와 살짝 튀긴 광어요리가 추천메뉴. P.200

4 노빅 컨트리 클럽

루스키 섬의 유일한 레스토랑으로 수많은 관광객이 방문하는 곳이다. 광어와 각종 해산물 요리가 유명하다. 식사 후 레스토랑 앞 해변을 따라 산책하며 기분 전환하기에도 좋다. P.231

5 도쿄 카와이

최근 현지 젊은이들 사이에서 인기 있는 일식 레스토랑으로, 화려한 조명과 곳곳에 배치된 귀여운 캐릭터 소품이 눈길을 끈다. P.174

REAL TIP

러시아에서 스시는 언제부터 인기 있었을까?

스시를 비롯한 동아시아 음식은 소련 붕괴 이후 1990년대부터 진출하기 시작했다. 현재 모스크바와 상트페테르부르크 번화가마다 스시 전문점을 쉽게 찾아볼 수 있다. 특히 일본과 지리적으로 가까운 극동 지역의 현지인에게 스시 전문 프랜차이즈가 인기다. 러시아에서는 연어와 참치 스시가 가장 대중적이며, 날생선에 거부감이 있는 서양인을 위해 변형된 캘리포니아 롤(Ролл Калифорния, 롤 깔리포르니야) 등 롤 스시도 인기가 많다.

STREET FOOD

저렴한 가격에 든든한 한 끼!
길거리 음식

러시아를 대표하는 길거리 간식 샤우르마와 핫도그는 기차역 부근과 아르바트 거리 케밥부스 골목 등에서 쉽게 접할 수 있다. 저렴한 가격에 양도 많아 한 끼 식사로 손색이 없다.

알고 먹자! 샤우르마 & 핫도그

- **샤우르마 Shaurma / Шаурма**: 우리에게는 터키 음식으로 알려져 있는 케밥이 러시아식으로 변형된 형태로, 길거리 음식으로 인기가 많다. 150루블대의 저렴한 가격에 비해 양이 매우 푸짐해 현지인들도 아침 및 점심 식사로 먹기도 한다. 얇은 반죽 위에 잘게 썬 고기, 갖가지 채소, 사워크림(Сметана, 스메따나) 등을 넣고 돌돌 말아 살짝 굽는다.

- **핫도그 Hot Dog / Хот-Дог**: 샤우르마와 함께 러시아 길거리 음식의 양대산맥을 이룬다. 현지 발음으로 '호떡'이라고 들리기도 해 왠지 친근하다. 우리나라의 핫도그는 소시지를 막대기에 꽂아 반죽을 입혀 튀겨내는데, 러시아식 핫도그는 기다란 빵에 구운 소시지와 감자튀김, 고기, 각종 채소가 들어가 한 개만 먹어도 하루 종일 든든하다.

현지인이 추천하는 길거리 음식점
★ BEST 2 ★

1 도너 케밥
저렴한 가격에 내용물도 푸짐하고 뒷맛이 깔끔한 러시아식 케밥을 판매한다. 기차역과 아르바트 거리 내의 케밥부스 골목에 위치해, 사람들의 발길이 끊이지 않는다. P.127

2 더 그리드
블라디보스톡 기차역 앞 다양한 종류의 핫도그와 햄버거를 판매하는 부스로, 특히 현지인에게 인기가 많다. 소세지 개수부터 빵 크기까지 마음대로 고를 수 있고, 운이 좋으면 무지개 햄버거를 맛볼 수 있다. 벽면 가득히 붙어 있는 메뉴에서 음식을 고르는 재미가 쏠쏠하다. P.127

PELMENI

굽고 찌고 튀기고!
만두의 다양한 매력
러시아식 만두

만두의 본고장은 중국이지만, 여러 국가로 전파되면서 각각의 독창적인 형태로 발전했다. 블라디보스토크에서는 러시아식 만두 뻴메니를 비롯해 중앙아시아의 다양한 만두를 맛볼 수 있다.

알고 먹자! 러시아식 만두

- **뻴메니(Пельмени)**: 일반적인 러시아식 만두다. 물, 계란을 반죽한 피 안에 다진 돼지고기, 양고기, 소고기와 후추, 마늘, 양파로 속을 채우며, 고기 대신 버섯을 넣기도 한다. 우리나라 만두처럼 냉장고에 얼려놨다가 물에 끓여 부드럽게 먹을 수도 있고, 바삭하게 튀겨 먹을 수도 있다.
- **빤세(Пянсе)**: 사할린에 거주하는 한인들이 만들어 먹기 시작한 음식으로, 다진 고기와 양배추로 가득 채운 러시아식 왕만두다.
- **힌깔리(Хинкали)**: 반죽에 양고기로 속을 채워 찌거나 튀긴 조지아식 만두다. 아래쪽은 일반 만두와 같은 모양이지만 입구 부분이 도톰해 꼭 복주머니 같다.
- **체부레끼(Чебуреки)**: 겉모습은 우리나라의 납작 군만두처럼 생겼지만, 반죽 안에 고기와 양파, 양배추 등이 육즙을 머금고 있다.

현지인이 추천하는 만두 음식점
★ BEST 3 ★

1 로쉬끼-뼐로쉬끼

노랑과 연두 빛깔의 러시아 전통 만두 뻴메니 전문점이다. 만두피를 만드는 밀대와 대형 주걱 등 알록달록한 도구를 구경하는 재미도 있다. **P.170**

2 홀라뽁 차이호나

알레우스까야 거리에 위치한 중앙아시아 음식 전문점으로, 양고기로 만든 힌깔리를 맛볼 수 있다. 우즈베키스탄식 양고기 볶음밥 뽈롭도 유명하다. 세련된 통나무 인테리어로 편안한 분위기에서 식사할 수 있다. **P.131**

3 덤플링 리퍼블릭

러시아나 중앙아시아의 만두가 생소해 망설여진다면, 상대적으로 익숙한 딤섬을 맛보자. 덤플링 리퍼블릭은 깔끔한 인테리어를 갖춘 싱가포르식 만두 전문점으로, 가격도 저렴해 부담 없이 식사할 수 있다. **P.132**

DESSERT

입이 행복해지는 달달함
디저트 카페 베스트 5

러시아에는 식사 후에 디저트를 먹는 문화가 있다. 어떠한 식당에 가더라도 디저트 메뉴가 따로 있을 정도다. 식사를 마치고도 조금 아쉽다면 시내 곳곳에 위치한 디저트 전문점으로 발걸음을 옮겨보자. 유리 진열장에서 어마어마한 종류의 디저트가 기다리고 있다.

현지인이 추천하는 디저트 카페
★ BEST 5 ★

1 우흐뜨이블린

러시아 팬케이크 블린 전문점으로, 디저트용과 한끼 식사용 등 메뉴가 다양하다. 아늑하고 따뜻한 분위기와 맛으로 현지인뿐 아니라 관광객에게 사계절 인기 있는 대표 명소다. P.172

2 프스삐쉬까

10개 정도의 의자가 있는 아기자기한 에끌레어 전문 카페로, 특히 여성들에게 인기가 많다. 베리, 커스터드, 초콜릿, 캐러멜, 레몬, 피스타치오 등의 재료로 만든 약 20가지의 에끌레어를 판매한다. P.164

3 샤릭 마로쥐나바

흘렙 이 말라꼬(Хлеб и Молоко) 제과점에서 운영하는 러시아 아이스크림 마로쥐나예(Мороженое) 전문점으로, 굼 옛마당에 있다. P.165

4 깐지또리야

고급 유럽식 레스토랑 이즈 브라세리에(Iz Brasserie)에서 운영하는 디저트 카페. 진열장을 가득 채운 예쁜 케이크가 눈과 입을 호강시켜준다. P.137

5 미쉘 베이커리

블라디보스톡 내 8개 지점을 운영하는 베이커리 체인점이다. 엔티크한 인테리어로 실내를 아늑하게 꾸며 여행 중 잠시 휴식을 취하기에 좋다. P.132

디저트와 차 **FOOD**

COFFEE

여행 중 즐기는 한 잔의 휴식

차와 커피 베스트 5

러시아에서는 홍차 외에도 다양한 커피를 즐겨 마신다. 바리스타들이 품질 좋은 원두를 로스팅 해 갓 뽑아 내린 커피의 맛은 환상적이다. 세련된 실내 인테리어와 아늑한 분위기는 덤.

현지인이 추천하는 **차와 커피**
★ BEST 5 ★

1 카페마

남미, 아프리카 등 세계 각지의 우수한 원두를 직접 수입하고 로스팅 해 제공한다. 세계적인 커피 전문가를 통해 품질을 검증하고, 해외에서 전문 교육을 받은 바리스타를 고용하는 등 커피 맛에 정성을 들인다. P.167

2 레귤러스 커피

원두커피 전문점으로 따뜻한 느낌의 원목 인테리어가 고즈넉한 분위기를 풍긴다. 친절한 직원과 감각적인 음악, 은은한 커피 향에 마음까지 편안해지는 곳이다. P.169

3 샤깔라드니짜

러시아 전역에서 약 240개 지점을 운영하는 유명 체인이다. 세련되고 아늑한 분위기의 카페에서 전문 바리스타가 커피와 초콜릿 음료를 제공한다. P.167

4 파이브어클락

블라디보스톡에 영국의 차 문화를 전파하고자 2007년 문을 열었다. 실제로 판매하는 음료 제조는 영국 방식을 따른다. 특히 영국식 밀크티는 이 집의 추천 메뉴이다. P.173

5 프로커피

한국 미식 투어 방송에 소개된 후 많은 사람의 발길이 이어지고 있다. 데코레이션이 예술인 아티스틱 커피는 프로커피의 명물이며, 가수 테이가 방문했다고 해서 한국 관광객들은 '테이 커피'라고도 부른다. P.165

INSIDE VLADIVOSTOK

여행의 피로를 풀어주는
러시아 보드카 베스트 5

보드카 외에도 다양한 술이 있지만, 러시아 술이라고 하면 역시 보드카가 먼저 떠오른다. 블라디보스톡에서 꼭 맛보면 좋을 러시아 보드카를 소개한다.

BEST 01

벨루가
BELUGA
Белуга

보드카의 최강자라는 수식어가 어울리는 프리미엄 보드카로, 러시아 보드카 중 가장 비싼 편이다. 작은 벨루가(철갑상어) 조각이 수작업으로 새겨진 병도 고급스럽다. 무겁지만 부드러운 목 넘김이 특징으로, 노릇노릇한 샤슬릭이나 튀김요리에 곁들여 마시면 금상첨화다.

BEST 02

루스키 스딴다르뜨
Russian Standard
Русский Стандарт

러시아 보드카의 표준이라고 불릴 만큼 가장 유명한 브랜드로, 한국에도 높은 가격에 수입되고 있다. 깨끗하게 정제되어 깔끔한 뒷맛이 세계 애주가들의 마음을 사로잡는다. 특히 플래티넘 라인은 유럽 각 지역의 고급 레스토랑에서 취급한다.

BEST 03

하스키
Husky
Хаски

시베리아 설원의 아주 낮은 온도에서 여과되며, 깨끗하고 부드러운 맛이 인상적이다. 하스키 병에는 트레이드 마크인 시베리안 허스키의 발자국이 새겨져 있다. 냉장고에 넣고 차갑게 보관해야 최상의 맛을 유지할 수 있다.

BEST 04

차르스까야
Tsarskaya
Царская

러시아 제2의 도시 상트페테르부르크에서 만들어진 브랜드로, 로마노프 왕조 차르들의 식탁에 내던 보드카의 주조법으로 만들었다. 캐비어나 짭짤한 절임 음식과 궁합이 좋다.

BEST 05

빠찌 아죠르 프리미엄
Five Lakes Premium
Пять озёр Премиум

시베리아 타이가 지역의 맑은 물로 만든 보드카. 다섯 호수(Пять озёр, 빠찌 오죠르)라는 이름에 걸맞게 맑고 깨끗한 맛이 난다. 특히 광어, 연어 등 식감이 부드러운 생선요리나 해산물과 잘 어울린다.

REAL GUIDE

실전에서 바로 통하는
러시아 음식 용어

현지 음식점을 이용할 때 가장 걱정되는 것이 바로 메뉴판 읽기다. 요즘은 많은 음식점이 한국어 또는 영어 메뉴판을 구비하고 있고, 러시아어를 잘 몰라도 몇 가지 단어만 알면 주문하는 데 큰 어려움은 없다. 그래도 걱정된다면 먹고 싶은 음식의 이름을 미리 찾아두자.

기본 용어

- 스푼 Ложка, 로쉬까
- 포크 Вилка, 빌까
- 나이프 Нож, 노쉬
- 냅킨 Салфетка, 쌀펫까
- 포장해가다 С собой, 싸보이

기본 메뉴

- 오믈렛 Омлет, 아믈레뜨
- 커틀렛 Катлета, 까뜰레따
- 샐러드 Салат, 쌀랏
- 디저트 Десерт, 지셰르뜨
- 빵 Хлеб, 흘렙
- 케이크 Торт, 또르뜨
- 샌드위치 Бутерброд, 부쩨르브로드
- 치즈 Сыр, 씌르
- 버터 Масло, 마슬라
- 달걀 Яйцо, 이쪼
- 햄 Ветчина, 베치나
- 베이컨 Бекон, 베콘

육류

- 샤슬릭 Шашлык, 샤슬릭
- 스테이크 Стейк, 스떼이크
- 소고기 Говядина, 가뱌지나
- 돼지고기 Свинина, 스비니나
- 양고기 Баранина, 바라니나
- 닭고기 Курица, 꾸리짜

해산물류

- 연어 Лосось, 라쏘씨
- 광어 Палтус, 빨뚜스
- 대구 Треска, 뜨리스까
- 가자미 Камбала, 깜발라
- 참치 Тунец, 뚜녜쯔
- 장어 Угорь, 우가리
- 게 Краб, 끄랍
- 새우 Креветка, 끄리베뜨까
- 곰새우 Медведка, 메드베뜨까
- 가리비 Гребешок, 그레베속
- 대합 Ракушка, 라꾸쉬까
- 굴 Устрица, 우스뜨리짜
- 캐비어 Икра, 이끄라

양념류

- 설탕 Сахар, 싸하르
- 소금 Соль, 쏠
- 후추 Перец, 뻬레쯔
- 겨자 Горчица, 가르치짜
- 소스 Соус, 쏘우스
- 간장 Соевый соус, 쏘에브이 쏘우스

주류 & 음료

- 맥주 Пиво, 삐바
- 위스키 Виски, 비스키
- 레드 와인 Красное вино, 끄라스나예 비노
- 화이트 와인 Белое вино, 벨라예 비노
- 샴페인 Шампанское, 샴빤스까예
- 꼬냑 Коньяк, 까니약
- 생수 Негазированная вода, 니가지로반나야 바다
- 탄산수 Газированная вода, 가지로반나야 바다
- 레모네이드 Лимонад, 리마나트
- 주스 Сок, 쏙

과일 & 채소류

- 사과 Яблоко, 야블라까
- 배 Груша, 그루샤
- 복숭아 Персик, 뻬르식
- 오렌지 Апельсин, 아뻴씬
- 딸기 Клубника, 끌룹니까
- 감자 Картошка, 까르또쉬까
- 당근 Морковь, 마르꼬피
- 토마토 Помидор, 빠미도르
- 양배추 Капуста, 까뿌스따
- 버섯 Гриб, 그립
- 양파 Лук, 루크
- 러시아 고수 Укроп, 우끄롭

INSIDE VLADIVOSTOK

REAL STORY

처음 접해보는 특별함
유제품과 전통음료

러시아에서는 오래전부터 일상생활에서 다양한 유제품이 큰 비중을 차지했다. 디저트로도 제격인 달달한 요구르트부터 열매의 과즙이나 빵을 발효해 만든 전통음료까지, 러시아의 독특한 음료를 맛보는 것도 여행의 작은 묘미다.

요구르트
Yogurt Йогурт

떠먹는 요구르트 및 미니 콜라병 모양의 페트에 담겨 있는 요구르트 등 다양한 형태로 판매된다. 딸기, 바나나, 키위, 복숭아, 오트밀 등 첨가물도 다양하다. '부드러운'이라는 뜻이 담긴 네쥐니(Нежный) 요구르트, '기적'이라는 뜻의 추다(Чудо) 요구르트 등이 있다.

스메따나
Sour cream Сметана

생크림을 발효해 만든 사워크림의 일종으로, 중앙유럽과 동유럽에서 기원했다. 현지인들은 흑빵에 잼처럼 발라서 먹기도 하고, 국민 수프 보르쉬, 러시아식 만두 뻴메니, 러시아 팬케이크 블린 등 대부분의 러시아 전통 음식에 취향에 따라 곁들여 먹는다.

께피르
Kefir Кефир

께피르는 소젖이나 염소젖 또는 양젖을 발효시켜 만든 알코올 발효 유제품이다. 캅카스 지역에서 처음 만들어졌으며, 러시아를 비롯한 동유럽, 중앙아시아 등에서 즐겨 마신다. 일반 요구르트보다 단맛이 덜하고 플레인 요거트보다는 더 시큼하다.

모르스
Mors Морс

붉은 루비색을 띠는 모르스는 크랜베리, 구스베리, 산딸기 등 북부 시베리아 지방에서 나는 여러 종류의 열매로 만든다. 현지인이 식사 전후 즐겨 마시는 러시아 전통 음료이기도 하다. 추운 지방에 사는 사람들이 오랫동안 즐겨 마시던 음료인 만큼 비타민 C가 풍부해 면역력을 높여준다.

끄바스 Kvas Квас

러시아 전통 음료 끄바스는 호밀빵을 발효해 만든다. 흑갈색을 띠며, 우리나라 음료의 맥콜과 비슷하다. 탄산과 약간의 알코올이 첨가되어 있지만, 현지에서는 청량음료로 취급되어 어린이들도 많이 마신다. 과일을 첨가해 만든 끄바스는 새콤달콤한 맛으로 한국인들의 입맛에도 딱이다. 갈증 해소에 좋고 비타민 B 또한 풍부하다. 축제나 행사 기간에 혁명광장이나 해양공원에서 직접 만들어 판매하기도 한다.

 REAL TIP 말로치나야 까샤 Молочная Каша

까샤(Каша)는 일반적으로는 오트밀을 사용해 만든 죽을 일컫는다. 우유로 만든 말로치나야 까샤는 뜨겁고 살짝 달콤해서 아침식사로 적합하며, 블라디보스톡 내 호텔에서 가끔 조식으로 제공된다. 러시아 가정에서 까샤는 한 가족, 식구를 의미하기도 한다. 한 냄비에 담긴 까샤를 함께 먹으며 공동체 의식을 튼튼하게 해준다는 의미로, 러시아인들의 일상에 깊이 녹아들어 있는 음식이다.

러시아인의 식후 음료
러시아의 홍차 문화

영국에 이어 전 세계 홍차 소비량 2위인 러시아. 러시아의 홍차 문화는 영국 못지않은 오랜 전통이 있으며, 홍차를 가장 많이 수입하는 나라 중 하나다. 러시아인의 일상생활에서 중요한 역할을 하는 홍차의 역사와 러시아의 차 문화에 대해 알아보자.

홍차 Black tea
Чёрный чай

우리나라와 중국에서는 붉다고 해서 홍차라고 부르지만, 러시아에서는 검은 차를 뜻하는 쵸르늬 차이(Чёрный чай)라고 부른다.

러시아의 홍차 문화

러시아에서는 홍차를 얼마나 자주 마실까?
영국에서는 티 타임이 보통 오후에 있는 것에 비해, 러시아인들은 아침부터 밤까지 하루 종일 홍차를 마신다. 모든 가정에서 홍차 주전자 사모바르(Самовар)와 유리잔 컵 홀더(Подстаканник, 빠쓰따깐닉)를 보유하고 있을 정도로 홍차는 일상생활에서 빼놓을 수 없는 존재다.

러시아인의 홍차 마시는 방법
러시아인은 홍차에 과일잼이나 꿀을 곁들여 먹거나, 각설탕을 홍차에 적신 뒤 갉아 먹으면서 마시기도 한다. 아메리카노에 시럽을 넣어 먹는 것처럼, 홍차의 씁쓸한 맛을 중화시키기 위해 단맛이 나는 재료를 곁들여 마시는 것이다.

러시아 홍차의 역사

17세기 초~19세기
1618년 러시아 황제 차르에게 명나라 외교사절이 차를 선물했다는 사료에서 알 수 있듯, 러시아 홍차의 역사는 오래됐다. 1689년 청나라와 맺은 국경 획정 조약인 네르친스크 조약 이후 러시아는 본격적으로 몽골 국경 지역의 작은 도시 캬흐타(Кяхта)에서 중국산 홍차를 수입했다. 이후 19세기 후반 시베리아 횡단철도가 만들어지면서 홍차가 각 지역으로 퍼져나갔으며, 차 문화가 대중화되었다. 도스토예프스키, 톨스토이 등 러시아 대문호의 작품에는 홍차를 마시며 대화를 나누는 장면이 빠지지 않는다. 군대의 전투식량에도 홍차가 필수로 포함될 만큼 러시아인들의 일상에 굳게 자리했다.

20세기 이후
소련시절에는 아제르바이잔, 아르메니아, 조지아 등 캅카스 지역에서 홍차 잎을 재배했지만, 소련이 해체되어 각 국가가 분리된 이후 대부분 수입에 의존한다. 블라디보스톡 시내에 있는 슈퍼마켓에 가보면, 넓은 벽면을 가득 채울 만큼 어마어마하게 많은 종류의 홍차 티백을 볼 수 있다. 과거 러시아 국민은 홍차 잎을 주전자 사모바르에 넣고 끓였기 때문에 잎차를 구매하는 경우가 많았지만, 점차 간편함이 선호되면서 일회용 티백 소비가 늘어났다.

SHOP

비행깃값 버는
블라디보스톡 쇼핑 완전 정복

몸도 마음도
건강해지는
약국 건강 보조 제품
PHARMACY

블라디보스톡에서는 유럽산 화장품과 시베리아 대자연에서 추출한 천연 원료의 건강 보조 제품을 저렴한 가격에 구입할 수 있다. 구석구석 찾아보면 우리나라에서는 볼 수 없는 아이디어 생활 소품을 발견할 수도 있다. 가격 대비 품질이 좋은 아이템을 하나둘 구매하며 쇼핑의 즐거움을 만끽하자.

싱그러운 유럽의
향기를 가득 담다
화장품 매장 베스트 5
COSMETICS

블라디보스톡을
상징하는 모든 것
기념품 전문점 베스트 4
SOUVENIR

패션부터
라이프 스타일까지!
복합쇼핑몰 베스트 5
MULTI SHOPPING MALL

쇼핑의 즐거움을 담다
대형마트 베스트 5
SUPERMARKET

COSMETICS

싱그러운 유럽의 향기를 가득 담다

화장품 매장 베스트 5

러시아에서는 기나긴 겨울 동안 춥고 건조한 날씨가 계속되기에 보습크림과 핸드크림, 립밤 등의 화장품을 애용한다. 블라디보스톡에서는 러시아 브랜드를 포함해 프랑스와 독일 등 유럽 브랜드 화장품을 저렴하게 구매할 수 있다.

01
러시아 및 유럽 화장품이 한자리에
추다데이

우리나라의 올리브영, 롭스 등과 유사한 미용·건강 종합 스토어로, 러시아 및 유럽의 화장품, 향수, 생활용품을 주로 취급하는 대형 체인점이다. 한국 관광객에게 입소문 난 당근크림, 할머니 레시피 크림 등 러시아 화장품과 세계적으로 유명한 유럽 화장품을 한국보다 저렴하게 구매할 수 있다. 주요 관광지 주변에 있으니 오며가며 한 번씩 꼭 방문해보자.

02
천연 원료의 프랑스 대표 화장품
이브로쉐

이브로쉐는 국내에도 잘 알려진 프랑스의 세계적 화장품 브랜드이다. 포킨제독 거리의 이브로쉐 블라디보스톡 지점은 주요 관광지에서 접근성도 좋다. 특히 바디 및 헤어 제품을 국내 판매가보다 매우 저렴하게 구매할 수 있어 한국 관광객의 발길이 끊이지 않는다. 가족이나 친구에게 선물하기 좋은 아이템이 가득하니 고민 없이 방문해보자.

화장품 베스트 5 **SHOPPING**

03
유럽 명품 화장품 전문 체인점
일데보떼

유럽 명품 화장품 전문 매장으로 쩬뜨랄늬 쇼핑센터와 스베뜰란스까야 거리 27번지 등에 위치하고 있다. 프랑스 화장품 브랜드 세포라(Sephora)를 포함해 종류가 매우 다양하고 매장도 넓어 구경하기 좋다. 매장 개점 기념일, 도시 기념일 등 특별 행사가 풍부하니 할인 시즌에 맞춰 방문하면 합리적인 쇼핑이 가능하다.

04
향수와 메이크업 도구를 다양한 가격대로
레뚜알

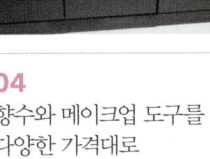

러시아 전역에 있는 향수 및 화장품 전문 체인점이다. 블라디보스톡 내 주요 매장은 클로버하우스, 쩬뜨랄늬 쇼핑센터, 스베뜰란스까야 27번지 등에 있다. 중저가부터 고급 라인까지 다양한 유럽 브랜드 향수와 화장품이 있으며 브러시 등 메이크업 도구도 저렴하게 구매 가능하다.

05
폴란드의 대표 화장품 브랜드
잉글롯

폴란드의 대표 화장품 브랜드로, 클로버하우스 1층 입구 오른편에 있다. 아이쇄도, 블러셔, 립스틱 등의 화장품뿐 아니라 파우치, 거울, 브러시 등의 미용도구도 판매한다. 국내에서는 구하기 어려운 독특한 색조 화장품을 구매하고 싶다면 잉글롯 매장을 방문해보자.

 REAL TIP 화장품 관련 단어

화장품 상점에 가면 진열대에 쓰인 단어가 모두 러시아어이기 때문에 알아보기가 어렵다. 러시아 화장품 쇼핑에 필요한 필수 단어를 소개한다.

화장품 Косметика

1 헤어제품
- 샴푸 Шампунь, ◀ 샴뿐
- 컨디셔너 Бальзам-ополаскиватель, ◀ 발장–아빨라스끼바쩰
- 헤어팩 Маска для волос, ◀ 마스까 들랴 발로쓰

2 얼굴제품
- 스킨 Тоник, ◀ 또닉
- 얼굴 로션 Лосьон для лица, ◀ 라씨온 들랴 리짜
- 얼굴 크림 Крем для лица, ◀ 끄렘 들랴 리짜
- 에센스 Эссенция, ◀ 에쎈샤
- 폼 클렌징 Средство гель для умывания, ◀ 스렛스뜨바 겔 들랴 우므바니야
- 필링제 Пилинг, ◀ 삘링그
- 립밤 Бальзам для губ, ◀ 발잠 들랴 굽

3 색조 화장품
- 파운데이션 Тональная основа, ◀ 따날나야 아스노바
- 아이셰도우 Тени для век, ◀ 쩨니 들랴 벡
- 아이라이너 Подводка для глаз, ◀ 빠드보드까 들랴 글라스
- 립스틱 Губная помада, ◀ 굽나야 빠마다

4 바디제품
- 바디워시 Гель для душа, ◀ 겔 들랴 두샤
- 바디로션 Лосьон для тела, ◀ 라씨온 들랴 쩰라

5 핸드제품
- 액체형 핸드비누 Жидкое мыло для рук, ◀ 짓까예 믈라 들랴 룩
- 핸드크림 Крем для рук, ◀ 끄렘 들랴 룩

INSIDE VLADIVOSTOK

여행 고수가 추천하는
추다데이 vs 이브로쉐 베스트 아이템 5

추다데이와 이브로쉐에서 꼭 사야 할 아이템 다섯 가지를 소개한다.
국내보다 저렴한 가격에 구매할 수 있는 기회를 놓치지 말자.

추다데이 베스트 5

1 넵스까야 크림
Невская Косметик

넵스까야는 러시아 제2의 도시 상트페테르부르크에서 만들어진 화장품으로, 포도, 오렌지, 허브 등 다양한 보습크림을 취급한다. 특히 당근(Морковный)크림은 건조하고 민감한 피부에 좋다. 촉촉하고 끈적임 없이 매끈하게 발려 누구나 부담 없이 사용할 수 있으며, 싱그러운 향기로 기분까지 좋아진다.

가격 당근크림 40ml **89루블**

2 아가피야 할머니 레시피 크림
Рецепты бабушки Агафьи

시베리아 채약인 할머니가 만든 브랜드로, 시베리아에서 채집한 천연 원료로 만든다. 나이트크림, 페이스 마스크, 바디워시 및 바디크림, 헤어제품 라인이 있다. 아담한 사이즈의 핸드크림은 저렴한데다 보습력이 좋아 선물용으로 제격이다.

가격
튜브형 트리트먼트 100ml **74루블**,
핸드크림 30ml **120루블**

3 흑진주 크림
Черный Жемчуг

시베리아의 혹독한 추위에도 피부가 건조하지 않을 정도로 보습 효과가 뛰어나다. 26세, 36세, 46세, 56세 이상 등 연령별 라인이 있으며 탄력 개선과 노화 방지, 재생 효과, 주름개선 기능이 있다. 데이크림은 24시간 지속 효과와 자외선차단 효과가 있으며, 나이트크림은 피부 회복을 돕는 재생 효과 기능이 탁월하다.

가격 나이트 크림 50ml **255루블 내외**

4 가르니에 헤어팩
Маска для волос Garnier

독일 화장품 브랜드의 보타닉 테라피(Botanic Therapy) 라인이다. 특히 손상모발에 효과가 좋은 프로폴리스 & 로얄제리(Прополис и маточное молоко, 쁘라뽈리스 이 마따찌니 말라꼬) 헤어팩은 유럽 관광객 사이에 입소문 난 필수 쇼핑 아이템이다.

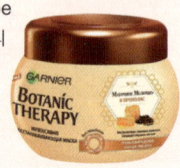

가격 프로폴리스 & 로얄제리 헤어팩 300ml **390루블**

5 부르조아
Bourjois

부르조아는 150년 이상의 역사를 자랑하는 프랑스 화장품 브랜드로 한국에서도 많은 사랑을 받고 있다. 특히 추다데이에서는 인기 있는 파운데이션과 립스틱 라인을 국내 매장 가격의 반도 안 되는 금액으로 구매할 수 있다.

가격
헬씨믹스 파운데이션 30ml **600루블 내외**,
루즈에디션 벨벳 7.7ml **500루블 내외**

REAL GUIDE 097

이브로쉐 베스트 5

1 이브로쉐 립밤
Бальзам для губ

한국에 수입되지 않아 희소성 있는 제품이다. 프랑스의 바이오더마, 유리아주와 함께 가성비 좋은 립밤으로 유명한 이브로쉐의 히트 아이템이다. 바나나, 딸기, 체리, 코코넛 등의 다양한 향과 예쁜 패키지로 프랑스 현지에서는 물론 러시아인들에게도 널리 사랑받고 있다.

가격 4.8g **149루블**

2 자르뎅 뒤 몽드 샤워젤
Jardins du Monde Гель для душа

부담 없이 선물할 수 있는 샤워젤이다. 레몬, 오렌지, 수박, 커피향 등 향이 다양하며 자몽향과 코튼향 샤워젤이 가장 인기가 많다. 원형 용기에 담겨 있는 다른 이브로쉐 제품들과 달리 납작한 형태의 타원형이라 수납하기도 좋다.

가격 200ml **119루블**

3 레 쁠레지르 나뛰라 샤워젤
Les Plaisirs Nature Гель для душа

흐르는 제형의 샤워젤이라 사용이 편하다. 용량에 따라 149루블부터 249루블 정도이며, 투명한 용기에 들어 있어 알록달록한 색상이 시선을 사로잡는다. 산딸기, 오렌지, 망고, 자몽 등 달콤한 향기와 함께 샤워하는 시간이 행복해진다.

가격 200ml **169루블**, 400ml **269루블**

4 이브로쉐 바디밀크
Молочко для тела

390ml의 넉넉한 용량에 합리적인 가격이 장점이다. 발림성이 좋고 끈적임 없이 산뜻하게 마무리되며, 향과 보습효과도 우수하다. 한국보다 저렴한 가격에 구매할 수 있다.

가격 390ml **369루블**

5 인텐시브 광채 헤어 스프레이
Спрей для интенсивного блеска волос

이브로쉐 헤어 에센스 스프레이는 종류가 다양해 모발 상태에 맞게 선택할 수 있다. 짜서 바르는 세럼보다는 뿌리는 스프레이가 편리하고 휴대용으로도 좋다. 천연 추출물을 함유해 모발을 부드럽게 하고 윤기 강화에 도움을 준다.

가격 100ml **530루블**

PHARMACY

몸도 마음도 건강해지는
약국

블라디보스톡 약국에서는 넓은 시베리아 벌판에서 채집한 다양한 재료로 만든 건강 보조 제품을 구매할 수 있다. 건강 보조 제품을 저렴하게 구매해 마음까지 건강해지는 기분을 느껴보자.

건강 보조 제품은 이곳에서
약국

차가버섯 엑기스 '베푼긴', 프로폴리스 스프레이, 해삼 엑기스 등의 건강 보조 제품을 약국에서 구할 수 있다. 약국을 찾을 때는 '압쩨까(Аптека)'라는 간판을 찾자. 아르바트 거리, 스베뜰란스까야 거리, 아께안스끼 대로 등 블라디보스톡 시내의 주요 거리에서 쉽게 찾을 수 있다.

참고 Аптека(압쩨까)와 비슷하게 생긴 글자인 Оптика(옵찌까)는 약국이 아니라 안경점이다.

블라디보스톡 약국 체인점
마나스뜨롭

마나스뜨롭은 블라디보스톡 내에 17개 지점이 있는 대형 약국 체인으로 의약품, 의료기기, 미용 및 건강 보조 제품 등을 판매한다. 블라디보스톡 시내의 대표 매장으로는 알레우스까야 13번지와 실내시장 뻬르바야 레치카 지점이 있다.

REAL TIP 마나스뜨롭 이용 방법

마나스뜨롭에 들어서면 먼저 홀 매니저의 도움을 받아 번호표를 뽑고 대기해야 한다. 은행의 번호표 시스템처럼 자기 차례가 되면 약사에게 필요한 약품을 설명하고 구매하면 된다. 카드 결제도 가능하며, 인터넷에서 주문하고 가까운 오프라인 지점에서 직접 찾는 서비스도 제공한다. www.monastyov.rf

저렴한 가격에 구매하는
약국 베스트 아이템 4

한국 관광객에게 유명한 시베리아산 차가버섯 엑기스를 포함해 다양한 건강 보조 제품은 필수 쇼핑 아이템이다. 선물용으로도 제격인 약국 쇼핑 아이템을 소개한다.

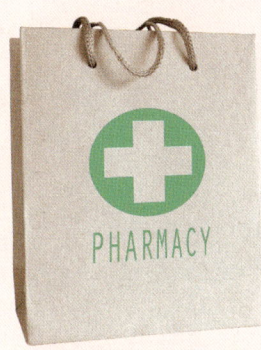

1 차가버섯 엑기스 & 분말가루
Бефунгин & Чага(Пакет бумажный)

차가버섯은 시베리아 북위 45도 이상 지역의 자작나무에 기생하는 버섯이다. 장기간 섭취할 경우 항암효과가 있다고 하며, 16세기부터 비약으로 전해졌다. 분말과 엑기스 베푼긴은 쉽게 섭취할 수 있어 인기가 좋다. 따뜻한 물 150ml에 약 3티스푼을 희석해 식전 한 스푼씩 하루 3회 섭취하는 것이 좋다. 약 3~5개월 동안은 섭취해야 효과가 있다고 한다.

가격 엑기스 250~300루블, 분말가루 150~200루블

2 프로폴리스 스프레이
Прополсол

꿀벌의 프로폴리스는 각종 면역력을 높여준다고 알려져 있다. 특히 프로폴리스 스프레이는 구내 염증으로 시작되는 각종 질환 치료에 효능이 있고 목 부음, 구내염, 잇몸염 등에 효과적이다. 3~4회 입안에 분사하고 증상이 나아질 때까지 하루 2~3회 사용한다. 시내 약국에서 200루블 내외에 구매할 수 있다.

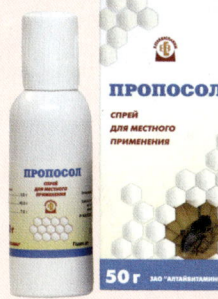

가격 200루블 내외

3 종합비타민
Витамин

일조량이 적은 겨울에는 비타민D 섭취가 부족해 쉽게 피곤해진다. 유독 겨울이 길고 추운 러시아에서는 다양한 비타민을 시중에서 판매한다. 비타민 브랜드 중 알파빗(АлфаВит)의 종합비타민(Поливитамин, 빨리비타민)과 시력개선 블루베리 비타민 체르니까 포르쩨(Черника Форте) 등이 유명하다.

가격 150~300루블

4 해삼액기스
Экстракт Трепанга

해삼은 바다에서 나는 삼이라고 부를 정도로 몸에 좋은 성분이 가득하다. 전립선 암세포 성장 억제 기능이 있고 정력 보충에 도움을 주며, 여드름을 포함한 화농성 상처 개선에도 효과가 있다. 20일간 하루에 한 티스푼을 식사 전 15~30분 전에 섭취하는 것이 적당하다.

가격 1,100루블

SOUVENIR

블라디보스톡을 기념하는 모든 것
기념품 전문점 베스트 4

러시아를 대표하는 마뜨료쉬카 인형부터 바다의 도시 블라디보스톡을 대표하는 해군 기념품까지! 독특한 색깔과 개성이 가득한 기념품 전문점 몇 곳을 소개한다.

01
블라디보스톡 대표 기념품이 한자리에
블라드기프트

혁명광장에 있는 기념품숍이다. 2015년까지 독수리 전망대 위에 있던 숍이 이사해 현재 혁명광장 안쪽의 3층짜리 건물에 자리 잡았다. 각국의 단체 관광객이 많아 2층 계산대에 영어와 중국어는 물론 한국어에 능통한 직원이 상주한다. P.175

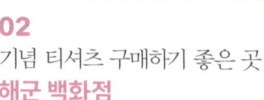

02
기념 티셔츠 구매하기 좋은 곳
해군 백화점

바다의 도시 블라디보스톡에서 해군 관련 기념품을 빼놓을 수 없다. 해군 유니폼뿐 아니라 푸틴 대통령이 그려진 티셔츠, 기념 배지, 마그네틱 등 러시아와 블라디보스톡을 상징하는 기념품을 살 수 있다. P.178

03
반짝이는 기발함을 구매하다
뷰로나호덕

블라디보스톡 굼 옛마당에 은밀하게 숨어 있는 유니크 기념품숍이다. 다른 곳에서 볼 수 없는 아이템으로 가득해 찬찬히 구경만 해도 즐겁다. 대체로 가격대가 높지만, 디자이너들의 창의력이 담긴 특별한 기념품임을 고려하면 그만한 가치가 있다. P.176

기념품 전문점 베스트 4 **SHOPPING**

04
마뜨료쉬까는 이곳에 다 있다
루스까야 고르니짜

러시아의 마스코트인 마뜨료쉬까와 홍차 주전자 사모바르를 전문적으로 판매하는 전문 매장이다. 종합 기념품 숍과 비교해 가격대가 다소 저렴하고 종류도 다양하다. **P.181**

 러시아를 상징하는 2대 기념품

1 마뜨료쉬까 Matryoshka Матрёшка

많은 관광객에게 인기 있는 마뜨료쉬까는 러시아를 대표하는 마스코트다. 달걀 모양에 새초롬한 표정을 짓고 있는 이 나무 인형을 분리하면 안에 또 다른 인형이 나타난다. 크기보다는 그림의 정교함과 안에 들어간 인형 개수에 따라 가격이 천차만별이며, 3개부터 수십 개까지 다양하다. 약 130년 전 최초로 만들어진 마뜨료쉬까는 총 8개의 인형으로 구성되었으며, 마뜨료쉬까라는 이름은 당시 가장 흔한 여성의 이름을 딴 것이라고 한다. 건강과 다산의 상징으로 알려진 이 복덩이 인형은 오늘날 동화 캐릭터나 푸틴 대통령 등 정치적 인물을 묘사한 패러디 작품으로도 제작된다. 우리나라 역대 대통령의 얼굴이 그려진 마뜨료쉬까도 인기를 끌고 있다.

2 러시아 털모자

- **샤쁘카 Shapka Шапка**: 모든 모자 종류를 러시아어로 샤쁘카라고 부른다. 겨울철이면 각종 모자를 착용한 사람을 많이 볼 수 있으며, '러시아 털모자'라고 불리는 우샨카가 대표적이다.

- **우샨카 Ushanka Ушанка**: 머리부터 귀까지 덮는 러시아 겨울 털모자를 말한다. 평소에는 귀 부분을 접어놓지만, 강추위가 찾아오면 귀 부분을 내려 턱 아래로 끈을 묶을 수 있다. 시베리아의 혹독한 겨울에 맞서기 위해 100여 년 전 러시아 군대에서 사용하기 시작했다. 현재 카자흐스탄, 중국, 북한, 몽골 등 추운 지역에서 일반적으로 사용되는 아이템으로 자리 잡았다. 빨간 별 모양이 달려 있는 인조털 우샨카는 외국인 관광객을 위한 기념품으로, 천연 모피로 만든 것에 비해 저렴하게 판매된다(약 500루블 내외).

MULTI SHOPPING MALL

패션부터 라이프 스타일까지!
복합쇼핑몰 베스트 5

블라디보스톡에 크고 화려한 쇼핑몰은 없지만 몇 군데 복합쇼핑몰에서 의류 및 잡화 판매점을 운영한다. 푸드코트에서 먹을거리를 골라먹는 재미도 쏠쏠하다.

01
현지인들의 만남의 광장
클로버하우스

의류 및 잡화 상점이 즐비한 중앙 쇼핑센터로, 다양한 노선의 버스 출발점이자 종착점이다. 고층에는 헬스클럽과 푸드코트가 있다. 1층에 입점해 있는 잉글롯과 레뚜알에서 국내 백화점의 화장품 매장보다 상품을 저렴하게 구매할 수 있다. P.182

02
시내 중심부의 터줏대감
쩬뜨랄늬 쇼핑센터

시내의 가장 중심에 위치한 대형 쇼핑센터로 혁명광장 주변의 지하보도와 연결되어 있어 접근성이 좋다. 일데보떼, 레뚜알 등의 유럽 화장품 매장은 언제나 관광객으로 북적거린다. 꼭대기 층에는 천장이 유리로 된 푸드코트가 있다. P.177

복합쇼핑몰 베스트 5 **SHOPPING**

03
125년의 역사를 간직한 곳
블라디보스톡 굼

다양한 상품보다는 블라디보스톡 최초 백화점이라는 역사적인 의미가 더 깊은 곳이다. 극동 시베리아 지역의 유일한 자라(ZARA) 매장이 있으며, 미용·건강 종합 상점인 추다데이가 입점해 있다. P.176

04
굼 백화점을 계승한 미니백화점
말릐굼

총 6층으로 구성된 복합쇼핑몰이다. 대규모 재건축 공사 후 2012년부터 영업이 시작된 곳으로, 이름은 '작은' 굼이지만, 구축된 시설과 다양한 브랜드를 보유했다는 측면에서 '큰' 굼보다 규모가 크다. 러시아 및 유럽 브랜드 의류, 수제 과자 전문점 등의 상점이 입점해 있으며, 게임장 및 볼링장까지 보유하고 있는 쇼핑 및 엔터테인먼트 센터이다. P.204

05
블라디보스톡의 최대 쇼핑 복합단지
세단카시티

2016년 문을 연 블라디보스톡 내 최대 복합쇼핑몰. 깨끗한 시설과 넓은 주차 공간을 자랑한다. 세단카시티는 총 지하 2층과 지상 5층으로 구성되어 있다. 각 층마다 화장품, 의류 및 잡화, 가전제품 상점이 밀집해 있으며, 패스트푸드점 KFC를 비롯해 한식, 일식 음식점이 있어 쇼핑 중 허기를 채우기에도 부족함이 없다. 4층에 위치한 볼링장 샤르뻬이(Шарпей)는 새벽까지 운영한다. 지하 2층에는 어마어마한 넓이의 대형마트 쌈베리(Самбери)가 입점해 있다. P.243

SUPER MARKET

쇼핑의 즐거움을 담다
대형마트 베스트 5

블라디보스톡의 대형마트에서는 간단한 간식과 현지 요리부터 수천 가지의 맥주와 보드카까지 없는 게 없다. 먹을거리뿐 아니라 잡화까지 취급하는 매장도 있어 쇼핑하는 재미가 있다. 대형마트에서 현지인이 된 기분으로 쇼핑을 즐겨보자.

01
기차여행의 시작을 함께하는 곳
스마크 쁠류스

블라디보스톡 기차역 건너편 피라미드 건물에 위치한 대형 슈퍼마켓이다. 기차역에서 가장 가까운 위치인 만큼, 시베리아 횡단열차 탑승 전 기나긴 이동 기간 중 먹을 간단한 식음료와 필수품을 준비하러 장을 보는 사람이 많다. 스시 도시락부터 러시아 현지식까지 다양한 음식을 구매할 수 있다.
P.140

03
연해주를 대표하는 대형마트
레미

연해주 지역의 기뻐르마켓과 수뻐르마켓 체인점으로, 현재 24곳의 매장이 운영 중이다. 자체 운영하는 베이커리에서 구워낸 다양한 빵을 비롯해 신선한 과일과 채소가 저렴한 가격에 판매된다. 아반타 호텔 및 아스토리아 호텔과 매우 가까운 거리에 있어 관광객의 발길이 끊이지 않는다. P.219

대형마트 베스트 5 **SHOPPING**

02
하루를 마무리하는 쇼핑
프레쉬 25

블라디보스톡 시내의 중심인 클로버 하우스 지하에 위치한 대형 슈퍼마켓으로, 24시간 운영해 늦은 밤까지 사람들로 붐빈다. 싱싱한 과일과 즉석식품, 다양한 종류의 주류까지 숙소에서 모든 것을 해결하려는 여행자에게 최고의 공간이다. 다양한 상품을 저렴하게 공급하지만 기뻬르마켓에 비해 규모는 작다. P.183

04
일상생활에 필요한 모든 것
블라제르

다양한 물품을 보유한 기뻬르마켓으로, 1층은 식료품, 꽃, 화장품 등이, 2층에는 가전제품 및 주방잡화가 있다. 식료품 코너에는 다른 대형마트보다 한국 제품이 유독 많이 진열되어 있다. P.218

05
동시베리아 최대 체인 대형마트
쌈베리

블라디보스톡에서 가장 큰 대형할인점으로 기뻬르마켓에 포함되는 마트.

약 15,000m²에 해당하는 어마어마하게 넓은 창고형 마트로, 천장이 매우 높아 인상적이다. 신선하고 당도 높은 과일을 마음껏 고를 수 있다. P.147

 REAL TIP 러시아의 대형마트

러시아의 대형마트는 보통 규모에 따라 마가진, 수뻬르마켓, 기뻬르마켓 세 종류로 나뉜다.

1 마가진 Магазин
집 앞에 있는 동네슈퍼와 같이 규모가 작은 상점을 말한다.

2 수뻬르마켓 Супермаркет
대형 슈퍼마켓으로 보통 식료품과 생필품 위주로 구성되어 있다. 마켓 내에 자체 베이커리를 보유하고 있는 경우가 대부분이다.

3 기뻬르마켓 Гипермаркет
국내의 이마트와 같이 다양한 물품들을 저렴하게 판매하는 대형할인점이다.

INSIDE VLADIVOSTOK

알뜰살뜰 즐기는 쇼핑의 재미!
슈퍼마켓 쇼핑 아이템 베스트 7

러시아인의 소소한 일상이 담겨 있는 슈퍼마켓 아이템을 소개한다. 부담 없는 가격과 재미있는 스토리까지! 지인의 선물용으로도 안성맞춤이다.

1 알룐까
Алёнка

1960년대 초 소련 정부 주도로 제작된 러시아 국민 초콜릿이다. 현재는 국내에도 수입될 만큼 인기가 높다. 헤이즐넛, 건포도 등 다양한 종류가 있는데, 오리지널 버전인 밀크 초콜릿이 가장 무난하다.

가격 80~120루블

알룐까는 누구인가?

흔히 초콜릿 포장지에 그려진 아기의 이름을 알룐까라고 알고 있다. 본래 알룐까는 세계 최초 여성 우주인 발렌티나 테레쉬코바(Валентина Терешкова)의 딸 엘레나의 이름에서 따왔는데, 실제 모델은 표지 공모전에서 수상한 작가의 8개월 된 딸이다. 표지 모델이 지금은 60세에 가까운 나이가 되었다는 것을 생각하면, 그만큼 역사가 오래된 초콜릿임을 알 수 있다.

2 알펜골드
Alpen Gold

1992년부터 러시아에서 꾸준히 인기를 누린 초콜릿이다. 25가지가 넘는 다양한 맛으로 현지인들은 물론 관광객이 가장 많이 찾는 초콜릿 중 하나다. 밀크 초콜릿과 헤이즐넛 초콜릿이 가장 유명하다.

가격 80~100루블

3 레이칩 Чипсы Lay's
🔊 칩스 레이스

미국의 감자칩 브랜드로 러시아인의 입맛에 맞게 탈바꿈했다. 크랩맛, 양파맛, 치즈맛 등 종류가 매우 다양해 고르는 재미가 있다. 사람 입모양으로 디자인된 레이칩 인증 사진은 SNS에서 늘 인기 있다.

가격 50~100루블

4 도시락
Доширак
🔊 다쉬락

우리에게도 익숙한 컵라면인 도시락은 러시아 내 시장 점유율이 60%에 이를 정도로 현지인에게 인기가 좋다. 총 6가지 종류로 모두 현지화 된 맛이지만 그만의 매력이 있다. 부드럽고 짭짤한 매쉬포테이토 도시락은 가격도 저렴하고 만들기도 쉬워 간단한 아침대용으로 좋다.

가격 30~60루블

REAL GUIDE 107

5 꿀 Мёд
🔊 묘드

러시아의 꿀은 맛이 진하고 가격도 매우 저렴하다. 베리류를 첨가한 크림 꿀, 벌집 꿀, 꽃 꿀 등 다양한 종류가 있는데, 특히 결정체가 살아있는 보리수 꿀(Липовый мёд, 리빠브이 묘드)이 가장 유명하다.

가격 100~200루블

6 홍차 Чёрный чай
🔊 초르늬 차이

고급홍차 그린필드(Greenfield)를 국내보다 훨씬 저렴한 가격에 구매할 수 있어 선물용으로 좋다. 같은 제품이라도 낱개로 개별 포장된 홍차가 오래 두고 먹기에 편하다.

가격 100루블 내외

7 해바라기씨 & 잣
Семечки и Кедровый орех
🔊 쎼미치끼 & 끼드로비 아레흐

볶은 해바라기씨는 일반 해바라기씨와 소금간이 되어 있는 종류로 나뉘어 판매되는데, 맥주 안주로는 짭짤하게 소금간이 되어 있는 게 안성맞춤! 고소한 맛이 일품인 러시아의 잣은 풍부한 시베리아의 삼림자원 덕분에 저렴한 가격으로 구매할 수 있어 선물하기 좋다.

가격 해바라기씨 100루블 내외, 잣 250루블~

REAL TIP 주류 & 담배 쇼핑 팁!

1 주류 Алкоголь

대형 슈퍼마켓의 주류 코너에서도 다양한 주류를 구매할 수 있으나, 위스키나 와인과 같은 고급 주류를 전문적으로 판매하는 알코올마켓(Алкомаркет)에서는 더욱 다양하게 구경할 수 있다. 대표적인 알코올마켓은 딜란(Дилан), 빈랍(Винлаб) 등이다. 러시아에서는 주류법상 저녁 10시 이후에 마트나 주류매장에서 술 판매가 엄격하게 금지되기 때문에, 모든 영업점은 10시 전까지만 영업한다.

2 타바코 Табак

주류처럼 담배도 전문숍이 있다. 아르바트 거리에 위치한 처칠타바코에서는 러시아 및 수입 담배, 시가, 아이코스(IQOS) 등 다양한 종류의 담배와 라이터, 담배 케이스 등의 용품을 판매한다. 독특한 디자인의 담배가 많아 선물용으로 구매하는 관광객이 많다.

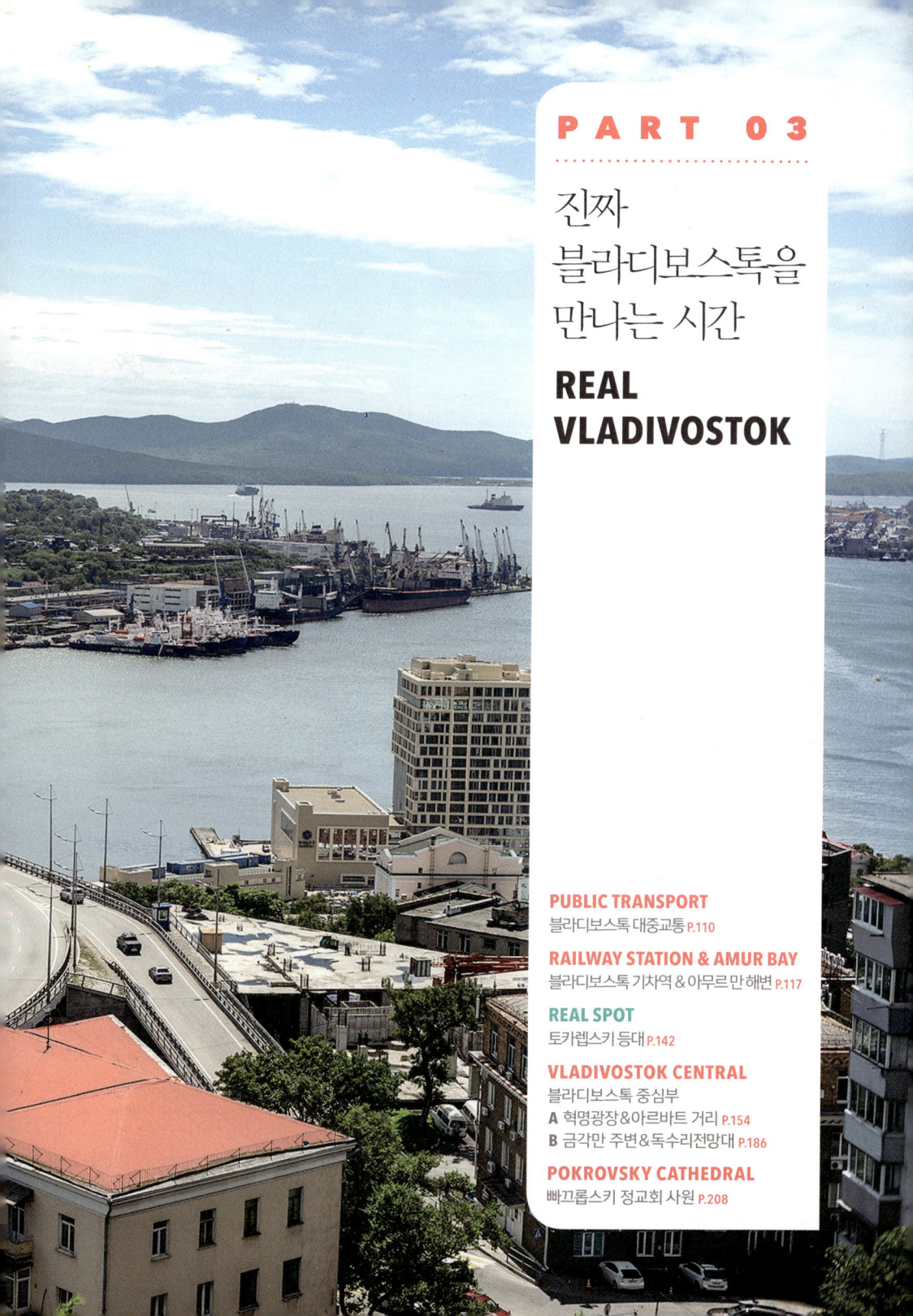

PART 03

진짜 블라디보스톡을 만나는 시간

REAL VLADIVOSTOK

PUBLIC TRANSPORT
블라디보스톡 대중교통 P.110

RAILWAY STATION & AMUR BAY
블라디보스톡 기차역 & 아무르만 해변 P.117

REAL SPOT
토카렙스키 등대 P.142

VLADIVOSTOK CENTRAL
블라디보스톡 중심부
A 혁명광장 & 아르바트 거리 P.154
B 금각만 주변 & 독수리전망대 P.186

POKROVSKY CATHEDRAL
빠끄롭스키 정교회 사원 P.208

PUBLIC TRANSPORT
블라디보스톡 대중교통

REAL POINT

❶ 블라디보스톡은 도심에 대부분의 주요 관광지들이 모여 있어 도보로도 충분히 여행이 가능하다. 그러나 언덕이 많은 지형이므로 가끔은 대중교통을 이용하는 것도 편리하다.

❷ 블라디보스톡을 여행할 때 가장 편리한 교통수단은 택시다. 택시의 기본요금은 140루블인데 주요 관광지까지의 요금이 150~200루블 내외로 크게 부담스럽지 않다. 특히 거리별 할증 요금이 붙지 않아 도심에서 30km 정도 떨어진 루스키 섬 지역까지도 400루블 내외로 이용 가능하다.

❸ 버스는 가장 저렴한 대중교통 수단이지만 노후된 경우가 많다. 하차정류장 안내방송이 러시아어로만 나오기 때문에 언제나 지도 앱으로 실시간 위치를 확인해야 한다.

막심(Maxim) 택시 예약 방법

❶ 현지 통신사 메가폰(МегаФон), 엠떼에스(MTC), 빌라인(Билайн)에서 러시아 유심을 구매한다. 가격대는 인터넷 요금제에 따라 보통 300~500루블 정도다.

❷ 막심 앱을 다운 받고, 새로 발급받은 러시아 번호를 입력 후 문자로 받은 인증번호를 입력한다. 좌측상단 버튼-설정에서 언어를 English로 선택 후 방문국가 Russia, 도시 Vladivostok 선택.

❸ 출발장소(From), 도착장소(Where to)에 영어주소 입력→도로명을 영어로 입력 후 House number에 번지수 입력→Pick-up point에 Main entrance 터치.

❹ 큰 짐이 있을 경우 Luggage +30루블 선택 후 금액 확인 후 요청(Order) 버튼 터치, 차종과 색상, 차번호가 표시되니 확인 후 탑승

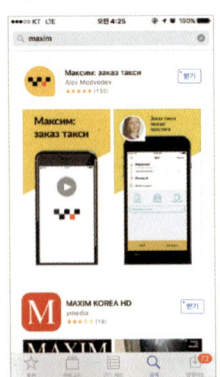
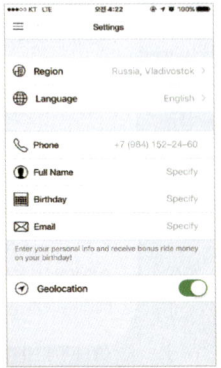
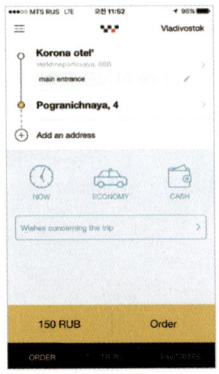
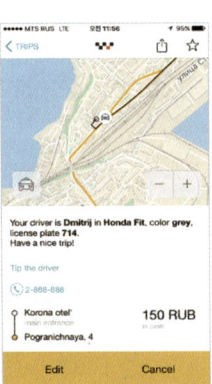

PUBLIC TRANSPORT 111

블라디보스톡 끄네비치 국제공항에서 도심으로 가는 방법

끄네비치 국제공항은 블라디보스톡 시 북쪽에 위치한 작은 도시 아르쫌(Артём)에 있어 블라디보스톡 기차역까지는 약 50km 떨어져 있다. 블라디보스톡 시내까지 가는 방법은 총 세 가지다. 세 방법 모두 걸리는 시간은 비슷하지만 항공편이 새벽에 도착하거나 인원이 세 명 이상인 경우 택시를 이용하는 것이 편하다.

- **공항철도(Экспресс, 엑스쁘레스)**: 하루 5회 운행, 50분, 편도 230루블(공항 상황에 따라 변경 가능)
  - ⏰ 공항 ➞ 기차역 출발시각 07:42, 08:30, 10:45, 13:15, 17:40
  - ⏰ 기차역 ➞ 공항 출발시각 07:10, 09:02, 11:51, 16:00, 18:00

- **미니버스 107번**: 50분~1시간, 좌석 220루블, 짐 추가 110루블
  - ⏰ 공항 ➞ 기차역 출발시각 첫차 06:50부터 20:00까지 30분~1시간 간격 배차
  - ⏰ 기차역 ➞ 공항 출발시각 첫차 05:40부터 17:20까지 30분~1시간 간격 배차

- **막심 택시**: 상시 이용 가능, 50분, 1,000루블 내외

블라디보스톡 주요 버스정류장

블라디보스톡의 버스는 뒤로 타고, 앞으로 내리면서 요금을 지불한다. 공항미니버스 107번을 제외한 블라디보스톡 시내버스 요금은 대부분 23루블로, 탑승 전 1루블 단위의 동전까지 여유 있게 준비하는 것이 좋다.

❶ **블라디보스톡 기차역**: 기차역에서 국제공항까지 이어주는 우수리스크 근교 명소를 지나는 노선
  🚌 107번 버스(거리에 따라 100~200루블) 블라디보스톡 기차역 ▶ 자르야 예술센터 ▶ 세단카시티 ▶ 식물원 ▶ 끄네비치 국제공항

❷ **혁명광장 앞 정류장**: 블라디보스톡의 중심이 되는 스베뜰란스까야 거리의 주요 명소를 지나는 노선
  🚌 31번 버스 서커스장 ▶ 중국시장(스빠르찌브나야 시장) ▶ 골동품 자동차 박물관 등

❸ **클로버하우스 정류장**: 블라디보스톡 시내부터 샤마라 해수욕장까지 운행하는 노선
  🚌 28번 버스 빠끄롭스키 정교회 사원 ▶ 자르야 예술센터 ▶ 세단카시티 ▶ 식물원 ▶ 샤마라 해수욕장
  * 배차간격이 길고 시즌별로 변경되니 출발 시간 확인 필요(https://wikiroutes.info/vladivostok?routes=14050)

❹ **이줌루드 플라자**: 주요 시내명소부터 루스키 섬까지 블라스보스톡의 알짜 노선
  🚌 15번 버스 빠끄롭스키 정교회 사원 ▶ 독수리전망대 ▶ 마린스키 극장 ▶ 극동연방대학교 ▶ 연해주 아쿠아리움
  🚌 29Д번 버스 빠끄롭스키 정교회 사원 ▶ 독수리전망대 ▶ 마린스키 극장 ▶ 극동연방대학교 ▶ 바라쉴롭스까야 포대박물관

 # 시베리아횡단열차체험 # 유람선투어 # 해변야간거리 # 해산물마켓

시베리아 횡단열차의 시종착점인 블라디보스톡 기차역은 공항철도를 타고 블라디보스톡에 도착해 가장 먼저 만나는 스폿. 연해주 국립미술관, 블라디보스톡 유람선 선착장, 블라디보스톡 요트클럽 등 볼거리와 즐길거리가 다양하다. 아무르 만 해변의 블라디보스톡 해양공원은 다채로운 도시 행사의 중심지이자 블라디보스톡을 대표하는 시민의 쉼터로, 현지인의 일상을 가까이에서 볼 수 있다.

블라디보스톡 여행의 시작
블라디보스톡 기차역 & 아무르 만 해변
RAILWAY STATION VLADIVOSTOK & AMUR BAY

CHAPTER 01

REAL VLADIVOSTOK

REAL COURSE
블라디보스톡 기차역 & 아무르 만 해변

핵심 1일 코스

- **시작** — 블라디보스톡 기차역
- 도보 5분
- **09:00** — 나스딸기야에서 아침식사 및 갤러리 구경 
- 도보 5분
- **10:30** — 해양공원 산책 
- 도보 5분
- **11:00** — 블라디보스톡 요새박물관
- 도보 13분
- **12:00** — 댑 바에서 점심식사 
- 도보 5분
- **14:00** — 블라디보스톡 바다 유람선 투어 
- 도보 5분
- **15:30** — 연해주 국립미술관 본관 
- 택시 20분
- **16:30** — 토카렙스키 등대 
- 택시 20분
- **18:00** — 블라디보스톡 요트클럽 구경 
- 도보 1분
- **18:30** — 씸 푸토프에서 저녁 
- 도보 1분
- **20:00** — 올드캡틴에서 맥주 한잔 
- 도보 or 택시
- **도착** — 숙소

REAL COURSE 115

SEE EAT SHOP

체험 1일 코스

- 블라디보스톡 기차역 — **시작**
- 도보 10분
- 미쉘 베이커리에서 아침식사 — **09:00**
- 도보 3분
- 해양공원 산책 — **10:00**
- 도보 5분
- 까루셀 놀이공원에서 관람차 탑승 — **10:30**
- 도보 3분
- 블라디보스톡 요새박물관 — **11:00**
- 도보 13분
- 블라디보스톡 바다 유람선 투어 — **12:00**
- 택시 20분
- 크랩하우스에서 점심식사 — **13:30**
- 도보 10분
- 토카렙스키 등대 — **15:00**
- 택시 20분
- 루스까야 바냐 — **16:00**
- 택시 30분
- 댑 바에서 저녁식사 — **18:30**
- 도보 10분
- 시암 스파 or 카루나 스파 — **20:00**
- 도보 5분
- 해변 야간거리 — **22:00**
- 도보 10분
- 클럽 쿠쿠 — **24:00**
- 도보
- 숙소 — **도착**

REAL MAP : 블라디보스톡 기차역 & 아무르 만 해변

Amur Bay
아무르 만

01
시베리아 횡단철도의 시종착점
블라디보스톡 기차역
Railway station Vladivostok
Железнодорожный вокзал Владивосток

동아시아에서 온 여행객들에게는 설레는 출발점이, 유럽에서 출발한 이에게는 기나긴 여행의 종착점이 된다. 9,288km 기념비 옆에는 2차 세계대전 때 사용했던 증기기관차가 있다. 옛 건물이 그대로 보존되어 17세기 러시아 건축 양식, 화려한 천장 벽화, 곳곳에 배치된 작품을 살펴보는 재미가 있다. 횡단열차 승차권 매표소로 가려면 지하로 내려가 화장실 복도를 통과해야 한다. 공항철도는 기차역이 아닌 우측 직사각형 건물로 들어가야 탑승할 수 있다는 점을 꼭 기억하자.

🚶 블라디보스톡 공항에서 공항철도 혹은 미니버스로 1시간
📍 Ул. Алеутская, 2 ⏰ 24시간 🌐 vladivostok.dzvr.ru
📞 43.11119, 131.88161

02
아무르 만 위에서 바라보는 노을
블라디보스톡 바다 유람선 투어
Sea tours of Vladivostok
Морские экскурсии владивосток

여객선을 타고 블라디보스톡 해안을 둘러보는 코스로, 바다 전경은 물론 금각만대교와 루스키대교의 웅장한 모습을 직접 감상할 수 있다. 본격적으로 날이 따뜻해지는 5월부터 10월 말까지 정기적으로 투어 프로그램이 운영되며 오후 12시부터 한두 시간 간격으로 출발한다. 일반 프로그램은 1시간씩 진행되지만, 오후 4시에 시작하는 '바다 파노라마(Морская Панорама)'와 오후 6시의 '바다 일몰(Морской Закат)' 프로그램은 2시간 동안 진행된다. 승객 수에 따라 일정이 변경될 수 있으니 인스타그램 계정에서 실시간으로 정보를 확인할 것.

🅿 성인 800루블(1시간), 1,200루블(2시간), 만 14세 미만 어린이 600루블(1시간), 900루블(2시간) 🚶 블라디보스톡 기차역에서 도보 7분 ⏰ 1시간 코스 12:00, 13:00, 14:00, 2시간 코스 16:00, 18:00 시즌별 변경 가능 🌐 mostvl.ru, instagram.com/mostvl
📞 43.11343, 131.88436

블라디보스톡 기차역 & 아무르 만 해변 SEE 119

03
러시아와 서유럽 미술사를 한눈에
연해주 국립미술관 본관
Primorye State Art Gallery
Приморская государственная картинная Галерея

1965년 설립된 극동러시아 지역의 국립미술관으로, 블라디보스톡 내 본관과 분관이 운영되고 있다. 1900년대 초반에 지은 본관 건물은 기차역에서 혁명광장 방향으로 약 300m 걷다보면 쉽게 찾을 수 있다. 18세기~20세기 초의 러시아 예술작품과 이탈리아, 프랑스 등 서유럽의 저명한 작가들의 작품을 감상할 수 있다. 1층에는 티켓과 기념품을 판매하는 카운터가, 2층에는 총 9개의 홀로 구성된 상설 전시관이 있다. 5월 국제 박물관의 날 전후에는 다양한 행사가 진행된다.

- 성인 300~500루블, 학생 200루블, 어린이 150루블
- 블라디보스톡 기차역에서 도보 5분 ⦿ Ул. Алеутская, 12
- 11:00~19:00(월 휴무) ⦿ primgallery.com
- 43,11427, 131,88797

REAL TIP 블라디보스톡 박물관의 밤
Museum Day Ночь музеев

국제박물관회의(ICOM)가 1977년 제정한 국제 박물관의 날(International Museum Day)은 매년 5월 18일이다. 블라디보스톡 시에서는 국제 박물관의 날 전후를 '박물관의 밤(Ночь музеев)'으로 지정해 매년 기념한다. 아르세니예프 박물관과 연해주 국립미술관에서는 해가 진 이후에도 콘서트, 영화상영, 강연 등 다양한 행사를 진행하며 미술관의 밤을 화려하게 밝힌다.

04
극동러시아 예술인들의 작품 집합소
러시아 예술인연합 연해주 전시장
**Primorsky branch of
The Union of Artists of Russia**
Приморское отделение
Союз художников России

1938년 10월 출범한 러시아 예술인연합에서 운영하는 전시장이다. 극동러시아 지역 예술인의 개성 넘치는 작품이 가득한 곳으로, 연해주 국립미술관 근처에 있다. 관람료가 무료이므로 시내로 이동하는 길에 잠시 둘러보기 좋다. 전시관은 총 4개의 홀로 구성되어 있으며 짧게는 2주, 길게는 한 달 주기로 새로운 주제의 전시가 열린다. 관광객뿐 아니라 블라디보스톡 시민의 발걸음이 끊이지 않는 곳.

ⓟ 무료(특별전 진행 시 입장료 있음) 🚶 블라디보스톡 기차역에서 도보 6분 📍 Ул. Алеутская, 14А 🕐 09:00~19:00
🌐 artprim.com 📞 43.11505, 131.88326

05
잠들지 않는 블라디보스톡의 활력소
블라디보스톡 해양공원
Sportivnaya Naberezhnaya
Спортивная Набережная

러시아어로 스포츠 항만(Спортивная Набережная)이라는 뜻의 블라디보스톡 해양공원. 산책로를 따라 각종 길거리 음식과 기념품을 파는 노점이 들어서 있으며, 여름에는 분수 앞 광장에서 불 쇼, 댄스 공연 등 다양한 이벤트가 벌어진다. 사람이 직접 손으로 움직여주는 수동 가상현실(VR)체험은 구경만으로도 재미있다. 길거리 예술가가 그려주는 캐리커처 그림도 이색적인 체험이다. 봄부터 가을까지는 오리 배가 수를 놓고 겨울에는 꽁꽁 언 바다에서 얼음낚시를 즐기는 시민들로 붐빈다.

ⓟ 자전거 대여 1시간 150루블, 오리배 30분 250루블, 수동 가상현실체험 250루블 🚶 아르바트 거리에서 도보 3분
📍 Ул. Батарейная 🕐 24시간 📞 43.1194, 131.87699

블라디보스톡 기차역 & 아무르 만 해변 SEE

06
오색빛깔 어린이 놀이공원
까루셀 회전목마 놀이공원 Carousel
Карусель

해양공원에 있는 아담한 놀이공원이다. 시설은 낙후되었지만 알록달록한 빛깔의 놀이기구가 동심을 불러일으킨다. 관람차는 관광객이 가장 많이 찾는 놀이기구이자 놀이공원의 상징이다. 관람차에서는 블라디보스톡 전경을 한눈에 볼 수 있지만, 가는 쇠사슬이 안전장치의 전부이므로 공중에서 과격하게 움직이는 행위는 절대 금물이다.

ⓟ 관람차 250루블 🚶 아르바트 거리에서 도보 5분
📍 Ул. Батарейная, 1 🕐 10:00~20:00
🏠 karusel777.ru 📍 43.11959, 131.87696

REAL TIP 놀이공원 충전카드

놀이공원의 모든 시설은 카드에 해당 금액만큼 충전해 이용할 수 있다. 충전카드 발급 시 내는 보증금 50루블은 반납 시 돌려받을 수 있다.

07
서태지가 공연했던 종합경기장
디나마 경기장
Dynamo Sports Complex
Динамо Стадион

1957년 건립된 종합경기장으로, 블라디보스톡 시내 중심에 있다. 축구 경기뿐 아니라 다채로운 문화행사가 열린다. 2004년에는 가수 서태지가 한국 뮤지션 최초로 러시아 콘서트를 열어 3만 명의 관객이 모였다. 경기가 있는 날에는 경기장 주변에 교통 정체가 매우 심하며, 시설도 낙후되어 외곽 지역에 1만 5천 석 규모의 새로운 경기장 건립이 추진되고 있다. 경기 및 행사가 있을 때만 개장하니 홈페이지에서 일정을 미리 참고하자.

🚶 아르바트 거리에서 도보 3분
📍 Ул. Адмирала Фокина, 1 🕐 09:00~21:00
🏠 dinamo-prim.ru(경기 일정 참고) 📍 43.11916, 131.87875

08
도심 속 작은 정교회 사원
이고르 체르니곱스키 사원
The Church of Prince Igor of Chernigov
Храм святого Игоря Черниговского

디나마 경기장 뒤편에 자리한 아담한 규모의 러시아정교회 사원이다. 임무를 수행하다 목숨을 잃은 내무부 군인들을 추모하기 위해 2007년에 세웠다. 규모는 작지만 블라디보스톡에 있는 약 40개의 사원 중 가장 중심부에 있어 접근성이 좋다. 두 팔을 벌리고 강직하게 서 있는 추모 기념비는 이 사원의 상징이다. 여성은 머리에 스카프를 둘러야 입장이 가능하다.

🚶 아르바트 거리에서 도보 5분 📍 Ул. Фонтанная, 12
🕙 월~토 10:00~19:00, 일 08:00~18:00
🏠 sv-voin.ru 📱 43.1206, 131.8803

09
아담한 동네 수족관
해양 수족관
Vladivostok Oceanarium
Владивостокский океанариум

관람시간이 10분 정도 소요되는 작은 수족관이다. 입구에 들어서면 바로 보이는 악어 한 마리와 원형 어항 속 벨루가 한 마리가 이 수족관을 대표한다. 더욱 다양한 연해주 바다 생물을 만나고 싶다면, 루스키 섬에 위치한 연해주 아쿠아리움 방문을 추천한다.

💰 성인 250루블 🚶 해양공원 광장에서 도보 5분
📍 Ул. Батарейная, 4 🕙 10:00~19:00(시즌별로 변경 가능, 홈페이지 참고) 🏠 akvamir.org 📱 43.12118, 131.87629

REAL TIP  벨루가(Белуга)

철갑상어의 한 종류인 벨루가는 몸길이가 2m 내외, 수명이 약 100년 정도 된다. 벨루가의 알 블랙 캐비어(Чёрная икра, 초르나야 이끄라)는 캐비어 중에서도 비싼 가격을 자랑한다. 러시아를 대표하는 프리미엄 보드카 벨루가는 바로 이 철갑상어의 고급스러운 이미지를 따서 만들었다고 한다.

10
과거 태평양 함대의 방어시설
블라디보스톡 요새박물관
Vladivostok Fortress
Владивостокская Крепость

적군의 공격에 대비해 만든 요새가 약 130년 후 관광객이 방문하는 공간이 되었다. 해양공원에 위치한 블라디보스톡 요새박물관은 실내 및 실외 전시장으로 구성되어 있다. 실내 박물관은 총 7개의 홀로 구성되어 있다. 첫 번째 홀에서는 중세시대 연해주 지역을 장악했던 여진족과 우리나라 발해시대의 군사 무기와 의복을 볼 수 있다. 그 외의 홀에서 블라디보스톡 도시 건설이 시작된 시기인 1860년대 군사 지구와 1890~1990년대까지 전략적 요지 역할을 한 블라디보스톡 요새의 변천사를 살펴볼 수 있다.

성인 200루블, 어린이(만 5~12세) 100루블 해양공원 광장에서 도보 6분 Ул. Батарейная, 4А 10:00~18:00
43.12173, 131.87598

11
여름의 화려한 밤거리
해변 야간거리
Naberezhnaya Street at Night
Набережная улица

해양공원의 노래하는 분수대에서 해변을 바라본 방향의 왼쪽에 있다. 매년 5월부터 9월까지 블라디보스톡의 아무르 만을 따라 열린다. 햇볕 쨍쨍한 여름에는 물놀이하러 온 사람들이 대거 몰리며, 컵 누들과 샤슬릭 등의 길거리 음식을 해변에 앉아 즐길 수 있다. 밤바람에 실린 바다내음을 맡으며 마시는 달콤한 칵테일은 잊지 못할 추억이 된다. 야간거리를 걷다보면 주변을 환하게 비추는 하트모양의 조형물이 보인다. 현지인 커플도 많이 찾는 '사랑의 포토존'이다.

해양공원 광장에서 도보 3분 Набережная улица, 7주변
17:00~새벽(여름시즌만 운영) 43.11615, 131.87559

12
블라디보스톡 최대 규모 영화관
아께안 영화관 Ocean Cinema Theatre
Океан

해양공원 근처의 대형 영화관으로, 블라디보스톡 아시아태평양국제영화제(APFF)가 열리는 장소. 영화제 기간에는 영어 자막이 제공되지만, 평소에는 모든 영화가 러시아어로 더빙 상영되므로 한국 영화라도 대사를 알아들을 수 없다. 소소한 오락시설과 카페, 음식점이 있으며 깔끔하고 넓은 화장실을 무료로 이용할 수 있다. 러시아 연인들의 대표 데이트 장소다.

🚶 해양공원 광장에서 도보 5분 📍 Ул. Набережная, 3
🏠 illuzion.ru (상영시간 확인) 📌 43.11641, 131.8782

REAL TIP 영화관 좌석의 종류

아께안 영화관의 좌석은 ❶ обычные места(일반석) ❷ VIP-места(VIP석) ❸ места для поцелуев(커플석) 세 종류로 나뉜다. 일반석은 250~300루블, VIP석은 300~350루블, 커플석은 500~620루블(2인)이다.

13
아무르 만과 해양공원의 전경을 한눈에
마카로프제독 공원
The Square named Admiral Makarov
Сквер имени Адмирала Макарова

러일전쟁 중 태평양 함대의 사령관이자 유능한 해양학자로 활약한 스테판 마카로프의 이름을 따 만든 공원이다. 2012년 재건축되었고, 형형색색의 꽃이 공원 계단을 따라 피어 있다. 여름철에는 야간 댄스 교실 등 소소한 시민행사가 열리며, 높은 언덕에 있어 아무르 만의 풍경이 한눈에 보인다. 퍼레이드가 이어지는 해군의 날에는 바다 전경을 촬영하는 블라디보스톡 시민들로 붐빈다.

🚶 해양공원 광장에서 도보 7분 📍 Ул. Набережная, 3 오른쪽
🕐 24시간 📌 43.116038, 131.876926

14
러시아에서 체험하는 태국 전통 마사지
시암 스파 Siam Spa
Сиам Спа

아지무트 호텔 근처에 위치한 태국 마사지숍. 모든 마사지사는 전문 교육을 받은 태국인들이며, 검증된 태국 천연 화장품만 사용한다. 뒤틀린 관절과 척추, 뭉친 근육을 풀어주는 태국 전통 마사지는 물론, 뜨거운 돌 마사지와 초콜릿 마사지 등 다양한 테마 프로그램을 체험할 수 있다.

태국 전통 마사지(Тайский традиционный массаж) 60분 3,300루블, 초콜릿 마사지(Шоколадный сон) 60분 3,500루블, 발 마사지(Массаж ног) 60분 2,600루블(카드결제 가능) Ул. Набережная, 10 стр. 2 해양공원 광장에서 도보 10분 11:00~21:00 siamvl.ru 43,11465, 131,8757

15
한국인이 운영하는 마사지숍
카루나 스파 Karuna Spa
Каруна СПА

아지무트 호텔에서 해안가 내리막길(해양공원 반대 방향)로 200m 정도 떨어진 태국 전통 마사지숍. 최고급 시설과 태국 마사지 및 전통 의학학교 출신 마스터들을 보유했다. 온몸의 피로가 풀리는 마사지 프로그램이 끝나면 과일과 허브차가 제공된다. 현지 물가에 비해 가격대가 높지만, 매일 오전 11시부터 오후 4시까지 35% 할인되는 해피아워를 이용하면 큰 부담이 없다.

태국 전통 마사지(Настоящий тайский массаж) 60분 3,500루블, 맥주 목욕 프로그램(Отдых в Пивной ванне) 45분 3,000루블 (카드결제 가능) 해양공원 광장에서 도보 10분 Ул. Набережная, 5В 11:00~23:00 +7 (423) 266-95-85, (914) 680-22-54 karunaspa.ru 43,11608, 131,87692

16
러시아 유명 탐험가의 아지트
아르세니예프의 집 박물관
V. K. Arsenyev's Memorial House Museum
Дом Путешественника В. К. Арсеньева

러시아를 대표하는 블라디보스톡 출신 여행탐험가 아르세니예프의 집이 박물관으로 재탄생했다. 넝쿨로 뒤덮인 붉은 벽돌집은 박물관이라기보다 신비로운 아지트 같은 느낌이다. 책상, 책장, 흔들의자, 지구본, 타자기, 사진 등 그가 살던 집을 소품까지 세심히 복원했다. 스베뜰란스까야 거리에 있는 아르세니예프 연해주 국립박물관도 그의 이름을 딴 것이다.

성인 150루블, 청소년 및 어린이 100루블
블라디보스톡 기차역 도보 8분
Ул. Арсеньева, 7Б   10:00~19:00
arseniev.org/locations/vladivostok/travelers-house
43,11208, 131,87496

17
노을을 바라보며 근사한 식사를
요트클럽 씸 푸토프
Yacht Club Seven Feet
Яхт-клуб Семь Футов

연해주 해양 스포츠의 중심지로, 평소에는 현지인을 대상으로 요트 강습을 운영한다. 해양공원에서 약 2km 남쪽 방향에 있다. 수백 대에 이르는 소형 요트와 고급 크루즈 요트, 아기자기한 건물이 어우러져 이색적인 풍경을 이룬다. 클럽 내에는 고급 레스토랑 및 카페, 뮤직 펍이 있다. 지평선 너머로 해가 차츰 사라질 때쯤, 붉은 석양을 배경 삼아 멋진 만찬을 즐기는 것도 좋다. 이 구역에서는 각종 해양 스포츠 대회가 열리는데, 특히 매년 5월에는 약 5천 명이 참관하는 블라디보스톡 국제 보트쇼가 열린다.

블라디보스톡 기차역 도보 12분
Ул. Лейтенанта Шмидта, 17   24시간
sfyc.ru   43,10888, 131,87333

블라디보스톡 기차역&아무르 만 해변 SEE & EAT

01
푸짐한 샤우르마 전문점
도너 케밥 Doner Kebab
Донер Кебаб

이곳의 러시아식 케밥 샤우르마는 한국인의 입맛에 잘 맞을 뿐 아니라, 푸짐하고 큼지막해서 한끼 식사로도 든든하다. 가격 또한 저렴하다. 국민 간식 쌈싸와 체부레끼(Чебуреки)도 맛보자. 아르바트 거리 지점과 기차역 지점 두 곳이 있다.

🍴 샤우르마(Шаурма) 150루블, 쌈싸(Самса) 70루블 📍 아르바트 거리 지점 Ул. Адмирала Фокина, 19-15 기차역 지점 Ул. Алеутская, 2 🚶 블라디보스톡 기차역 도보 1분 ⏰ 24시간 📞 아르바트 거리 지점 43.117497, 131.883475 기차역 지점 43.11112, 131.88116

02
인기 만점 핫도그 부스
더 그리드 The Grid

기차역 앞 광장 핫도그 부스에는 늘 사람이 붐빈다. 앉아서 먹을 수 있는 공간이 있으나 자리가 협소해 포장 손님이 더 많다. 24시간 운영하고 가격도 저렴해 간단한 아침식사나 야식으로 먹기 좋다. 햄버거, 핫도그, 샤우르마 등 종류가 많아 메뉴를 고르는 재미도 쏠쏠하다.

🍴 핫도그(Хотдог) 60루블, 햄버거(Гамбургер) 135루블, 와플(Вафельный) 50루블 🚶 블라디보스톡 기차역 도보 1분 📍 Ул. Алеутская, 4 ⏰ 24시간 📞 43.11206, 131.88121

03
한식과 일식의 만남
명가 Myungga
Мёнга

한식과 일식을 함께 판매하는 곳으로, 짜장면, 짬뽕, 탕수육 등 한국식 중국요리도 맛볼 수 있다. 인테리어는 일본풍이지만 요리와 디저트는 한국 스타일이다. 신선한 재료로 만든 여덟 가지 밑반찬에서 사장님의 푸근한 인심이 느껴진다. 김치찌개, 된장찌개, 설렁탕 등 다양한 찌개와 푸짐한 제육볶음을 먹으면 하루 종일 든든하다. 한국어 메뉴판 제공.

🍴 제육볶음(Джеюк поккым) 850루블 짜장면(Ччаджанмён) 400루블 🚶 블라디보스톡 기차역 도보 3분 📍 Ул. Посьетская, 25 ⏰ 11:00~24:00 📞 43.112727, 131.879280

04
분위기 좋은 유럽식 앤티크 카페
나스딸기야 Nostalgia
Ностальгия

식사부터 디저트까지 한 번에 해결할 수 있는 레스토랑 겸 카페다. 왼쪽 홀은 레스토랑, 오른쪽 홀은 카페로, 입장 시 직원이 메뉴에 따라 자리로 안내한다. 포근하고 안락한 유럽식 인테리어에 탁 트인 창으로 들어오는 햇살이 운치를 더한다. 속이 꽉 찬 러시아식 파이 삐라족(Пирожок), 먹기에 아까울 정도로 예쁜 케이크까지 다양한 디저트를 맛볼 수 있다.

✕ 딸기 생크림 타르트(Пирожное Корзинка клубничная) 180루블, 러시아식 파이 삐라족(Пирожки) 60~80루블, 블랙커피(Чёрный кофе) 90루블 🚶 블라디보스톡 기차역 도보 4분
📍 Ул. Морская 1-я, 6/25 🕘 09:00~23:00
📌 43,11257, 131,8788

05
야외테라스가 멋진 스테이크 맛집
브라더스 바 앤 그릴
Brothers Bar & Grill

젬추지나 호텔 건너편 붉은 벽돌 레스토랑으로, 그릴 요리 전문이다. 겨울 숲처럼 꾸민 인테리어가 인상적이며 여름이면 야외테라스를 개방한다. 부드러운 감자와 육즙이 풍부한 스테이크는 이 집의 인기 메뉴. 파스타를 주문하면 생치즈를 직접 갈아 뿌려준다. 테이블에 놓인 생수를 마실 경우 값을 지불해야 한다.

✕ 양고기 립스테이크(Каре ягненка с запеченным картофелем) 820루블, 까르보나라(Спагетти поло ди песто) 390루블 🚶 블라디보스톡 기차역 도보 8분
📍 Ул. Бестужева, 32 🕘 10:00~24:00, 금 10:00~02:00, 토 11:00~2:00, 일 11:00~24:00 📌 43,10991, 131,87724

06
요트클럽 내 근사한 레스토랑
씸 푸토프 Seven Feet
Семь Футов

블라디보스톡 요트클럽 내 위치한 레스토랑으로, 크루즈 선처럼 꾸민 인테리어가 인상적이다. 거대한 방향키와 아기자기한 미니어처 모형이 곳곳에 있어 구경하는 재미도 있다. 메뉴가 다양하지만 생선요리와 해산물요리가 메인이며, 특히 갓 튀겨내 겉은 바삭하고 속은 부드러운 킹크랩 튀김이 일품이다. 여름에는 넓은 야외테라스에서 아무르 만을 배경으로 낭만적인 시간을 보낼 수 있다.

✕ 킹크랩튀김(Фаланги краба в кляре) 780루블, 가자미요리 (Камбала в пергаменте) 570루블 🚶 블라디보스톡 기차역 도보 12분 📍 Лейтенанта Шмидта, 17A ⏰ 12:00～01:00
🏠 sevenfeets.ru 📌 43.1084, 131.87332

07
해적선에서 하키 경기를 보며 맥주 한잔
올드캡틴 The Old Captain
Старый Капитан

씸 푸토프 레스토랑 뒤에 비밀스럽게 숨어 있는 펍. 식사 후 시원한 맥주 한 잔이 생각날 때 방문하면 좋다. 러시아 맥주뿐 아니라 영국, 벨기에, 체코, 독일 등 유럽 수제맥주 한 모금에 더위가 싹 가신다. 하키 경기가 있는 날에는 중앙 스크린에 중계방송을 틀어놓아, 그야말로 열광의 도가니가 된다.

✕ 올드캡틴 맥주(Пиво 'Старый Капитан Живое') 250루블, 피쉬 앤 칩스(Фиш & Чипс) 390루블
🚶 블라디보스톡 기차역 도보 12분
📍 Лейтенанта Шмидта, 17A
⏰ 12:00～01:00, 금·토 12:00～03:00
🏠 oldcaptainpub.ru 📌 43.10829, 131.87312

ⓒ클럽 쿠쿠

ⓒ클럽 쿠쿠

08
현지 젊은이들의 핫 플레이스
클럽 쿠쿠
Cuckoo Nightclub
Ночной клуб Ку-Ку

블라디보스톡에서 규모가 가장 큰 클럽. 일주일에 단 세 번 열린다. 화려한 조명과 신나는 음악에 자연스럽게 몸이 들썩거린다. 밤이 깊어질수록 현지 젊은이들이 모여들며 새벽 1시 이후부터 러시아 현지 댄서들의 열정적인 공연도 감상할 수 있다. 특별한 날에는 입장료를 500~1,000루블을 받기도 하지만 보통은 무료로 입장이 가능하다.

✕ 칵테일 400루블부터　🚶 블라디보스톡 기차역 도보 5분
📍 Океанский проспект, 1A
🕐 수·금·토 23:00~06:00　43.114093, 131.884554

09
이 지역 수제버거 최강자
댑 바
DAB(Drinks & Burgers) Bar

수제버거 전문점이지만 현지인에게는 칵테일 바로 더 유명하다. 한 발짝 들어서면 화려한 샹들리에와 레이저 불빛, 유리 벽면에 가득한 술병에 먼저 눈이 간다. 여덟 가지 수제버거는 각각의 매력이 있다. 특히 인기가 많은 메뉴는 그랜드캐니언 버거로, 은은한 숯불향과 육즙이 풍부한 패티, 아삭한 채소와 체다 치즈가 완벽한 조화를 이룬다. 한국어 메뉴판이 있고, 결제판에는 한국어로 '팁 주시는 것을 환영합니다'라고 적혀 있을 만큼 한국인이 많이 방문한다.

✕ 그랜드캐니언(Grand Canyon) 390루블, 미스데이지(Miss daisy) 380루블　🚶 혁명광장 앞 정류장 도보 5분
📍 Ул. Алеутская, 21　🕐 09:00~02:00, 금 09:00~06:00, 토 10:00~06:00, 일 10:00~02:00　🌐 dabbar.ru
43.11585, 131.88207

10
우즈베키스탄 요리 전문점
흘라쁙 차이호나
Khlopok Chaikhona
Хлопок Чайхона

러시아에서 인기를 끄는 우즈베키스탄 음식점. 양고기 볶음밥 쁠롭과 샤슬릭, 보르쉬, 조지아식 만두 힌깔리 등 중앙아시아에서 즐겨먹는 음식이 총집합했다. 모든 요리에 중앙아시아에서 많이 사용하는 허브 향신료 우크롭이 첨가되니 향에 민감하다면 주문 시 빼달라고 요청하자. 화장실 인테리어도 우아하다. 중앙아시아 음식 전문점답게 몽골 유목민들이 거주하는 게르와 비슷하게 생긴 천장 높은 통나무집이 인상적이다. 한국어 메뉴판이 있다.

🍴 보르쉬(Борщ) 250루블, 쁠롭(Плов Чайханский) 350루블
🚶 블라디보스톡 기차역 도보 7분　📍 Ул. Алеутская, 17A
🕐 11:00〜24:00　🌐 cafehlopok.ru　📞 43,11516, 131,88095

11
러시아에서 느끼는 엄마의 손맛
한국관
Hanguk-Kwan
Хангук-Кван

고려인 사장이 운영하는 해양공원 근처 아늑한 한식집이다. 골목길에 숨어 있으며 초가집을 본뜬 인테리어가 정겹다. 돼지고기를 듬뿍 넣어 진하게 우려낸 국물이 일품인 김치찌개, 매콤한 오돌뼈가 추천 메뉴. 1,500루블 이상 주문 시 무료 배달도 가능하지만, 오래 걸릴 수 있으므로 최소 식사 1시간 전에는 주문해야 한다.

🍴 김치찌개 420루블, 오돌뼈 550루블　🚶 해양공원 광장에서 도보 6분　📍 Ул. Тигровая, 30　🕐 12:00〜24:00
📞 43,11616, 131,87937

12
혼밥하기 좋은 딤섬 전문점
덤플링 리퍼블릭
Dumpling Republic
Дамплинг Репаблик

아시아 요리 전문점으로 블라디 보스톡의 주요 영화관 두 곳에 위치한다. 주문 후 음식이 빨리 나와 영화 관람을 앞두거나 일정이 빡빡할 때 간단히 식사하기 좋다. 식당 중앙에 있는 유리벽 너머로 요리사들의 만두 빚기 신공을 감상할 수 있다. 갖가지 재료로 빚은 만두와 국수, 볶음밥 등 다양한 메뉴를 저렴하게 즐길 수 있다.

✕ 돼지고기 4색 딤섬(Шао-май со свининой четырехцветный) 6개 190루블, 10개 270루블, 소고기 국수(Лапша в бульоне с говядиной) 295루블　🚶 해양공원 광장에서 도보 5분
📍 Ул. Набережная, 3(Океан 극장 2층), Ул. Светланская, 31(Уссури 극장 1층)　🕐 11:00~24:00
🏠 dumplingrepublic.ru
📍 43.11649, 131.87813, 43.115834, 131.886791

13
프랑스와 러시아의 오묘한 조합
미쉘 베이커리
Michel's Bakery
Пекарня Мишеля

프랑스의 제빵사 미쉘이 1998년 파리의 제과점에서 시작해 전 세계 100개 이상의 지점을 보유한 체인점. 블라디보스톡에는 여덟 곳이 있다. 모든 빵은 천연 성분으로 만든다. 특히 이곳의 러시아식 꿀 케이크(메다빅)는 덜 달면서 보들보들한 식감을 자랑한다. 카페 밖에 세워져 있는 자전거는 이 카페의 마스코트.

✕ 러시아 꿀 케이크(Медовик) 170루블, 크루아상(круассан) 100루블, 아메리카노(Американо) 130루블　🚶 해양공원 광장에서 도보 5분　📍 Светланская, 4 외　🕐 일~목 09:00~11:00, 금, 토 10:00~24:00　🏠 michelbakery.ru
📍 43.11712, 131.87836

14
백 가지가 넘는 다양한 디저트
라꼼까
Lakomka
Лакомка

1903년부터 이어온 전통 있는 제과회사 블라드 흘렙(Владхлеб)의 베이커리 브랜드로, 블라디보스톡 내 여러 개의 체인점이 있다. 대부분 포장해가기 때문에 매장 안 테이블은 서너 개에 불과하다. 빵, 케이크, 파이 등의 제과류와 음료를 합리적인 가격에 판매해 특히 젊은 층에게 인기가 많다. 일정한 시간에 빵이 나와 유리관에 진열되고, 요청하면 식은 빵을 따뜻하게 데워준다.

🍴 초코 크루아상(Французский круассан) 75루블, 아메리카노(Американо) 200ml 90루블　🚶 혁명광장 앞 정류장 도보 5분
📍 Ул. Светланская, 7, Ул. Семёновская, 9 등
🕐 07:30〜21:00　🌐 michelbakery.ru
📌 43.11712, 131.87836

15
세련된 인테리어로
현지인들을 사로잡은
문샤인
Moonshine

스베뜰란스까야 거리와 해양공원의 교차점에 있는 멋스러운 분위기의 칵테일 바. 건물 외부에는 간판 대신 동그란 달빛 조명이 가게 이름인 문샤인을 그대로 표현한다. 늦은 밤이 되면 젊은이들로 넘쳐나 빈자리를 찾기 어려운 핫 플레이스다. 맛있는 칵테일 한 잔과 감각적인 음악, 그리고 분위기에 취해보자.

🍴 틴키 윈키(Tinki Winki) 400루블, 모스크바 스프링 펀치(Moscow Spring Punch) 450루블
🚶 혁명광장 앞 정류장 도보 3분　📍 Ул. Светланская, 1
🕐 17:00〜02:00　🌐 instagram.com/moonshinebar
📌 43.11725, 131.87966

16
신비롭고 고혹적인 조지아 음식점
수쁘라 Supra
Супра

1990년까지 소련에 속해 있다가 독립한 캅카스 지역의 국가 조지아(그루지야) 전통음식 레스토랑이다. 유럽과 아시아 경계 지역 특성과 신비로운 이미지가 만나 분위기가 고급스럽다. 대기 손님에게는 사과와 견과류를 무료 제공한다. 조지아식으로 빚은 복주머니 만두 힌깔리는 찜과 튀김 두 종류가 있으며, 소고기, 돼지고기, 양고기, 새우 등 속 재료도 선택할 수 있다. 냄비 모양 빵 안에 조지아 이메레티주에서 만든 치즈와 살짝 익힌 계란 노른자가 듬뿍 든 아자르식 하차뿌리도 별미다. 특히 양고기 샤슬릭은 꼭 맛보기를 권한다. 한국어 메뉴판을 제공한다.

✕ 양고기 샤슬릭(Шашлык из барашка) 590루블, 힌깔리(Хинкали) 320루블(4개), 아자르식 하차뿌리(Хачапури по-аджарски) 370루블 ✦ 아르바트 거리에서 도보 3분
◉ Ул. Адмирала Фокина, 1В ◷ 12:00~24:00
⌂ supravl.ru ◉ 43,11837, 131,87938

17
맛있는 맥주와 열정적인 라이브 공연
캣 앤 클로버 Cat & Clover
Кот и Клевер

합리적인 가격에 다양한 요리와 맥주를 즐기기에 좋은 공간이다. LP판과 악기로 빼곡히 장식된 벽면 뒤로, 주말에는 열정적인 라이브 공연이 열린다. 양조장에서 직접 만든 6가지 종류의 맥주를 300ml부터 5L까지 다양한 용량으로 판매한다. 평일 오후 12시부터 4시까지 런치타임도 운영한다.

✕ 맥주(Пиво) 300ml(вокал) 150루블, 500ml(кружка) 250루블, 3L(диспенсер) 1,500루블, 5L(диспенсер) 3,000루블
✦ 아르바트 거리에서 도보 3분 ◉ Ул. Адмирала Фокина, 1А
◷ 12:00~03:00, 금·토·일 12:00~05:00 ⌂ catclover.ru
◉ 43,11823, 131,87955

블라디보스톡 기차역 & 아무르 만 해변 **EAT**

18
세련된 분위기의 수족관 카페
미디아 커피 Midia Coffee
Мидиа

아르바트 거리와 해양공원의 경계에 있는 카페. 여행 중 잠시 쉬어 가기 좋은 위치에 있다. 컬러풀한 인테리어로, 바다 수족관에 들어온 것 같은 분위기다. 매일 아침 갓 구운 촉촉하고 바삭한 크루아상을 맛볼 수 있으며, 100~200루블의 저렴한 가격으로 아침식사를 해결하기에도 좋다. 작은 얼음으로 가득 찬 아이스 블랙커피, 그리고 장미 엑기스를 첨가하고 위에 생화까지 얹은 바르비 딸기 커피 등 취향대로 골라먹는 재미가 있다. 한국어 메뉴판 제공.

✕ 블랙커피(Чёрный кофе) 120루블, 바르비(Барбие) 220루블, 크루아상(Coffee Star Круассан) 140루블
🚶 아르바트 거리에서 도보 3분 📍 Ул. Адмирала Фокина, 1А
🕐 09:00~22:00 　43.118205, 131.879738

19
의리 있는 가격에 즐기는 시원한 맥주
드루지바 바 Druzhba Bar
ДРУЖБА Бар

시원한 맥주가 생각나는 밤. 간판에 화려한 네온사인이 켜진다. 드루지바는 러시아어로 '우정'이라는 뜻으로, 친구와 함께 맥주 한잔하기 적당한 가격대의 펍이다. 아르바트 거리에서 해양공원으로 넘어가는 길목에 있어 쉽게 찾을 수 있다. 빈티지한 느낌의 실내 인테리어가 특징인 이곳은 칵테일보다는 맥주가 더 맛있고 안주는 전체적으로 간이 센 편이다. 한국어 메뉴판 제공.

✕ 드루지바 맥주(Дружба пиво) 330ml 120루블, 500ml 170루블, 1L 340루블 🚶 아르바트 거리에서 도보 1분
📍 Ул. Пограничная, 6А 🕐 12:00~03:00, 금·토 12:00~06:00 🌐 bardruzhba.ru 　43.11842, 131.88015

20
블라디보스톡에서 가장 핫한 뮤직클럽
무미뜨롤 뮤직 바
Mumiy Troll Music Bar
Музыкальный клуб Мумий Тролль

블라디보스톡 출신 록그룹의 이름을 딴 무미뜨롤 뮤직 바는 수도 모스크바에 진출할 만큼 젊은 층에서 인기를 끌고 있다. LP판으로 전체를 장식한 벽면, 목조 가구 등의 빈티지한 인테리어에 은은한 조명을 설치해 분위기가 매력적이다. 매주 라이브 공연이 있으며 특히 8월 초에 진행되는 국제 록페스티벌(V-ROX) 기간에는 각국의 아티스트가 이곳 무대에서 젊은 에너지를 발산한다. 이곳의 내부는 화려한 조명으로 호기심을 자극하는 살론(Salon) 클럽과도 연결되어 있다.

🍴 모스크바 뮬(Moscow Mule) 520루블, 허리케인(Hurricane) 630루블 🚶 아르바트 거리에서 도보 1분 🕐 24시간
📍 Ул. Пограничная, 6 🏠 mumiytrollbar.com
📞 43.11869, 131.88026

REAL TIP 주말에만 있는 디파짓 제도

주말 피크시간의 경우 일반 테이블(스탠드바 제외)일지라도 4,000루블의 디파짓을 내야한다. 지불한 디파짓 총액에서 주문한 주류 및 안주의 금액만큼 차감되는 시스템이다. 자리를 잡을 때 직원이 '디파짓(Deposit)'이라고 말하기 때문에 단순한 보증금이라고 생각할 수 있지만, 차감되고 남은 금액을 돌려받을 수 없으니 주의하자.

블라디보스토크 기차역 & 아무르 만 해변 **EAT**

21
젊은 감각의 샤슬릭 바
샤슬리코프
ShashlikoFF
ШашлыкоFF

러시아 전통 꼬치구이 샤슬릭과 주류를 판매하는 젊은 감각의 레스토랑이다. 복층 구조의 2층에 창가 자리와 홀 중앙에 바가 있다. 소고기, 돼지고기, 양고기, 연어 등 다양한 재료의 샤슬릭을 맛볼 수 있으며, 그릴에 구운 채소나 소스를 추가할 수 있다. 맥주도 샤슬릭과 궁합이 잘 맞지만, 여러 명이 방문한다면 40ml의 보드카 칵테일 여러 잔이 한번에 나오는 알료샤도 주문해볼 만하다.

🍴 양고기 샤슬릭(Шашлык из баранины) 359루블, 소고기 샤슬릭(Шашлык из Говядины) 489루블, 알료샤(Алеша) 219루블
🚶 클로버하우스 앞 정류장 도보 5분
🕐 10:00~23:00, 금·토 10:00~01:00
📍 Ул. Пограничная, 10
🏠 shashlikoff.com
📌 43.11955, 131.88061

22
눈이 호강하는 디저트 카페
깐지또리야
Konditoriya
Кондитория

고급 유럽식 레스토랑 이즈 브라세리 그룹에서 운영하는 디저트 카페. 디나마 경기장 건너편과 아께안스키 대로 두 곳에 있다. 러시아 꿀 케이크, 조각 케이크, 쌈싸, 삐라족 등 선택의 폭이 넓다. 메뉴판에 차가운 커피는 없지만 얼음을 요청하면 별도 컵에 담아 제공한다.

🍴 러시아 꿀 케이크(Медовик) 160루블, 아메리카노(Американо) 120루블
🚶 클로버하우스 앞 정류장 도보 7분
📍 Ул. Пограничная, 10, Океанский проспект, 12 🕐 09:00~23:00
🏠 instagram.com/izbrasseriegroup
📌 43.11987, 131.88073, 43.117482, 131.886402

23
소녀 취향 하늘빛 디저트 카페
카페 듀엣 Cafe Duet
Кафе-кондитерская Duet

2018년 빠그라니치나야 거리에 새로 등장한 러시아 여성들의 핫 플레이스다. 꽃으로 장식한 입구부터 포토존 역할을 제대로 한다. 파스텔 톤의 앤티크 가구, 민트색의 폭신한 소파 등 내부에는 예쁜 소품이 가득해 소녀들의 마음을 흔든다. 부드러운 카푸치노와 달콤한 디저트는 물론 든든한 식사까지 한 번에 해결할 수 있다.

🍴 카푸치노(Каппучино) 160루블, 크루아상 연어 샌드위치(Круасан с сёмгой) 260루블 🚶 클로버하우스 앞 정류장 도보 7분 📍 Ул. Пограничная, 12
🕐 09:00~23:00
📌 43.11995, 131.88077

24
담백한 치즈크림 수프와
스테이크의 조화
뿌쉬낀 Pushkin
Пушкин

붉은 벽돌과 벽면에 세운 책장은 19세기 예술가의 집안에 들어온 것 같은 느낌을 준다. 〈삶이 그대를 속일지라도〉라는 명시로 우리에게 친숙한 푸쉬킨의 이름을 딴 레스토랑으로, 그의 초상화와 작품 일부가 벽면에 걸려 있다. 해산물요리와 육류요리를 모두 잘해 어떤 요리를 선택해도 후회가 없을 것이다. 특히 담백하고 부드러운 치즈크림 수프는 이 집에서만 맛볼 수 있는 별미.

✕ 돼지고기 스테이크(Стейк иж свинины) 440루블, 치즈크림 수프(Сырный крем-суп) 270루블 🚶 클로버하우스 앞 정류장 도보 6분 📍 Ул. Пограничная, 12
🕐 12:00∼23:00(월·화 휴무)
🏠 vk.com/pushkin_caffe
📌 43,12003, 131,8808

25
극동시베리아 지역
대표 패스트푸드점
로얄버거 Royal Burger

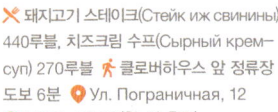

극동시베리아 지역을 대표하는 패스트푸드 체인점이다. 블라디보스톡 내 5개 지점 중 시내 중심에 있는 해양공원점은 언제나 현지 젊은이들로 북적인다. 특색 있는 맛은 아니지만 러시아의 패스트푸드가 궁금하다면 한 번쯤 방문해보자.

✕ 스파이시 치킨버거(Чикен Спайси) 131루블, 비프롤(Бифф Ролл) 146루블
🚶 해양공원 광장에서 도보 5분
📍 Ул. Батарейная, 3А
🕐 09:00∼22:00, 토·일 09:00∼24:00
🏠 rb24.ru 📌 43,11972, 131,8773

26
라이브 음악과 디제잉의 천국
블랙래빗
Black Rabbit

각 요일마다 공연 및 이벤트가 있으며, 50% 할인 행사가 진행되기도 한다. 평일 오전에는 미국식 브런치를 즐길 수 있고 밤이 되면 열정 넘치는 뮤직바로 변신한다. 바 구역은 바텐더의 쉐이킹을 감상할 수 있는 일자 테이블과 실내 댄스 플로어 구역으로 나뉜다. 주말에 테이블 자리를 원한다면 미리 예약하는 게 좋다.

✕ 피쉬앤칩스(Фиш и Чипс) 350루블, 보드카(водка) 40ml 150루블, 래빗 브랜드 맥주(RABBIT Beer) 300ml 150루블
🚶 해양공원 광장에서 도보 6분
📍 Ул. Батарейная, 3А
🕐 12:00∼02:00, 화·금·토 12:00∼06:00
🏠 black-rabbit.bar
📌 43,12007, 131,87742

블라디보스톡 기차역&아무르 만 해변 EAT

27
고급스러운
아시아 퓨전 레스토랑
주마 Zuma

해산물 전문 아시아 퓨전 레스토랑. 16세기 말레이시아 요리사의 이름을 따 만들었다. 화려한 인테리어와 한국인의 입맛에 맞는 다양한 요리로 방송에 소개되어 유명해진 후, 외국인에게는 10%의 서비스 부가세를 받는다. 특히 킹크랩 가격은 블라디보스톡 내 레스토랑 중 가장 높은 편. 한국어 메뉴판 제공.

✕ 캄차카 킹크랩(Камчатский краб) 1kg 3,000루블, 킹크랩 튀김(Крабовая Темпура) 750루블 ▶ 해양공원 광장에서 도보 8분 ◉ Ул. Фонтанная, 2
⏱ 11:00～01:00, 토·일 11:00～03:00
🏠 zumavl.ru ▸ 43,12132, 131,87808

28
독보적인 해산물 전문 레스토랑
삐야띠 아께안
Fifth Ocean
Пятый Океан

러시아어로 오대양이라는 뜻의 레스토랑. 벽돌로 만든 고풍스러운 건물과 원목가구, 동화에 나올 법한 벽난로 등 아늑한 내부 공간이 인상적이다. 레스토랑 중앙에 있는 대형 수족관에서 해산물을 건져 올려 그대로 조리한다. 풍미 좋은 모짜렐라 치즈를 얹은 광어 가리비 치즈구이가 입에서 살살 녹는다.

✕ 광어구이와 가리비(Палтус запечённый с гребешком) 790루블, 캄차트카 산 킹크랩(Краб камчатский на пару) 2,100루블 ▶ 해양공원 광장에서 도보 8분 ◉ Ул. Батарейная, 2В
⏱ 12:00～24:00 🏠 5oceanvl.ru
▸ 43,12401, 131,87556

29
곰새우와 생맥주를
즉석에서 즐길 수 있는
해산물마켓 Seafood Market
Морепродукты

곰새우와 킹크랩 다리를 크기별로 판매한다. 전자레인지에 데워 바다가 보이는 야외테라스에서 맛볼 수 있고, 포장해서 숙소로 가져갈 수도 있다. 쫄깃한 식감의 곰새우와 시원한 생맥주의 여운이 오래 남는다. 특히 초고추장을 미리 준비해가면 환상의 궁합을 맛볼 수 있다. 관광객을 상대로 하는 마켓이라 시간 여유가 된다면 전통 시장에서 구매하는 편이 훨씬 저렴하다는 점을 참고하자.

✕ 곰새우(Медведка) 1kg 1,600루블(소), 2,900루블(대), 킹크랩(Краб) 1kg 2,500루블(시가 변동 가능) ▶ 해양공원 광장에서 도보 5분 ◉ Ул. Набережная, 7А, Ул. Батарейная, 2 ⏱ 10:00～09:00
▸ 43,12043, 131,87477, 43,11717, 131,87694

01
시베리아 횡단열차의 시작을 이곳에서
스마크 쁠류스
Supermarket Smak Plus
Супермаркет Смак Плюс

기차역 바로 앞에 위치한 슈퍼마켓(Супермаркет)이다. 기뻬르마켓(Гипермаркет)에 비해 가격이 약간 높은 편이지만 열차 탑승 전에 이동 기간 챙겨먹을 간단한 식음료를 준비하기에 편리하다. 샐러드 코너에서 원하는 음식과 그릇 크기를 고르면, 직원이 담아 무게를 측정해 가격표를 붙여준다. 작은 그릇 기준으로 50~100루블대의 저렴한 가격에 조리된 음식을 즐길 수 있다.

🚶 블라디보스톡 기차역 도보 1분　📍 Ул. Верхнепортовая, 2Г
🕐 06:00~23:00　　 43.11131, 131.88021

REAL TIP 슈퍼마켓에서 과일을 구매할 때는 결제방법이 다르다?
슈퍼마켓에서 과일이나 빵 등은 무게에 따라 판매된다. 저울에 상품을 올리고 제품에 기재된 번호를 누르면 자동으로 가격이 매겨진 스티커가 출력되는데, 이것을 비닐봉지에 붙이고 계산대에서 결제하면 된다.

02
아기자기한 아시아 기념품·식료품 가게
단란 Danran
Данран

프리모리예 호텔 로비 오른쪽에 있는 아기자기한 일본 캐릭터 기념품과 식료품을 파는 가게. 귀여운 캐릭터 상품이 많아 현지 여성들에게 인기가 많다. 과자, 젤리, 아이스크림 등의 간식과 라면, 수프, 소스 등 한국과 일본의 식료품도 수입해 판매한다. 통조림 김치도 구할 수 있어 횡단열차에 오르기 전 한국 여행객들이 들르기도 한다.

🚶 블라디보스톡 기차역 도보 6분　📍 Ул. Посьетская, 20
🕐 10:00~20:00　 elansi.ru　 43.10999, 131.87883

03
천연 원단으로 제작한 의류 브랜드
이츠 마이 숍
It's My Shop

러시아와 유럽 디자이너들의 독창적인 의류가 있는 편집 숍. 트렌디한 감각과 질 좋은 원단으로 제작한 의류를 취급한다는 자부심이 느껴진다. 특히 전문 디자이너 팀으로 구성된 블라디보스톡 대표 의류 브랜드 'MOPE' 제품을 접할 수 있다. 각 제품이 고품질의 천연 원단과 차별화된 디테일을 내세우는 만큼 가격대가 만만치 않다.

🚶 블라디보스톡 기차역 도보 6분　📍 Ул. Посьетская, 20
🕐 10:00~21:00　　🧭 43,1099, 131,8788

04
예술작품부터 아기자기한 기념품까지
갤러리 나스딸기야
Gallery Nostalgia
Галерея Ностальгия

나스딸기야 카페 2층에 있는 아트 갤러리로, 마뜨료쉬까와 민속 공예품 등 로컬 작가들의 다양한 작품을 한눈에 볼 수 있다. 총 두 개의 큰 전시홀로 구성되어 있는데, 왼쪽 홀에는 조각품이, 오른쪽 홀에는 현지 화가들의 그림과 인테리어 소품, 마뜨료쉬까를 포함한 러시아 기념품이 전시되어 있다. 손바닥만 한 작은 그림부터 박물관에서 볼 법한 초대형 작품까지, 찬찬히 구경만 해도 좋고 마음에 드는 작품이 있으면 구매해도 좋다.

🚶 블라디보스톡 기차역 도보 4분
📍 Ул. Морская 1-я, 6/25 2층　🕐 09:00~19:00
🧭 43,11257, 131,8788

REAL SPOT

블라디보스톡의 땅끝
토카렙스키 등대
Lighthouse Tokarevsky
Маяк Токаревский(Эгершельд)

블라디보스톡의 땅끝 토카렙스키 등대 주변에 통나무 집 식당과 비치클럽이 있다. 러시아식 사우나와 바다 수영을 동시에 즐길 수 있는 러시아 명물 바냐(Баня)도 사전예약을 통해 이용할 수 있다. 썰물 때 잘 맞춰 방문하면 등대로 가는 바닷길이 열리며, 하늘과 바다를 배경삼아 인생 샷을 건질 수 있다.

ACCESS 시내에서 가는 법

쎄라야 로샤찌(Серая лошадь) 정류장 → 마약(Маяк) 버스정류장
버스 59번 60번 81번 | 15분(정류장 하차 후 도보 30분) | 23루블
택시 | 20분 | 200루블(Maxim 기준)

토카렙스키 등대 **REAL SPOT** 143

01
블라디보스톡 땅끝 지킴이
토카렙스키 등대(에게르셸드 등대)
Lighthouse Tokarevsky(Egersheld)
Маяк Токаревский(Эгершельд)

1876년부터 약 140년 동안 블라디보스톡의 땅끝 토카렙스키 만을 지키는 등대다. 러시아제국 시절 연해주 지역의 바다를 탐험했던 해군 대위 에게르셸드의 이름을 따서 에게르셸드 등대라고 부르기도 한다. 밀물 때는 등대로 가는 길이 사라졌다가 썰물 때 물이 양옆으로 갈라져 길이 생긴다. 여름시즌에는 물놀이 나온 가족 단위의 현지인과 관광객으로 주변이 북새통을 이룬다. 등대 입구 우측에 해산물 레스토랑과 비치클럽이 줄줄이 늘어서 있다.

 등대에서 바냐까지 거리

쎄라야 로샤찌(Серая лошадь) 정류장에서 59번, 60번, 81번을 타고 마약(Маяк) 정류장에서 하차해 등대 입구까지 30분. 이곳부터 다시 비포장도로로 약 30분 동안(약 2km 내외) 걸어야 하기 때문에, 목적지까지 택시로 이동하는 것을 추천한다.

🚶 마약 정류장 도보 30분   📍 Маяк Токаревский
🕐 24시간   🏠 tide-forecast.com/locations/Vladivostok/tides/latest(밀물/썰물 예보)   📞 43,07313, 131,84317

토카렙스키 등대 **REAL SPOT** 145

02
러시아식 전통 통나무집 사우나
루스까야 바냐
Russian Sauna(Banya)
Русская баня

러시아식 통나무집 전통 사우나를 즐길 수 있는 인기 플레이스. 거실에는 커피포트와 컵이 구비되어 있고 생선 및 육류 요리, 음료, 맥주 등을 주문해 식사도 가능하다(홈페이지 메뉴 참고). 토카렙스키 등대 입구의 갈림길에서 등대 반대 방향으로 약 1km 걸어가야 하는데, 바냐까지 걸어가는 길은 자갈이 많아 도보 이동보다 택시를 추천한다.

ⓟ 소형 사우나(4명 이하) 시간당 1,500루블, 중형 사우나(6명 이하) 시간당 1,800루블, 대형 사우나(8명 이하) 시간당 2,000루블, 바냐용 모자 100루블, 사우나 빗자루 300루블 🚶 토카렙스키 등대 입구에서 오른쪽 방향으로 도보 30분
🕐 24시간(온라인 예약 필수) 🏠 xn--80abn1aeho1j.xn--p1ai
📞 +7-423-250-22-55 📍 43.088194, 131.850598

REAL TIP 바냐 즐기는 방법

사우나 본연의 뜨끈함을 즐겨도 좋고, 돌에 물을 부으면 수증기가 올라와 더 후끈하다. 바냐용 모자를 쓰면 열기로부터 두피를 보호할 수 있고 사우나 빗자루(Банный веник, 반느이 베닉)라고 부르는 말린 참나무 잎 묶음(Дубовый веник, 두보브이 베닉)을 물에 적셔 몸을 두드리면 향이 은은하게 퍼진다. 참나무 잎은 피부질환 치료제로 사용될 만큼 염증 완화와 피부 탄력 증진에 효과가 있다. 마사지가 끝나면 여름에는 시원한 바다로, 겨울에는 새하얀 눈으로 뛰어들어보자. 이 과정을 여러 번 반복 후 개운하게 샤워로 마무리한다. 샤워 용품은 별도로 구매(50~150루블)해야 하니 미리 준비하는 것이 좋다.

01
북한이 운영하는 평양음식 레스토랑
평양관 Pyongyang-Kwan
Пхеньян

평소에 접하기 어려운 북한음식과 진짜 평양냉면을 맛볼 수 있는 평양음식 레스토랑이다. 모든 종업원이 북한 사람이라 한국어로 의사소통이 가능하다. 뒷맛이 깔끔한 물냉면, 탱글탱글한 북한식 잡채, 입안에서 살살 녹는 광어찜은 평양관의 별미다. 식당에서 북한 종업원 얼굴이나 실내 사진 촬영은 금지니 주의하자.

✕ 평양랭면 480루블, 광어찜 710루블
🚶 카잔스키 흐람(Казанский храм) 정류장 도보 1분
📍 Ул. Верхнепортовая, 68B 🕐 12:00~00:00
📍 43.09937, 131.86255

02
땅끝의 유일한 해산물 전문점
크랩하우스 Crab House

에게르셸드 등대 근처 유일한 실내 음식점으로, 내부에 킹크랩과 가리비 등이 있는 해산물 수족관이 있다. 여름에는 야외테라스에서 드넓은 바다를 바라보며 해산물과 맥주를 맛볼 수 있다. 러시아 수프 보르쉬와 볶음밥 등 간단한 식사도 가능하며, 러시아 팬케이크 블린과 커피도 판매한다. 카드결제가 안 되니 현금을 미리 준비하자.

✕ 쁠롭(Плов) 300루블, 킹크랩(Краб) 2,000루블
🚶 마약(Маяк)정류장 도보 25분
📍 Ул. Токаревская Кошка, 1, стр. 2
🕐 10:00~23:00 📍 43.07963, 131.84148

 REAL TIP 북한식당 이용 시 주의하자!
국내법상 해외에서 북한 주민(직원 등)과 접촉 시에는 7일 이내 통일부에 북한 주민 접촉 신고서를 제출해야 한다.

토카렙스키 등대 **REAL SPOT** 147

01
동시베리아 최대 체인 대형마트
쌈베리 Samberi
Самбери

15,000㎡ 이상의 넓은 창고형 마트로, 연해주 지역에서 가장 규모가 큰 기뻬르마켓(Гипермаркет) 체인점이다. 블라디보스톡 이외에도 하바롭스크, 우수리스크, 캄차카반도 등 극동러시아의 9개 도시에 26개 지점이 있다. 블라디보스톡 시내에서 가까운 지점은 등대 방향으로 가는 길에 있는 그루지나 지점이며, 연해주 정부청사 건너편에서 주말마다 셔틀버스가 다니지만 하루 4회만 운영되므로 일반 버스 이용을 추천한다.

🚶 얄친스까야(Ул. Ялтинская)정류장 도보 1분
📍 Ул. Крыгина, 23 🕐 08:00~23:00 🏠 samberi.com
📌 43,08929, 131,86068

03
여름 햇살을 온몸으로 느끼다
무나 비치클럽
Moona Beach Club

토카렙스키 등대 입구에 위치한 무나 비치클럽은 여름시즌에만 운영된다. 7~8월 한여름에는 대형 일광욕장이 펼쳐지고 파라솔과 썬베드, 햇볕을 즐기러 나온 사람들로 가득 찬다. 밤이면 형형색색의 칵테일을 든 사람들 사이로 신나는 음악이 울려 퍼진다. 아름다운 조명으로 빛나는 수영장과 시원한 바람에 춤추는 흔들의자에서 러시아 여름의 낭만을 제대로 즐겨보자.

🛏 썬베드(Пляжный лежак)대여 250루블
📍 Ул. Токаревская Кошка, 1, стр. 1 🚶 마약(Маяк)정류장 도보 25분 🕐 11:00~03:00(여름시즌에만 운영)
📌 43,07993, 131,84176

#밀리온카 #스베뜰란스까야거리 #금각만대교전경 #파노라마레스토랑 #러시아발레

블라디보스톡의 주요 맛집, 카페, 각종 상점이 모여 있어 언제나 붐빈다. 거리 곳곳에 숨어 있는 밀리온카의 골목 사이사이를 구경하는 재미도 쏠쏠하다. 블라디보스톡에서 가장 높은 언덕에 있는 독수리전망대는 금각만대교와 도시 전경을 한눈에 담을 수 있는 명소다. 금각만대교 너머에는 러시아의 대표 예술극장 마린스키 극장 분관이 있다. 이곳에서 아름다운 러시아 발레와 오페라 공연을 관람해보자.

젊음의 열기가 샘솟는 도시의 심장
블라디보스톡 중심부
VLADIVOSTOK CENTRAL

CHAPTER 02

SECTION A 혁명광장 & 아르바트 거리   SECTION B 금각만 주변 & 독수리전망대

REAL VLADIVOSTOK

REAL COURSE
블라디보스톡 중심부

01 명소 중심 1일 코스

시작 — 아르바트 거리
도보 5분
09:30 로쉬끼–쁠로쉬끼에서 아침식사 
도보 6분
10:30 아르세니예프 연해주 국립박물관
도보 6분
11:30 블라디보스톡 굼 백화점과 굼 옛마당 구경 
도보 1분
12:00 숀켈에서 점심식사 
도보 10분
13:30 블라디보스톡 개선문, 영원의 불꽃, 잠수함박물관 구경 
도보 8분
15:00 체사레비치 제방 거리 산책 
도보 5분
16:00 케이블카 푸니쿨료르(상행선) 입구
케이블카 2분, 도보 8분
16:30 독수리전망대 
도보 4분
17:00 브이싸타에서 저녁식사
택시 10분
19:00 마린스키 극장에서 발레공연 감상
택시 10분
22:30 아텔리어 바에서 칵테일 한잔 
도보 — 버스 10분, 도보 8분
도착 — 숙소

REAL COURSE

02 맛집 탐방 & 쇼핑 1일 코스

- 아르바트 거리 **시작** — 도보 1분
- 파이브어클락에서 차 한잔 **10:00** — 도보 6분
- 추다데이, 이브로쉐 **11:00** — 도보 5분
- 스튜디오에서 점심식사 **12:30** — 도보 7분
- 굼 옛마당 **14:00** — 도보 1분
- 에끌레어 전문점 프스삐쉬까에서 디저트 **15:00** — 도보 1분
- 뷰로나호덕 **16:00** — 도보 5분
- 블라드기프트 **16:30** — 도보 4분
- 루스까야 고르니짜 **17:20** — 도보 1분
- 시계탑 약국 **18:00** — 도보 2분
- 빈랍 **18:30** — 도보 6분, 버스 10분
- 잘못을 저지른 별들에서 킹크랩 식사 **19:30** — 도보 1분
- 더블린 아이리쉬 펍에서 수제맥주 한 잔 **21:00** — 버스 이용
- **도착** 숙소

03 SECTION A. 반나절 코스

- **시작** 아르바트 거리

  도보 5분

- **09:00** 파이패밀리에서 아침식사

  도보 1분

- **10:00** 아르세니예프 연해주 국립박물관

  도보 4분

- **11:00** 혁명광장

  도보 3분

- **11:30** 굼 옛마당

  도보 1분

- **12:00** 구스토에서 점심식사

  도보 3분

- **13:30** 블라디보스톡 꽃시장 골목

  도보 2분

- **13:40** 이브로쉐

  도보 1분

- **도착** 아르바트 거리

04 SECTION B. 반나절 코스

- **시작** 케이블카 푸니쿨료르

  도보 10분

- **10:00** 독수리전망대

  도보 12분

- **11:00** 수하노바의 집

  도보 4분

- **11:30** 수하노바 공원

  도보 2분

- **12:00** 말라꼬 이 묘드에서 점심식사

  도보 5분

- **13:30** 파조커피랩에서 디저트

  도보 8분

- **16:30** 블라디보스톡 개선문, 영원의 불꽃, 잠수함박물관 구경

  도보 8분

- **도착** 울리짜 라조 버스정류장

SECTION A

혁명광장 & 아르바트 거리

Revolution Square & Vladivostok Arbat Street
Площадь борцов революции & Владивостокский Арбат

블라디보스톡의 가장 중심부에 위치한 스폿으로,
대부분의 거리는 도보로 이동 가능하다.
특히 혁명광장 앞, 이줌루드 플라자 앞, 클로버하우스 앞 버스정류장은
블라디보스톡의 주요 버스 노선 시작점으로 늘 붐빈다.

혁명광장 & 아르바트 거리

- 30 이즈 브라세리
- 32 도쿄카와이
- 09 자매결연 공원
- 31 치즈와 와인
- 29 스보이 페테
- 10 리틀 블랙드레스
- 11 처칠타바코
- 알리스커피(해적커피)
- 27 26
- 25 브루어리 커피 앤 비어
- 10 블라디보스톡 아르바트 거리(포킨제독거리)
- 우흐뜨이블린
- 09 이끄라
- 28 파이브어클락
- 13 추다데이 알레우스키 지점
- 12 순둑 쇼룸
- 젤라 브 먀쎄
- 08 아르카 현대미술관
- 24 스딸로바야 보씸 미눗
- 22 뮌헨
- 21
- 18 레귤러스커피
- 23 니 르다이
- 17 칵테일 바 락스
- 13 샤깔라드니짜
- 19 파이패밀리
- 14 스튜디오
- 06 아르세니예프 연해주 국립박물관
- 20 로쉬끼-뻴로쉬끼
- 08 해군 백화점
- 16 피자욜로
- 15 아텔리어 바

아무르 만
디나마 경기장
분수대

St. Pogranichnaya
St. Naberezhnaya
St. Tigrovaya
St. Svetlanskaya

01
화려한 도시 축제의 시작점
혁명광장(중앙광장)
Revolution Square
Площадь борцов революции

블라디보스톡 시 중심부에 위치해 중앙광장이라고도 불리며, 퍼레이드, 집회, 콘서트, 박람회 등 주요 행사가 열린다. 한때 대규모 강제이주를 위해 조선인을 집합시킨 가슴 아픈 역사의 현장이기도 하다. 1937년 당시 소련 정부는 이곳에 조선인을 모아, 여러 차례에 걸쳐 중앙아시아 지역 곳곳으로 이주시켰다. 광장을 압도하는 중앙의 거대한 세 동상은 러시아 혁명을 이끈 선원, 군인, 노동자를 기리기 위해 1917년과 1922년 사이 제작되었다.

🚶 블라디보스톡 기차역 도보 10분
📍 Центральная площадь, Владивосток 🕐 24시간
📞 43.11519, 131.8857

02
따뜻한 날에만 열리는 도심시장
주말시장 Yarmarka
Ярмарка

러시아어로 야르마르까(Ярмарка)라고 불리는 주말시장. 날씨가 따뜻해지는 4월부터 12월 초 블라디보스톡 혁명광장에서 금요일과 토요일 9~18시에 열린다. 시베리아 지역에서 재배한 과일과 채소 및 해산물 등 각종 식료품을 구매할 수 있으며, 간단한 길거리 음식도 맛볼 수 있다. 재래시장 방문은 블라디보스톡 시민의 생활상을 가까이에서 엿볼 수 있는 경험이다.

🚶 블라디보스톡 기차역 도보 10분
📍 Центральная площадь, Владивосток
🕐 09:00~18:00(4~12월 금·토만 운영)
📞 43.11496, 131.88564

03
꽃과 함께하는 향기로운 산책
블라디보스톡 꽃시장 골목
Flower Market in Vladivostok
Цветочный пассаж во Владивостоке

혁명광장 건너편 노란색 건물은 현지인이 자주 방문하는 실내 꽃시장 골목이다. 주요 관광명소인 아르바트 거리와 연결되어 있어 오며가며 방문하기 좋지만 '꽃(Цветы)'이라는 간판 하나만 달려 있어 그냥 지나치기 쉽다. 러시아인은 일상에서 늘 꽃과 함께 하기에, 꽃집이 모여 있는 이곳을 왕래하는 사람도 그만큼 많다. 가격도 부담스럽지 않아 몇 송이 사서 여행 중 기분을 내보는 것도 좋다.

🚶 혁명광장 앞 정류장 도보 3분 📍 Ул. Светланская, 21
🕐 10:00~20:00 📌 43.11634, 131.88427

 꽃을 선물하려면 알아두자!

러시아에서는 꽃을 선물할 때 반드시 홀수로 맞춘다. 꽃을 짝수로 건네는 것은 망자에게 선물한다는 의미이기 때문. 특히 여성의 날(3월 8일)에는 꽃값이 평소 시세의 몇 배로 뛰어올라 매우 비싸다는 점도 알아두자.

04
금각만을 따라 달리는 블라디보스톡 중심거리
스베뜰란스까야 거리
Svetlanskaya Street
Улица Светланская

블라디보스톡 시내의 중추적 역할을 하는 거리로, 해양공원 부근에서 시작해 바다를 따라 중국시장까지 이어진 알짜배기 대로이다. 이 대로를 따라 동쪽으로 쭉 걷다보면 도시의 역사를 보여주는 주요 명소들을 자연스럽게 만날 수 있다. 혁명광장을 중심으로 각종 상점, 식당, 카페 등이 즐비해 관광객의 발길이 끊이지 않는다.

🚶 혁명광장 앞 정류장 도보 1분 📍 Ул. Светланская 1-209
🕐 24시간 📌 43.11528, 131.88822

REAL STORY

블라디보스톡을 대표하는
12가지 동상

시내를 걷다보면 유난히 많은 동상이 눈에 띈다. 대부분 세계대전을 포함한 여러 전투에서 희생된 용사와 위인을 기리기 위한 기념비나 도시의 상징물이다. 블라디보스톡의 대표적인 12가지 동상을 살펴보자.

레닌 동상
Monument to Lenin
Памятник В.И. Ленину

블라디보스톡 기차역 건너편에는 소련 최초의 국가 원수 레닌의 동상이 있다. 오른손으로 밝은 미래를 가리키며 카리스마 있는 눈빛으로 하늘을 응시하는 레닌은 러시아 전 도시에서 볼 수 있다.

📍 Ул. Алеутская, 2А 건너편

율 브리너 동상
Monument to Yul Brynner
Памятник Юлу Бриннеру

블라디보스톡 출신 배우 율 브리너 생가 앞에는 그의 이름을 따서 만든 작은 공원과 동상이 있다. 영화제 기간에는 이곳에서 야외 영화 상영 이벤트도 진행한다.

📍 Ул. Алеутская, 15

시베리아 호랑이 동상
Monument to the Siberian tiger
Памятник Тигру

해양공원, 아께안 극장 앞 등 시내 곳곳을 지키는 시베리아 호랑이 동상이 있다. 도시의 상징인 시베리아 호랑이를 사랑하는 블라디보스톡 시민의 따뜻한 마음이 담겨 있다.

📍 Ул. Набережная, 3

상인선원 동상
Sculpture Memories of the Foreign-Sailor
Воспоминание о Моряке Загранплавания

왠지 손가락을 잡고 싶어지는 재미있는 동상. 오랜 세월 바다에 헌신한 상인선원들을 기리기 위한 동상으로, 1970년대 말~1980년대 초 소련시절 유행했던 복장을 하고 있다.

📍 Адмирала Фокина, 27

엘리노어 프레이 동상
Monument to Eleanor Prey
Памятник Элеоноре Прей

엘리노어는 30년간 블라디보스톡에 거주한 미국인 여성으로, 이국 도시에서의 삶을 기록했다. 그녀가 남긴 편지와 사진을 묶은 책이 여러 권 출간되기도 했다.

📍 Ул. Светланская, 41

노래하는 음유시인 비초스키 동상
Monument to Vladimir Vysotsky
Памятник Высоцкому В.С.

러시아의 국민가수 비초스키 동상은 관광객에게 인기 있는 기념사진 촬영 장소다. 공원에는 스피커가 설치되어 있어 비초스키의 대표 음악이 흘러나온다.

📍 Ул. Петра Великого, 3 건너편 공원

포세이돈 동상
Monument to Poseidon
Памятник Нептуну, Посейдону

개선문 옆 제독 광장 중앙에 있는 동상. 과거 이 자리에 분수대가 있었으나, 현재는 블라디보스톡 바다를 수호하는 포세이돈 동상만이 남아 있다.

📍 Сквер Адмиральский

솔제니친 동상
Monument to Solzhenitsyn
Памятник Солженицыну

1970년 노벨문학상을 수상한 러시아의 대표 작가 솔제니친 동상. 공산주의 체제를 비판한 죄로 미국으로 추방당한 후, 블라디보스톡으로 다시 돌아온 기쁨의 순간을 형상화했다.

📍 Корабельная Набережная

상선선원 동상
Monument to Sailors
Памятник Невельского

금각만대교 아래에 자리하고 있는 동상으로, 2차 대전에서 사망한 상선선원들을 기리는 기념비다. 아래에는 블라디보스톡의 두 번째 영원의 불꽃이 타고 있다.

📍 Ул. Светлана, 67

러일전쟁 추모비
The Heroes of Russo-Japanese war
Героям Русско-Японской Войны

태평양 함대 군사역사박물관 옆에 위치한 황금색 기념비. 러일전쟁에서 희생된 수많은 선원과 군인을 기리는 추모비다.

📍 Ул. Светлянская, 66

아쉡코프 동상
The monument to Vasily Oschepkov
Памятник Василий Ощепкову

러시아 유도의 창시자 아쉡코프를 기리는 동상. 광장 옆 유서 깊은 건물은 현재 스포츠 단지로 이용된다.

📍 Корабельная Набережная, 21

뿌쉬낀 동상 Monument to Pushkin
Памятник Пушкину

〈삶이 그대를 속일지라도〉로 유명한 대문호 뿌쉬낀. 러시아 낭만주의 문학을 대표하는 그를 기리는 동상이 러시아 전역에 있다. 블라디보스톡에서는 푸니쿨료르 좌측 뿌쉬낀 극장 마당 앞에 있다.

📍 Ул. Пушкинская, 27

05
중세시대 테마 벽화골목
굼 옛마당
Old GUM Courtyard
Старый Дворик ГУМа

역사적인 건물 굼 뒤편의 아담한 테마 골목이다. 창고로 사용되던 자리를 2016년 문화 공간으로 새롭게 단장했다. 분위기 좋은 카페, 수제버거 맛집, 와인 바, 유니크 기념품숍, 미용실, 아트 스튜디오 등 상점들이 오밀조밀 모여 있다. 가게의 위치가 마당 입구의 나무 지도에 표시되어 있으니 참고하자. 날씨가 따뜻해지면 중세시대 복장을 한 현지인이 관광객에게 러시아 전통 춤을 가르쳐주는 소소한 이벤트도 진행된다. 굼 옛마당 곳곳에 있는 감각적인 일러스트 벽화는 기념사진의 배경으로 안성맞춤이다.

🚶 혁명광장 앞 정류장 도보3분   📍 Ул. Светланская, 33
🕐 24시간   🌐 vladgum.ru   📌 43,11597, 131,88771

06
연해주에서 가장 큰 규모의 역사 박물관
아르세니예프 연해주 국립박물관
Arseniev Museum of Primorskiy Region
Приморский музей им. В.К. Арсеньева

러시아를 대표하는 탐험가이자 과학자인 블라디미르 아르세니예프의 이름을 딴 박물관이다. 아르세니예프 국립박물관은 블라디보스톡 시내 4곳과 기타 연해주 지역 5곳의 소규모 박물관의 연합으로, 모두 합해 20만 점 이상의 전시품을 소장하고 있다. 특히 본관은 연해주 전체에서 가장 규모가 크고 오래되어 차근차근 돌아보면 꽤 시간이 걸린다. 구석기와 신석기 시대부터의 연해주 지역 역사를 한눈에 담을 수 있으며 이 지역에 살았던 민족에 대한 역사 중 발해시대 관련 유물도 등장한다.

🅿 외국인 400루블, 내국인 및 유학생 200루블
🚶 혁명광장 앞 정류장 도보 3분   📍 Ул. Светланская, 20
🕐 10:00~19:00   🌐 arseniev.org   📌 43,11633, 131,88212

혁명광장&아르바트 거리 SEE

07
극동러시아 음악 축제의 장
연해주 필하모닉 극장
Primorye Regional Philharmonic Hall
Приморская краевая филармония

1907년 처음 개장해 여러 번 재건을 거쳐 현재 콘서트 극장으로 자리 잡았다. 1930년대 초반에는 러시아, 중앙아시아 및 외국 고전 극작품을 상연하다가 1980년에 연주회를 위한 콘서트홀로 변신했다. 4월에는 클래식 음악 페스티벌 '극동의 봄', 11월에는 블라디보스톡 국제 재즈 페스티벌이 열린다. 총 3층이지만 규모가 크지 않아 어디에 앉아도 음악을 감상하기에 문제없다.

- 500루블 내외 · 혁명광장 앞 정류장 도보 3분
- Ул. Светланская, 15 · 10:00~20:00
- primfil.ru · 43,11641, 131,88305

09
한국의 과거와 현재가 새겨진 곳
자매결연 공원
Sister Cities Square
Площадь побратимов

시묘놉스까야 거리의 작은 공원으로, 블라디보스톡 시와 자매결연을 맺은 11개의 도시 이름을 새긴 대리석 아치가 인상적이다. 한인들이 처음 이주해 형성된 개척리 창설 150주년을 기념해 세운 비석도 있다. 1992년 부산시와 자매결연을 체결, 매년 7월 중 하루를 '부산의 날'로 지정해 해변공원 광장에서 축제를 열기도 한다. 무료 무선인터넷이 있어 젊은이들의 발길이 끊이지 않는다.

- 아르바트 거리에서 도보 3분 · Ул. Семёновская, 1~3 (Сквер Городов-Побратимов) · 24시간 · primfil.ru
- 43,1189, 131,88071

08
현대예술가들의 열린 전시실
아르카 현대미술관
ARKA Gallery of Contemporary Art
Галерея АРКА

스베뜰란스까야 거리에 숨어 있는 작은 미술관이다. 극동 러시아 지역 예술가들의 창작 활동을 지원하기 위해 1995년 설립되었다. 러시아와 유럽뿐 아니라 동아시아 국가 출신 작가들의 전시회도 개최된다. 규모가 작고 입장료도 무료이니 부담 없이 잠깐 들러 현대미술 작품을 감상해보자.

- Ул. Светланская, 5 · 혁명광장 앞 정류장 도보 6분
- 무료 · 11:00~18:00 (일·월 휴무)
- arkagallery.ru · 43,11712, 131,88074

10
오랜 역사를 품은 예술가의 거리
블라디보스톡 아르바트 거리(포킨제독 거리)
Vladivostok Arbat Street
Владивостокский Арбат(Улица Адмирала Фокина)

해양공원 뒤편에 위치한 고풍스러운 거리. 옷가게, 화장품 가게, 음식점, 카페 등 각종 상점이 밀집해 있어, 블라디보스톡 방문객은 대부분 이곳부터 찾는다. 도시의 기념일이나 큰 행사가 진행되는 기간에는 각종 공연과 기념품 노점이 열리기도 한다. 특히 한여름이면 아르바트 거리의 마스코트 곰돌이 두 마리가 관광객에게 추억을 선사한다(사진 촬영 100루블). 바다 반대 방향으로 걷다보면 현지인이 좋아하는 케밥 거리가 있다. 조금 더 걷다보면 싸밋은행 환전소도 보이는데, 중심거리에 위치한 데다 창구가 두 개뿐이라 언제나 북새통을 이룬다.

블라디보스톡 기차역 도보 12분   Ул. Адмирала Фокина
24시간   43.11781, 131.88138

REAL TIP 아르바트 거리의 숨은 이야기

1860년에 '베이징 거리'로 불렸던 이곳은 태평양 함대를 이끈 제독의 이름을 따서 1960년대 중반부터 포킨제독 거리로 지정되었다. 2000년대 초반 거리를 포장하고, 분수와 화단, 벤치와 가로등을 설치하면서 '블라디보스톡의 아르바트 거리'로 현지인과 관광객 사이에서 인기를 누리게 되었다.

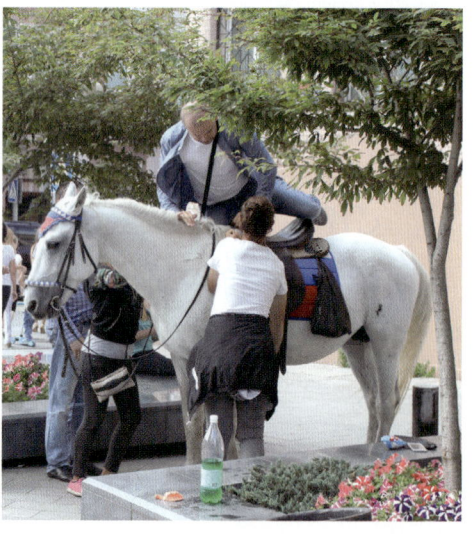

혁명광장 & 아르바트 거리 SEE & EAT

01
현지인이 인정한 맛집
구스토 GUSTO
gastrobar

시원하게 오픈된 주방이 음식에 대한 자신감을 보여준다. 육즙이 풍부한 비프 스테이크, 신선한 재료를 넣은 수제버거, 크랩이 실하게 들어간 버터구이 샌드위치 등 맛있는 메뉴가 가득하다. 두 가지 선택 요리와 음료 세트를 470루블에 맛볼 수 있는 런치메뉴는 월요일~목요일 12시~16시 사이에 이용 가능하다.

🍴 토시살 스테이크(Hanging tender steak) 670루블, 치즈버거(Cheese burger) 530루블, 크랩 샌드위치(Crab Roll) 510루블
🚶 혁명광장 앞 정류장 도보 3분 📍 Ул. Светланская, 33
🕐 12:00~23:00, 토 10:00~01:00, 일 10:00~23:00
🏠 http://gustogastrobar.com 📱 43,11565, 131,88755

02
감각적인 분위기의 힐링 카페
카페인 Caffeine
Кофеин

심플한 원목탁자와 자연친화적 화분이 놓여 세련된 분위기를 풍기는 카페. 공간이 매우 넓어 혼자 시간을 보내는 현지인이 많다. 아침 일찍 문을 열기 때문에 여행 전 간단히 조식을 먹기에도 좋다. 진한 커피뿐 아니라 신선한 재료가 가득 든 샌드위치와 달콤한 파이, 케이크까지 메뉴가 다양하다. 건물 외관에 예쁜 조명이 달려 있어 밤에 방문하면 운치가 있다.

🍴 라떼(Латте) 175루블, 모카 프라페(Мокко фраппе) 219루블
🚶 혁명광장 앞 정류장 도보 3분 📍 Ул. Светланская, 33
🕐 08:30~23:00, 토·일 10:00~23:00
📱 43,11575, 131,88756

03
와인 750종을 보유한
와인 전문점
Nevinnyye Radosti Wine Bar
Невинные Радости

굼 옛마당 2층에 자리한 와인 전문점으로, 바와 상점을 함께 운영한다. 750종 이상의 와인 중 소믈리에가 추천하는 와인을 직접 맛보고 선택하면 된다. 오후 12~16시에는 런치메뉴와 음료수 세트를 490루블에, 런치메뉴와 와인 세트를 590루블에 즐길 수 있다. 모든 메뉴에는 부가세 10%가 자동으로 붙는다. 한국어 메뉴판 제공.

✕ 킹크랩(Краб камчатский) 1kg 2000루블, 양갈비 스테이크(Ребра ягненкана на гриле с фасолью) 980루블, 스파클링 로제와인(Игристое розовое вино) 500루블 🚶 혁명광장 앞 정류장 도보 3분 📍 Ул. Светланская, 33 2층 🕐 와인바 12:00~24:00, 토 12:00~02:00, 상점 11:00~22:00
🏠 iwinebar.ru 📍 43,11615, 131,8874

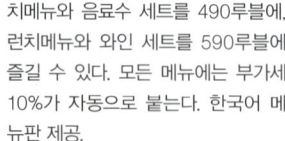

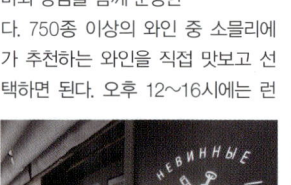

04
굼 옛마당의 비공식 마스코트
브스삐쉬까 에끌레어 전문점
Vspishka Eclair
Вспышка

29가지의 달콤한 에클레어를 만날 수 있는 아담한 카페다. 매일 350개 정도만 만들어 일찍 방문할수록 선택의 폭이 넓다. 고정 메뉴는 나폴레옹 에클레어를 포함해 8종류이며, 나머지는 요일별로 다르다. 가장 인기 있는 메뉴인 나폴레옹 에클레어는 빵 속에 꽉 찬 버터 커스터드의 부드러움이 일품이고, 베리류의 에클레어는 상큼하고 달콤해 소녀들에게 인기가 많다.

✕ 나폴레옹 에끌레어(Наполеон Эклерная) 200루블, 아메리카노(Американо) 120루블 🚶 혁명광장 앞 정류장 도보 3분
📍 Ул. Светланская, 33 стр. 2
🕐 08:30~20:00
🏠 vspyshka–eclair.ru

05
푸짐한 수제버거의 맛있는 유혹
숀켈 Shonkel
Shönkel

자리는 협소하지만 버거와 커피 맛은 최상급인 곳. 2013년 푸드 트럭으로 시작해, 2015년에 블라디보스톡의 중심인 굼 옛마당에 자리 잡았다. 버거는 모두 현지 농가에서 키운 재료로 만들고, 아이스커피 속 얼음은 커피를 얼려 만들어 녹아도 커피 맛이 연해지지 않는다. 얼음 하나까지 세심하게 고려하는 주인의 마음이 느껴지는 곳이다.

✕ 숀켈 버거(Shonkel burger) 350루블, 블랙커피(Black Coffee) 150루블
🚶 혁명광장 앞 정류장 도보 3분
📍 Ул. Светланская, 33 стр. 2
🕐 09:00~21:00 🏠 shonkel.ru
📍 43,11584, 131,8876

혁명광장 & 아르바트 거리　EAT

07
소녀감성 아티스트 커피
프로커피 ProCoffee
ProКофий

가족이 운영하는 유럽풍 커피 하우스. 한국 방송 프로그램에서 '아티스트 커피'로 소개되어 유명해졌다. 천장을 뒤덮은 조화와 사랑스러운 꽃무늬 커튼, 아기자기한 소품이 소녀 감성을 자극한다. 아티스트 커피라고 불리는 러시아식 라프 커피뿐 아니라 신선한 과일 주스, 제과 장인이 만든 미니케이크도 유명하다.

- 아티스트 커피(Раф Кофе) 218루블
- 혁명광장 앞 정류장 도보 5분
- Ул. Адмирала Фокина, 22
- 09:00~21:00, 토·일 09:00~22:00
- instagram.com/procoffeey
- 43.11672, 131.88643

06
달달한 러시아 아이스크림 전문점
샤릭 마로쥐나바
Sharik Morozhenogo
Шарик мороженого

러시아 아이스크림 마로쥐나바 전문점으로 빨강, 노랑, 하늘색의 밝은 로고가 인상적이다. 이탈리아의 젤라또 기술로 만들어 점도가 높고 빨리 녹지 않아 여름에도 먹기 편하다. 다양한 맛 중 원하는 맛과 가지 수를 고르면 직원이 하얀 컵에 담아준다. 아이스크림 종류는 계절에 따라 계속 바뀐다.

- 마로쥐나바(мороженого) 1가지 맛 70루블, 2가지 맛 140루블, 3가지 맛 180루블　혁명광장 앞 정류장 도보 3분
- Ул. Светланская, 33
- 10:00~20:00
- 43.11576, 131.88776

08
수제버거와 맥주의 찰떡궁합
홀리 합
Holy Hop

외관은 작은 간판과 여닫이 문 하나가 전부지만 지하로 내려가면 벽돌로 무장한 공간이 펼쳐진다. 신선한 생맥주부터 백 가지가 넘는 다양한 병맥주를 선택할 수 있다. 출출하면 숯불로 구운 돼지고기와 바비큐 소스가 조화로운 수제버거를 즐겨보자.

- 맥주(Пиво) 200ml 106~225루블, 400ml 210~450루블, 포크 버거(Порк Бургер) 360루블　혁명광장 앞 정류장 도보 3분　Океанский проспект, 9
- 12:00~02:00
- 43.11729, 131.88594

09
크래프트 맥주가 맛있는 뮤직펍
한스 바 Hans Bierhaus
Ханс

독일 전통 방식의 대형 자체 양조장에서 부드럽고 향이 풍부한 맥주를 직접 만든다. 맥주 주문 시 과자와 스틱형 빵이 기본 제공되며 2L 이상은 특별한 디스펜서에 담겨 나온다. 1층은 중세시대 러시아풍으로 꾸몄고, 2층에는 대형 댄스 플로어와 디스코 클럽이 있다. 금요일과 토요일에는 열정적인 밴드 공연도 열린다.

맥주(Пиво) 200ml 106~225루블, 400ml 210~450루블, 포크 버거(Порк Бургер) 360루블 ☗ 클로버하우스 앞 정류장 도보 5분 ♦ Ул. Адмирала Фокина, 25А ⓛ 11:00~02:00, 금·토 11:00~04:00 43.11739, 131.88568

10
현지인이 좋아하는 음식이 한자리에
리퍼블릭 Republic

블라디보스톡 내 여러 지점이 있는 체인 음식점이다. 건물 외부는 검은 대리석이지만 지하 공간은 러시아인이 좋아하는 빨간색으로 꾸몄다. 미역줄기와 마늘쫑을 곁들인 볶음밥과 수제 소시지는 한국인의 입맛에도 잘 맞는다. 원하는 음식을 주문하고 입구 계산대에 있는 직원에게 가격을 지불하면 된다. 대부분의 요리가 150루블 내외로 저렴해 이것저것 골라 담아도 부담이 없다.

미역줄기 닭고기 볶음밥(Рис с курицей и капустой 'ЧУКА') 160루블, 모르스(Морс) 30루블 ☗ 아르바트 거리에서 도보 1분 ♦ Ул. Адмирала Фокина, 20 ⓛ 09:00~23:00, 금 09:00~24:00, 토 10:00~24:00 일 10:00~23:00
♦ republicbeer.ru 43.1169, 131.88538

혁명광장&아르바트 거리 EAT 167

11
원두의 품질과 맛으로
승부하는 집
카페마
Kafema

2002년 저가 커피 전문 카페로 시작해 현재 블라디보스톡을 포함한 러시아의 22개 도시에서 인기 있는 러시아 커피 체인점이다. 세계적으로 인정받은 원두를 엄선하고 가공해 맛있는 커피를 제조한다. 벽면에는 다양한 원두가 빼곡하게 진열되어 있고 그 위에 직원들의 바리스타 자격증이 걸려 있다. 액자들을 잘 들여다보면 반가운 한글 자격증도 발견할 수 있다.

✕ 아메리카노(Американо) 100루블, 카푸치노(Капучино) 150루블
🚶 혁명광장 앞 정류장 도보 2분
📍 Ул. Светланская, 17, 2층
🕐 08:00~21:00, 토·일 10:00~20:00
🏠 kafema.ru 📍 43,11637, 131,88392

12
1900년대 러시아의
카페에 온 듯한
포르토-프랑코
Porto-Franco
Порто-Франко

러시아 및 유럽 요리를 전문으로 하는 유서 깊은 음식점이다. 다채로운 색감의 러시아 벽화와 앤티크 소품들이 19세기 러시아 가정집을 떠올리게 한다. 구운 감자와 양파가 곁들여 나오는 돼지고기 샤슬릭은 이 집의 별미. 금요일과 토요일 저녁 8시 이후에는 색소폰 연주 공연도 있다.

✕ 돼지고기 샤슬릭(Свиной шашлык по купечески) 500루블, 보르쉬(Борщ) 350루블
🚶 혁명광장 앞 정류장 도보 2분
📍 Ул. Светланская, 13
🕐 12:00~24:00, 토·일 12:00~02:00
🏠 portofrankovl.ru
📍 43,11634, 131,88313

13
입안 가득 달콤함의 향연
샤깔라드니짜
Shokoladnitsa
Шоколадница

알레우스까야 대로변에 위치한 카페. 안락한 소파와 편안한 분위기가 여행자의 발길을 붙잡는다. 러시아와 중앙아시아 지역에 약 300개 이상의 지점이 있으며 초콜릿 음료와 커피 종류가 매우 다양하다. 달콤하고 부드러운 러시아식 케이크 등 디저트와 식사까지 주문할 수 있는 복합 공간이다.

✕ 오레오프라페(Фрапетто Орео Стандард) 210루블, 티라미슈 크림라떼(Крим Латте Тирамису ста) 170루블
🚶 혁명광장 앞 정류장 도보 3분
📍 Ул. Светланская, 13
🕐 08:00~12:00, 금·토 08:00~24:00
🏠 shoko.ru 📍 43,11658, 131,88267

14
해산물 전문 레스토랑
스튜디오
STUDIO

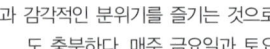

궁궐처럼 꾸민 입구부터 깔끔하고 현대적인 분위기의 레스토랑으로, 2016년 '트립어드바이저 최고의 레스토랑'으로 선정되기도 했다. 신선한 해산물 요리가 유명하지만 돼지고기, 소고기 등 육류그릴 메뉴도 맛있다. 이미 저녁식사를 했다면 달콤한 칵테일 한잔

과 감각적인 분위기를 즐기는 것으로도 충분하다. 매주 금요일과 토요일 밤 9시 이후에는 디제잉 파티가 있다.

🍴 연어스테이크(Стейк из лосося) 660루블, 돼지고기 바비큐(Свинина Барбекю) 550루블, 캄차카 킹크랩(Камчатский краб) 2,300루블
🚶 혁명광장 앞 정류장 도보 4분
📍 Ул. Светланская, 18А
🕐 24시간 🏠 cafe-studio.ru
📞 43.11622, 131.88148

15
고급 원목 인테리어가 돋보이는
아텔리어 바
Atel'ier Bar

2018년 봄에 문을 연 따끈따끈한 칵테일 바. 곳곳에 걸린 빈티지한 액자와 멋진 조명의 세련된 인테리어가 돋보인다. 한 장짜리 메뉴판에는 간단한 음식 몇 가지만 있으며, 바텐더에게 원하는 칵테일 이름이나 맛, 알콜 농도 등을 이야기하면 즉석에서 만들어 준다. 모든 직원들이 영어에 능통하고 유쾌해, 편하게 즐길 수 있는 공간이다.

🍴 칵테일(Коктейль) 400~450루블
🚶 혁명광장 앞 정류장 도보 3분
📍 Ул. Светланская, 9
🕐 16:00~02:00, 금·토 16:00~04:00
📞 43.11659, 131.88162

16
제대로 즐기는 피맥
피자욜로
Pizzaiolo

보기만 해도 기분이 좋아지는 알록달록한 인테리어의 이탈리아식 피자 전문점. 인원에 따라 스몰, 미디움, 라지 사이즈를 선택할 수 있고 양도 푸짐하다. 특히 코젤(Kozel) 생맥주는 피자와 궁합이 매우 좋다. 국내에는 코젤이 다크 한 종류만 수입이 되어 대부분 흑맥주로 알고 있는데, 러시아에서는 네 가지 종류의 코젤이 있으니 다양하게 맛볼 것을 추천한다.

🍴 하와이안 피자(Гавайская Пицца) 미디움 420루블, 새우가리비 피자 미디움 (С Креветкой и гребешком Пицца) 610루블, 코젤 생맥주(Козел) 190루블
🚶 혁명광장 앞 정류장 도보 4분
📍 Ул. Светланская, 9
🕐 09:00~22:30 pizzaiolovl.ru
📞 43.11661, 131.88155

17
블라디보스톡 대표
라이브 록카페
칵테일 바 락스
Rock's Cocktail Bar

가게 이름처럼 록 스피릿이 넘치는 현지 젊은이들로 가득 차는 곳이다. 일반 바로 운영되다가 주말 밤 11시 이후에는 러시아 로커들의 공연으로 열정의 공간이 된다. 입장 시 입구를 지키는 건장한 남성이 짐을 검사하는데, 모든 사람이 하는 절차이니 당황하지 말자. 사람이 많은 공간에서는 싸움에 휘말리는 불상사가 없도록 주의해야 한다.

✕ 데킬라 선라이즈(Tequila sunrise) 300루블, 불꽃 칵테일 B-52 250루블
🚶 혁명광장 앞 정류장 도보 4분
📍 Ул. Светланская, 7
🕐 12:00~03:00, 금·토 24시간
🏠 rocksbar.ru
📍 43,11671, 131,88138

18
엄선된 원두의 존재감
레귤러스커피
Regulus Coffee

아르바트 거리와 스베뜰란스까야 거리 중간의 뒷골목에 위치해 호기심을 자아내는 카페다. 단 3개의 테이블만 있는 아늑한 규모이며, 바리스타가 엄선한 원두커피와 러시아식 홍차를 맛볼 수 있다. 마당 앞 빈티지 자동차는 카페 앞을 지나가는 관광객마다 사진을 찍는 이곳의 마스코트다. 소품인 것 같지만 실제로 운행된다고 한다.

✕ 아메리카노(Американо) 130루블, 라벤더 라프커피(Лавандовый Раф) 210루블, 쿠키(Печенье) 35루블
🚶 스베뜰란스까야 9번지와 11번지 사이
📍 Ул. Адмирала Фокина, 10/1
🕐 10:00~20:00
🏠 instagram.com/reguluscoffee
📍 43,1169, 131,88219

REAL TIP 이곳의 커피를 집에서도 마시고 싶다면
레귤러스커피에서는 품질 좋은 수입 원두와 달달한 과일청을 판매한다. 직원이 영어를 조금 할 줄 알기 때문에, 원하는 종류의 원두를 요청할 수 있다. 커피에 대해 잘 몰라도 괜찮다. 친절한 직원이 원두를 추천해준다. 원두나 차 포장이 고급스러워 선물용으로 좋다.

19
가족이 빚어낸
정성스러운 수제파이
파이패밀리
Pie Family

이름처럼 온가족이 의기투합한 파이 전문 베이커리. 2014년 블라디보스톡 시에서 주최하는 도시음식축제 행사 부스로 시작해 스베뜰란스까야 중심부에 자리 잡았다. 모든 파이는 프랑스 요리학교 출신의 파티쉐가 천연 재료로 직접 만든다. 다른 곳에서 맛볼 수 없는 다양한 파이를 맛볼 수 있으며, 버터의 풍미와 바삭함이 어우러진 크루아상도 추천 메뉴다.

🍴 치킨파이(Чикен пай) 180루블, 크루아상(Круассан) 100루블
🚶 혁명광장 앞 정류장 도보 5분
📍 Ул. Светланская, 12
🕐 09:00～21:00, 토 09:30～21:00, 일 10:00～21:00 🏠 piefamily.ru
📌 43.11648, 131.88081

20
뻴메니 전문점
로쉬끼-쁠로쉬끼
Lozhki-Ploshki
Ложки-Плошки

러시아 전통 만두 뻴메니 전문점. 이른 시간부터 문을 열어 아침식사하기에 좋다. 대형 주걱과 밀대 등 형형색색의 부엌 용품을 인테리어 소품으로 사용했다. 소품만큼 알록달록한 뻴메니는 보기에도 예쁘고 한입에 먹을 수 있는 크기라 여성들에게 인기가 많다. 식사대용으로 든든히 먹으려면 고기로 속을 채운 뻴메니를 주문하자.

🍴 뻴메니(Пельмени) 200루블대, 보르쉬(Борщ) 190루블 🚶 혁명광장 앞 정류장 도보 5분 📍 Ул. Светланская, 7
🕐 09:00～24:00, 토·일 10:00～24:00
🏠 lozhkiploshki.ru
📌 43.11677, 131.88085

21
바이에른 전통
크래프트 생맥주
뮌헨
Munich
Мюнхен

스베뜰란스까야 거리 중간에 비밀스러운 나무문을 열고 들어가보자. 독일 바이에른 주의 뮌헨을 가게 이름으로 선택할 만큼, 바이에른 전통 양조법으로 직접 만든 맥주에 자부심이 있는 집이다. 뮌헨의 크래프트 맥주는 크게 화이트, 레드, 다크로 나뉜다. 밀 맥아, 캐러멜 맥아, 구운 맥아로 만들어 맛과 색이 다채롭다. 맥주 양조 시 천연 재료만 사용한다.

🍴 생맥주(Ремесленное пиво) 330ml 160루블, 500ml 210루블, 1L 420루블, 4L 1,680루블 🚶 혁명광장 앞 정류장 도보 5분 📍 Ул. Светланская, 3
🕐 12:00～02:00 🏠 munichpub.com
📌 43.11691, 131.88032

혁명광장 & 아르바트 거리 **EAT**

22
전문 셰프가 굽는
일품 스테이크
젤라 브 먀쎼 Delo v Myase
Дело в мясе

'고기가 목적이다'라는 의미의 이름처럼 스테이크가 목적이라면 이곳을 찾자. 스테이크의 살살 녹는 식감과 불향을 머금은 육즙은 혀를 감동시키며, 보르쉬와 곁들여 먹으면 담백하기까지 하다. 고급스러운 가구와 세련된 분위기의 인테리어가 요리를 더욱 빛낸다. 한여름에는 스베뜰란스까야 거리 방향의 유리 벽면을 개방해 야외테라스까지 사람들로 가득 찬다.

✕ 스테이크(Стейк) 700~1,000루블대, 솔란카 수프(Копченая мясная солянка)380루블 ✦ 혁명광장 앞 정류장 도보 5분 ◉ Ул. Светланская, 3
⏱ 12:00~24:00, 금·토 12:00~01:00
📍 43.11692, 131.88022

23
제독의 연인이 머무른 식당
니 르다이
Ne Rydai
Не рыдай

화사한 핑크색 벽의 외관이 인상적인 러시아식 뷔페 전문점이다. 110년 이상의 역사를 지닌 블라디보스톡에서 가장 오래된 베르사유 호텔 건물 1층에 자리한다. 화려한 색을 쓴 실내 벽화와 대형 샹들리에가 눈에 띈다. 1918년 이곳을 방문한 영화 〈제독의 연인(Адмиралъ)〉의 실제 주인공 콜차크 제독과 그의 연인 티미료바(Тимирёва)의 초상화가 걸려 있다.

✕ 생선요리(Рыбные блюда) 90루블, 수프류(Супы) 40루블, 모르스(Морс) 15루블 ✦ 혁명광장 앞 정류장 도보 6분
◉ Ул. Светланская, 10
⏱ 09:00~22:00
📍 43.11672, 131.87984

24
메뉴 하나 가격으로
다양한 요리를 즐기다
**스딸로바야 보씸 미눗
Dining 8 minutes**
Столовая 8 Минут

먹고 싶은 요리를 원하는 만큼 담아 한끼 식사를 할 수 있는 러시아식 뷔페 전문점이다. 오전 8시부터 늦은 밤까지 운영하기 때문에, 이른 아침식사부터 늦은 저녁식사까지 할 수 있다. 가격도 저렴해 쟁반에 이것저것 담아도 부담이 없다. 메인요리부터 디저트는 물론 음료, 심지어 보드카까지 한 잔씩 판매한다.

✕ 스파게티(Спагетти) 70루블, 샐러드(Салат) 50루블부터
✦ 혁명광장 앞 정류장 도보 6분
◉ Ул. Светланская, 1
⏱ 08:00~22:00
📍 43.11702, 131.87973

25
커피와 맥주로 승부하는 곳
브루어리 커피 앤 비어
Brewery Coffee & Beer

가게 이름처럼 커피와 맥주만 판매하는 곳이다. 커피와 맥주를 엄격하게 선별하고 연구하는 주인의 장인 정신이 돋보인다. 손님이 주문했더라도 기준에 충족되지 못한 맥주는 싱크대로 직행하며, 다른 종류로 추천해준다. 자리가 협소해 서서 마셔야 할 때도 있다. 영어 메뉴판 제공.

✕ 아메리카노 100루블, 드래프트 맥주 280루블 ✚ 아르바트 거리에서 도보 1분
📍 Ул. Адмирала Фокина, 9Г
🕐 12:00～22:00
🏠 instagram.com/brewery_vl
📌 43.11791, 131.88222

26
러시아 국민 팬케이크 블린 전문점
우흐뜨이블린
Uh Ty Blin
Ух Ты, Блин!

2011년 이후 블라디보스톡에서 러시아식 전통 팬케이크 블린(Блин) 전문 식당의 선두를 놓치지 않는 곳이다. 아늑하고 따뜻한 분위기와 맛있는 블린으로 현지인뿐 아니라 관광객에게 사계절 인기 있다. 얇은 블린 반죽에 햄, 치즈, 닭고기, 버섯, 캐비어, 생선 등을 넣어 만든 50가지 이상의 메뉴가 있다. 1,000루블 이상 주문 시 무료 배달도 해준다(러시아어로만 주문 받음). 한국어 메뉴판 제공.

✕ 바나나초코 블린(Блин с бананом и шоколадом) 200루블, 모르스(Морс) 35루블 ✚ 아르바트 거리에서 도보 1분
📍 Ул. Адмирала Фокина, 9
🕐 하절기(5월～10월) 10:00～22:00, 동절기(11～4월) 10:00～21:0
🏠 instagram.com/uhtiblin_vl
📌 43.11789, 131.88173

27
부담 없는 가격에 커피 한잔
알리스커피(해적커피)
Aliis Coffee

알리스커피는 '로딩커피' 또는 '해적커피'라고 알려진 블라디보스톡의 대형 커피 체인점이다. 가격이 저렴해 많은 시민들이 찾는다. 2018년 1월 기준 블라디보스톡에 14개 지점이 운영되고 있으며, 아트바트 거리 중앙에 있는 지점은 관광객이 많이 찾아 가장 인기가 많다. 외부 간판이 따로 없으니 해적 캐릭터가 보이면 안으로 들어가 보자.

✕ 아메리카노(Американо) 55루블, 카푸치노 칵테일(Капучино-Коктейль) 99루블 ✚ 아르바트 거리에서 도보 1분
📍 Ул. Адмирала Фокина, 7
🕐 10:00～20:00   🏠 aliiscoffee.com
📌 43.11789, 131.88156

혁명광장 & 아르바트 거리 **EAT**

28
영국식 밀크티가 맛있는 카페
파이브어클락
Five o'clock

영국 상류사회 여인들의 사교와 여유의 상징인 오후 5시 전후 애프터눈 티 타임(Afternoon tea time) 문화를 블라디보스톡에 퍼트리며 아르바트 거리 중심에 자리 잡은 터줏대감이다. 파이브어클락에 방문하면 영국식 밀크티를 꼭 마셔보자. 상큼한 향과 부드러운 식감의 레몬 타르트도 궁합이 좋다. 한국어 메뉴판 제공.

🍴 레몬 타르트(Лемонная тарталетка) 93루블, 밀크티(Чёрный чай с молоком) 50루블
🚶 아르바트 거리에서 도보 1분
📍 Ул. Адмирала Фокина, 6
🕐 08:00~21:00, 토 09:00~21:00, 일 11:00~21:00 🏠 five-oclock.ru
📞 43.11768, 131.88139

29
우아한 인테리어가 돋보이는
스보이 페테
SVOY fete
Свой фете

아르바트 거리에서 바다를 상징하는 하늘색 차양을 찾아보자. 스보이 페테는 러시아 전통요리와 연해주 해산물요리를 즐길 수 있는 유럽식 레스토랑이다. 가게 내부에 수족관도 있어 싱싱한 킹크랩과 맥주를 즐길 수 있다. 매일 오후 12~4시까지 전 메뉴의 20%를 할인하는데, 외국인에게는 먼저 말해주지 않으니 알아서 챙기자. 한국어 메뉴판 제공.

🍴 캄차카 킹크랩(Камчатский краб) 2,400루블, 마늘쫑관자 볶음(Гребешок по восточному) 550루블
📍 Ул. Адмирала Фокина, 3
🚶 아르바트 거리에서 도보 1분
🕐 11:00~01:00 🏠 svoy-fete.ru/ko
📞 43.11813, 131.88047

ⓒ이즈 브라세리

30
스테이크와
해산물요리를 동시에
이즈 브라세리
Iz Brasserie

붉은색 벽돌에 레드벨벳 소파, 벽면을 가득 채운 와인이 연중 크리스마스 분위기를 풍긴다. 여름에는 야외테라스에서 맥주와 식사를 즐기는 현지인으로 가득하다. 샤슬릭과 스테이크로 유명하고, 실내에 대형 수족관을 보유해 킹크랩 등 각종 신선한 해산물요리도 즐길 수 있다. 최상급 재료로 만드는 만큼 음식의 양 대비 가격대가 매우 높다.

🍴 어린양 샤슬릭(Шашлык из барашка) 690루블, 뉴욕 스테이크(Стейк НЬЮ-ЙОРК) 1,600루블
🚶 클로버하우스 앞 정류장 도보 4분
📍 Ул. Семёновская, 1Д
🕐 12:00~24:00, 금·토 12:00~02:00
📞 43.11963, 131.8811

31
나에게 어울리는 와인을 찾자
치즈와 와인
Cheese and Wine
Сыр и Вино

젊은 감각의 소믈리에가 운영하는 자그마한 와인 바. 저렴한 가격에 유럽과 이탈리아식 요리를 맛볼 수 있어 식사를 하는 현지인도 많다. 커피와 디저트의 달달함에 싫증이 났다면 이곳에서 와인을 즐겨보자. 원하는 종류나 맛, 원산지를 말하면 소믈리에가 적절한 와인을 추천해준다.

✕ 레드/화이트/로제와인(Красное/Белое/Розовое вино) 1잔당 300~500루블, 1병당 2,000루블 내외
🚶 클로버하우스 앞 정류장 도보 3분
📍 Ул. Семёновская, 8
🕐 18:00~01:00, 금·토 18:00~02:00
📌 43.11882, 131.88172

32
화려한 유럽의 색을 담은 일본요리
도쿄카와이
Tokyo Kawaii

연해주 지역에서 가장 큰 규모의 스시 체인점 도쿄스시 바의 시묘놉스까야 분점으로, 블라디보스톡 현지 젊은이들이 많이 찾는 아지트다. 일식 퓨전 식당이지만 샹들리에와 프릴실크 커튼 등 격식 있는 유럽 식당처럼 꾸몄다. 내부를 꾸민 아기자기한 캐릭터 소품은 여심을 저격한다. 싱싱한 해산물로 정성껏 빚어낸 초밥과 롤은 꼭 맛봐야 할 별미.

✕ 연어 캘리포니아롤(Амадари) 450루블, 연어스시(Суши СЯКЭ) 개당 100루블
🚶 클로버하우스 앞 정류장 도보 3분
📍 Ул. Семёновская, 7В
🕐 11:00~01:00 🏠 tokyo-bar.ru
📌 43.11927, 131.88217

33
조용하고 아늑한 로컬 카페
비오렙티카
Bioleptica

클로버하우스 좌측에 위치한 작은 카페. 가정집 같은 아늑한 인테리어에 주인이 직접 수집한 각국의 기념품을 곳곳에서 찾아보는 재미가 있다. 브라질, 에티오피아, 케냐의 엄선된 원두로 내린 커피 맛이 환상적이다. 러시아 꿀 케이크나 옥수수 스콘은 커피와 잘 어울린다. 4월에는 시즌메뉴로 부활절 빵을 저렴하게 판매한다.

✕ 아메리카노(Американо) 100루블, 라프커피(Раф) 210루블, 꿀 케이크(Медовик) 200루블
🚶 클로버하우스 앞 정류장 도보 1분
📍 Ул. Мордовцева, 6
🕐 08:00~21:00, 토·일 10:00~21:00
📌 43.11928, 131.88427

혁명광장&아르바트 거리 **EAT & SHOP**   175

34
느낌 있는 베이커리 레스토랑
리몬셀로
Limoncello

베이커리와 식당을 함께 운영하는 이 이탈리아 레스토랑이다. 가게 내에 보모가 있는 어린이 놀이방을 운영해 가족 단위 여행객이 방문하기 좋다. 다양한 재료의 토핑을 아낌없이 얹어 구워낸 화덕 피자가 유명하며, 보르쉬 우하 수프 등 다양한 러시아 음식을 맛볼 수 있다.

🍴 해산물 화덕피자(Пицца с морепродуктами) 350루블, 보르쉬(Борщ) 300루블, 우하(Уха) 350루블
🚶 클로버하우스 앞 정류장 도보 1분
📍 Ул. Мордовцева, 6
🕐 11:00~23:00
📍 43,11928, 131,88427

01
러시아 전통 기념품부터 골동품까지
블라드기프트
Vlad Gifts
Владгифтс

2015년까지 독수리전망대에서 관광객을 맞이하던 기념품숍이 확장 이전했다. 규모가 커지면서 영어와 중국어는 물론 수준급의 한국어까지 가능한 러시아 직원이 고용되어 의사소통이 원활하다. 블라드기프트는 총 3층으로, 대형 마뜨료쉬까 모형 뒤에 있는 문을 열고 들어가면 바로 3층 홀로 이어진다. 3층과 2층에는 마뜨료쉬까, 블라디보스톡 기념엽서, 마그네틱 등 각종 기념품이 진열되어 있으며, 1층에는 앤티크숍과 러시아 식료품점이 입점해 있다. 3층 여행자 정보 테이블에서 간단한 블라디보스톡 여행정보를 얻을 수 있으니 참고하자.

🚶 혁명광장 내 위치
📍 Корабельная Набережная, 1А
🕐 09:00~20:00
🌐 vladgifts.ru
📍 43,11445, 131,88607

02
바로크 양식의 역사적 건축물
블라디보스톡 굼 백화점
Vladivostok GUM
Владивосток ГУМ
(Большой ГУМ)

1893년부터 영업을 시작한 블라디보스톡 최초의 백화점이다. 바로크 양식으로 지어 블라디보스톡에서 가장 훌륭한 상업 건축물로 평가된다. 현재는 극동시베리아 지역에 단 하나 있는 자라(ZARA) 및 추다데이(Чудодей) 등 몇 개의 상점이 모여 있는 건물이지만 과거에는 극동 시베리아의 상거래 중심지였다.

혁명광장 앞 정류장 도보 3분
Ул. Светланская, 35
10:00~21:00 vladgum.ru
43,11557, 131,88741

03
예술가의 아이디어 상품이 가득
뷰로 나호덕
Byuro Nakhodok
Бюро Находок

분실물 센터라는 뜻의 뷰로 나호덕에는 기발한 아이디어 상품이 가득하다. 쇠파이프 맥주잔, 빙어모형 오프너, 캐비어 비누 등 제작자의 센스에 웃음이 절로 난다. 특히 종류별로 진열한 세계 명화 양말은 인기 상품이다. 전문 디자이너가 만든 이곳만의 유니크한 아이디어 상품들은 가격대가 높다는 점을 참고하자.

혁명광장 앞 정류장 도보 3분
Ул. Светланская, 31/3(쇼켈 오른쪽 문 2층) 11:00~20:00
buro-nahodok.ru
43,11588, 131,88749

> **REAL TIP** 음료까지 유니크!
>
> 메뉴에서 원하는 색을 선택해 카운터 직원에게 주문하면, 약 10분 뒤 실험실에서나 볼 법한 물약이 담긴 코니컬비커와 조그마한 숟가락 위의 알약이 세트로 나온다(200루블). 뷰로 나호덕에서만 맛볼 수 있는 색깔커피(Цветного кофе)다. 빨대로 맨 아래에 깔려있는 액체를 섞으면 비로소 커피색으로 변한다. 커피를 다 마신 후 알약 모양의 캔디로 입가심한다.

혁명광장&아르바트 거리 **SHOP**

04
시내 중심의 종합쇼핑몰
쩬뜨랄늬 쇼핑센터
Tsentralnyi Shopping Mall
ТЦ Центральный

지하도와 연결되어 방문하기 편한 블라디보스톡 중앙 쇼핑센터. 유럽 화장품을 구매할 수 있는 레뚜알, 일데보떼 등 미용·건강 종합스토어가 있으며, 층마다 러시아 의류 브랜드와 신발, 액세서리 매장이 즐비하다. 꼭대기 층에는 다양한 음식을 즐길 수 있는 푸드코트가 있고, 천장은 햇살이 그대로 들어오는 돔형 통유리로 되어 있다.

🚶 혁명광장 앞 정류장 도보 3분
📍 Ул. Светланская, 29
🕐 10:00~20:00
📞 43,11594, 131,88612

05
유럽의 향기로 가득한 곳
레뚜알 L'etoile
Л'Этуаль

모스크바에 본점을 둔 뷰티스토어로, 러시아 내 250개 도시에 850곳의 지점이 있는 대형 체인점이다. 자체 제작 제품뿐 아니라 저가부터 고가의 명품 브랜드까지 폭넓은 미용제품을 한곳에서 만나볼 수 있다. 특히 러시아 여성이 좋아하는 유럽의 각종 고급향수가 벽면에 가득 진열되어 있어, 많은 사람들이 이 코너를 그냥 지나치지 못한다.

🚶 혁명광장 앞 정류장 도보 2분 📍 스베뜰란스까야 중앙점 Ул. Светланская, 11 클로버하우스점 Ул. Семёновская, 15
🕐 10:00~21:00 🌐 letu.ru
📞 43,11651, 131,88218

06
현지에서 편하게 입을
의상이 필요할 때
테레노바
Terranova

유럽 33개국에 약 500개 이상의 지점을 보유한 이탈리아 의류 브랜드로, 총 3층으로 이루어져 있다. 남녀 캐주얼 의류 및 소품 등 저가의 유행상품을 주로 판매한다. 규정에 따라 환불이 가능하며, 환불 시 당시 결제한 신용카드와 여권이 필요하니 지참하자. 현금으로 구매했다면 영수증만 가져가면 된다.

🚶 혁명광장 앞 정류장 도보 3분
📍 Ул. Светланская, 13 🕐 여름시즌 10:00~21:00, 겨울시즌 10:00~20:00
🌐 terranovastyle.com
📞 43,11649, 131,88298

07
각양각색의 러시아
술이 한 자리에
딜란 Dilan
Дилан(Алкомаркет)

빈랍(Винлаб)처럼 주류를 전문적으로 판매하는 알코올마켓(Алкомаркет)으로, 블라디보스톡 내 총 29개 지점이 있는 체인점이다. 수백 종의 보드카는 물론 위스키, 코냑, 와인 등 다양한 주류를 취급한다. 알레우스까야 43번지 지점은 블라디보스톡 도심에 있어 어디서든 접근성이 좋아 관광객이 많이 찾는다. 알코올마켓에서 주류를 구매할 때는 꼭 여권을 지참해야 한다.

🚶 혁명광장 앞 정류장 도보 3분
📍 Ул. Светланская, 13
🕘 09:00~22:00   🏠 dilan.ru
📞 43,11667, 131,88283

09
여성 의류 디자이너 편집숍
이끄라
IKRA Concept Store

입구부터 독특한 포스터가 눈길을 사로잡는다. 40여 개의 러시아 의류 브랜드를 모아둔 편집숍으로, 블라디보스톡 출신 디자이너의 개성 있는 제품을 만나볼 수 있다. 의류, 신발, 가방뿐 아니라 목걸이, 귀걸이 등의 장신구까지 모두 전문 디자이너의 작품이다. 가격대는 높은 편이지만 유니크한 의류 및 잡화를 소유하고 싶다면 지갑을 열자.

🚶 혁명광장 앞 정류장 도보 5분
📍 Ул. Светланская, 5(스와로브스키 매장 2층)   🕘 11:00~20:00
📞 43,1168, 131,88074

08
바다의 도시와 어울리는 기념품
해군 백화점
Flotskiy Department store
Флотский Универмаг

러시아 극동지방 지킴이 태평양 함대 해군의 생활용품을 판매하는 기념품 샵. 블라디보스톡을 상징하는 마그네틱, 액자, 기념 배지까지 구경하는 재미가 있다. 해군 의류는 물론 일반인도 입을 수 있는 다양한 티셔츠를 판매한다. 특히 푸틴 대통령과 유명인이 그려진 티셔츠는 러시아에서만 구할 수 있는 특별한 기념품이다.

🚶 혁명광장 앞 정류장 도보 5분
📍 Ул. Светланская, 18
🕘 10:00~19:00, 금·토 10:00~18:00
🏠 armrus.ru   📞 43,11649, 131,88149

10
우아하고 세련된 여성을 위한 곳
리틀 블랙드레스 Little Black Dress

신상 의류를 입은 마네킹이 서 있는 핑크빛 쇼룸이 손님들의 눈길을 끈다. 내부가 알록달록한 꽃 소품과 화려한 샹들리에로 장식되어 옷이 더욱 빛나 보인다. 가게 이름처럼 시크하고 세련된 스타일은 물론 여성스러운 의류, 구두, 가방 등을 보유하고 있다. 안쪽의 미러룸에서 직접 착용도 가능하니 부담 없이 방문해보자.

아르바트 거리에서 도보 1분　Ул. Адмирала Фокина, 3
11:00~20:00　43.11813, 131.88047

11
애연가의 로망이 실현되는 곳
처칠타바코 Churchill Tobacco

아르바트 거리 중간에 위치한 타바코 전문숍으로, 블라디보스톡 내 세 곳의 지점이 있다. 서부영화에서 볼 법한 빈티지 인테리어가 멋스럽다. 러시아 및 수입 담배, 시가, IQOS 등 다양한 타바코와 라이터, 케이스를 보유하고 있다. 독특한 디자인의 담배가 많아 선물용으로 구매하는 관광객이 많은데, 국내로 반입 가능한 담배는 1보루(10갑, 200개비)라는 점을 꼭 기억하자.

아르바트 거리에서 도보 1분　Ул. Адмирала Фокина, 6
10:00~20:00　43.11764, 131.88155

12
귀엽고 깜찍한 상품이 다 모인
순둑 쇼룸
Sunduk Showroom
Сундук Шоу-рум

아르바트 거리의 우측 첫 번째 골목 안에 있는 기념품숍이다. 러시아어로 순둑(Сундук)은 나무상자라는 뜻으로, 귀여운 캐릭터 인형을 비롯해 러시아 느낌이 나는 디자인 엽서, 액세서리와 휴대폰 케이스 등 유니크한 상품이 많다. 이곳에서 판매하는 아메리카 원주민의 전통 소품인 드림캐처는 잠자리에 걸어놓으면 좋은 꿈을 꾸게 해준다고 한다.

🚶 아르바트 거리에서 도보 2분
📍 Ул. Адмирала Фокина, 10/1
🕐 11:00~19:00 🌐 instagram.com/bysunduk 📍 43,1173, 131,88241

13
화장품 쇼핑은 이곳에서
추다데이 알레우스키점
Chudodey in Aleutski
Чудодей, Алеутский

미용·건강 종합스토어 추다데이는 러시아어로 마법사라는 뜻으로, 마법을 부린 것처럼 아름답게 가꿔준다는 의미를 담고 있다. 당근크림, 할머니 레시피 크림 등 러시아 화장품과 미국의 메이블린(Maybelline), 프랑스의 부르주아(Bourjois)를 비롯해 유럽 화장품을 한국에서보다 저렴하게 구매할 수 있다. 알레우스키점은 아르바트 거리 초입 회색 건물 2층에 있다. 블라디보스톡 굼 지점보다 규모가 크고 화장품뿐 아니라 샴푸, 컨디셔너, 면도기, 세제 등 여행 시 필요한 물품을 구매할 수 있다. 전체적으로 저렴한 가격에 추가 할인 행사도 많이 진행하니, 여행 마무리 전에 한번 방문해보자. 신용카드 결제 가능.

🚶 아르바트 거리에서 도보 1분
📍 Ул. Алеутская, 25/27
🕐 10:00~21:00 🌐 chudodey.com
📍 43,11742, 131,8827

혁명광장 & 아르바트 거리 **SHOP**

14
천연원료로 제작한 프랑스 화장품
이브로쉐 Yves Rocher
Ив Роше

이브로쉐는 약 60년 된 프랑스의 세계적인 화장품 브랜드다. 자연 친화적 농장을 직접 운영하고, 이곳에서 재배한 천연원료로 화장품을 만든다. 블라디보스톡의 이브로쉐 매장에서는 바디 및 헤어 제품을 국내보다 훨씬 저렴한 가격에 살 수 있다. 지인이나 가족 선물로 부담이 없어 한국 관광객의 발길이 끊이지 않는다. 신용카드 결제 가능.

🚶 아르바트 거리에서 도보 1분 📍 Ул. Адмирала Фокина, 16
🕐 09:00~20:00 일 10:00~19:00 🏠 yves-rocher.ru
📍 43,11705, 131,88461

15
러시아 전통공예품 전문점
루스까야 고르니짜
Russkaya Gornitsa
Русская Горница

러시아의 마스코트인 마뜨료쉬까와 홍차 주전자 사모바르를 전문적으로 판매하는 매장이다. 러시아식 통나무집 이즈바(Изба)가 연상되는 원목 인테리어가 눈에 띈다. 마뜨료쉬까 모양의 열쇠고리와 볼펜 등 자그마한 소품부터 장인이 만든 마뜨료쉬까까지 없는 것이 없으며, 나무로 만든 갖가지 러시아 전통공예품도 있다.

🚶 혁명광장 앞 정류장 도보 4분
📍 Океанский проспект, 11
🕐 여름 시즌 10:00~20:00, 겨울 시즌 10:00~19:00 📍 43,11754, 131,88603

16
건강 보조 제품은 이곳에서
시계탑 약국
Pharmacy OVITA
Аптека OVITA

시계탑 건물에 위치한 연해주 지역의 약국 연합 아비타(OVITA)의 파트너십 지점이다. 차가버섯 액기스 베푼긴, 차가버섯가루, 프로폴리스 스프레이, 해삼 엑기스 등 시베리아산 건강 보조 제품을 판매한다. 온라인 주문 후 오프라인 지점에서 수령할 수도 있다.

🚶 혁명광장 앞 정류장 도보 5분
📍 Океанский проспект, 13
🕐 08:00~20:00, 토·일 09:00~19:00
🏠 ovita.ru 📍 43.11816, 131.8863

17
연해주에서 가장 오래된 귀금속 전문상가
이줌루드 플라자
Izumrud Plaza
Изумруд Плаза

1969년 귀금속 전문점으로 영업을 시작한 후 현재 귀금속 전문 쇼핑센터로 자리 잡았다. 블라디보스토크의 주요 명소로 가는 버스가 많이 정차하는 곳이라 언제나 사람이 많다. 중앙 입구로 들어가면 1층에는 시계, 보석 등의 장신구를 판매하는 상점이 즐비하며 2층부터는 옷가게가 있다. 러시아 황실 자기로 유명한 임페리얼 포슬린(Императорский Фарфор, 임뻬라따르스키 파르포르)의 고급스러운 자기는 소중한 지인에게 선물하기에 손색이 없다.

🚶 혁명광장 앞 정류장 도보 5분
📍 Океанский проспект, 16
🕐 10:00~19:00 🏠 izumrudplaza.ru
📍 43.11818, 131.88678

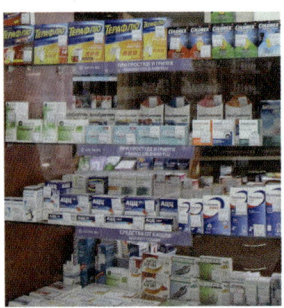

18
현지인의 만남의 광장
클로버하우스
Clover House
Клевер Хаус

클로버하우스는 도심에 있는 쇼핑센터로, 블라디보스토크 현지인의 만남의 광장이다. 독수리전망대, 샤마라 등 주요 관광지까지 가는 버스 노선의 출발점이자 종착점이기도 하다. 1층에는 잉글롯, 레뚜알, 록시땅 등 화장품 전문매장이, 지하에는 24시간 운영하는 슈퍼마켓 프레쉬 25가 입점해 있다. 6층 푸드코트의 한식 전문점 쿡앤 바(맛있는 세상)는 저렴하고 맛도 좋아 현지인도 많이 이용한다.

🚶 클로버하우스 앞 정류장
📍 Ул. Семёновская, 15
🕐 10:00~24:00(지하 마트는 24시간 운영)
📍 43.11888, 131.8839

19
화려한 색상의 폴란드 화장품
잉글롯
INGLOT

전 세계 760개 매장을 둔 폴란드 대표 화장품 브랜드. 1,500가지 이상의 다채로운 색조 화장품이 눈을 즐겁게 한다. 아이섀도나 블러셔 구매 시 고급스러운 전용 케이스를 선택할 수 있는데, 브러쉬와 거울이 내장되어 있어 편리하다. 색조 화장품 외에 파우치, 거울, 브러쉬 등 메이크업 소품도 판매하며, 국내 백화점에 입점된 매장보다 상품이 더 저렴하다.

🚶 클로버하우스 앞 정류장 도보 1분
📍 Ул. Семёновская, 15, 1층   🕙 10:00~21:00
🏠 shop.inglot.com.ru   📍 43.11866, 131.88402

20
도심 속 유일한 24시간 마트
프레쉬 25 Fresh 25
Фреш 25

블라디보스톡에 20개의 지점이 있는 슈퍼마켓(Супермаркет)으로, 클로버하우스 지하 1층에 위치한 지점은 24시간 운영된다. 입구에 영어가 지원되는 ATM이 있어 출금하기도 편리하다. 러시아 가정식 반찬 코너에서는 원하는 메뉴를 원하는 양만큼 구매할 수 있다. 적당히 간이 된 볶음밥은 한 팩에 60루블 정도로 다른 반찬과 가볍게 곁들여 먹기 좋다.

🚶 클로버하우스 앞 정류장 도보 1분   📍 Ул. Семёновская, 15, 지하 1층   🕙 24시간   🏠 fresh25.ru   📍 43.11887, 131.88414

21
보드카 선물은 여기서
빈랍 Winelab
Винлаб

러시아 보드카, 위스키, 와인 등 고급주류를 전문적으로 판매하는 알코올마켓이다. 부드러운 목넘김이 매력적인 벨루가 보드카를 저렴하게 구매할 수 있다. 저녁 10시 이후부터 마켓에서 주류 판매가 엄격히 금지되므로, 10시가 거의 다 된 시간에 방문할 경우 길게 선 줄 때문에 구매가 어려울 수 있다.

🚶 알레우스까야점 클로버하우스 앞 정류장 도보 2분, 아께안스키점 클로버하우스 앞 정류장 도보 4분
📍 Ул. Алеутская, 43, Океанский проспект, 15/3
🕐 09:00~22:00 🌐 winelab.ru
📞 43,12017, 131,88367, 43,119284, 131,886629

22
차 용품 전문점
아로마
Aroma

스카이시티(Sky City) 빌딩 1층에 위치한 차 용품 전문점. 러시아의 홍차 주전자 사모바르, 머그컵 등의 홍차 용품은 물론 커피원두와 그라인더, 에스프레소 잔, 다양한 핸드드립 커피 용품까지 구비했다. 80여 가지의 허브티를 50g 단위로 원하는 만큼 포장해서 구입할 수 있다.

주요상품 허브티(Травяной чай) 50g 130~200루블, 커피원두(Кофе в зёрнах) 1kg 500루블 내외
🚶 클로버하우스 앞 정류장 도보 3분
📍 Ул. Алеутская, 45, 지하1층 🕐 10:00~20:00
📞 43,12139, 131,88358

> **REAL TIP** 술은 알코올마켓에서만 살 수 있을까?
> 대형마트의 주류 코너에서도 다양한 주류를 구매할 수 있다. 고급주류 외에 생맥주를 직접 병에 담아 구매할 수도 있다.

SECTION B

금각만 주변 & 독수리전망대

Golden Horn Bay & Viewpoint Eagle's Nest
бухта Золотой Рог & Видовая Площадка Орлиное Гнездо

대중교통을 이용해 독수리전망대로 가는 방법은 혁명광장 앞 쩬뜨르(Центр) 정류장이나 클로버하우스 정류장에서 버스를 타고 이동하는 방법, 그리고 데베게떼우(ДВГТУ) 정류장에서 푸니쿨료르를 타고 이동하는 방법이 있다. 마린스키 극장 앞은 공연이 끝나는 시간이면 교통량이 급증하므로 버스를 타고 돌아오자.

ACCESS 독수리전망대 가는 법

| 혁명광장 앞 정류장 | 버스 16ㄴ번 정거장 2개 · 4분(도보 8분) · 23루블 | 푸니쿨료르(케이블카 입구) |

| 클로버하우스 정류장 | 버스 68번 정거장 2개 · 4분(도보 8분) · 23루블
택시 · 6분 · 180루블(Maxim 기준) | 푸니쿨료르(케이블카 입구) |

ACCESS 마린스키 극장 가는 법

| 이줌루드 플라자 | 버스 15번, 29Д번 정거장 11개 · 15분 택시 · 10분 · 180루블(Maxim 기준) | 오페라 발레 극장 |

 REAL MAP : 금각만 주변 & 독수리전망대

- 08 브이싸타
- 15 부리또스
- 13 해금강
- 12 퍼시픽 스카이 바
- 14 비알쥐알 프로젝트
- 11 세인츠 펍
- 16 수하노바 공원
- 09 팔라우피쉬
- 10 말라꼬 이 묘드
- 15 수하노바의 집
- 14 독수리전망대
- 01 고리키 극장
- 04 파조커피랩
- 01 일데보떼
- 01 브뤼헤 펍
- 02 코브라로브라
- 02 말리굼
- 03 아르미야 라씨
- 03 니콜라이 개선문 & 정교회 성당
- 02 블라디보스톡 도시 박물관
- 🚌 울리짜 라조 버스정류장
- 05 잠수함박물관
- 04 영원의 불꽃
- 03 올드패션드 가스트로바
- 06 붉은 펜던트 호
- 08 금각만대교

0 100m

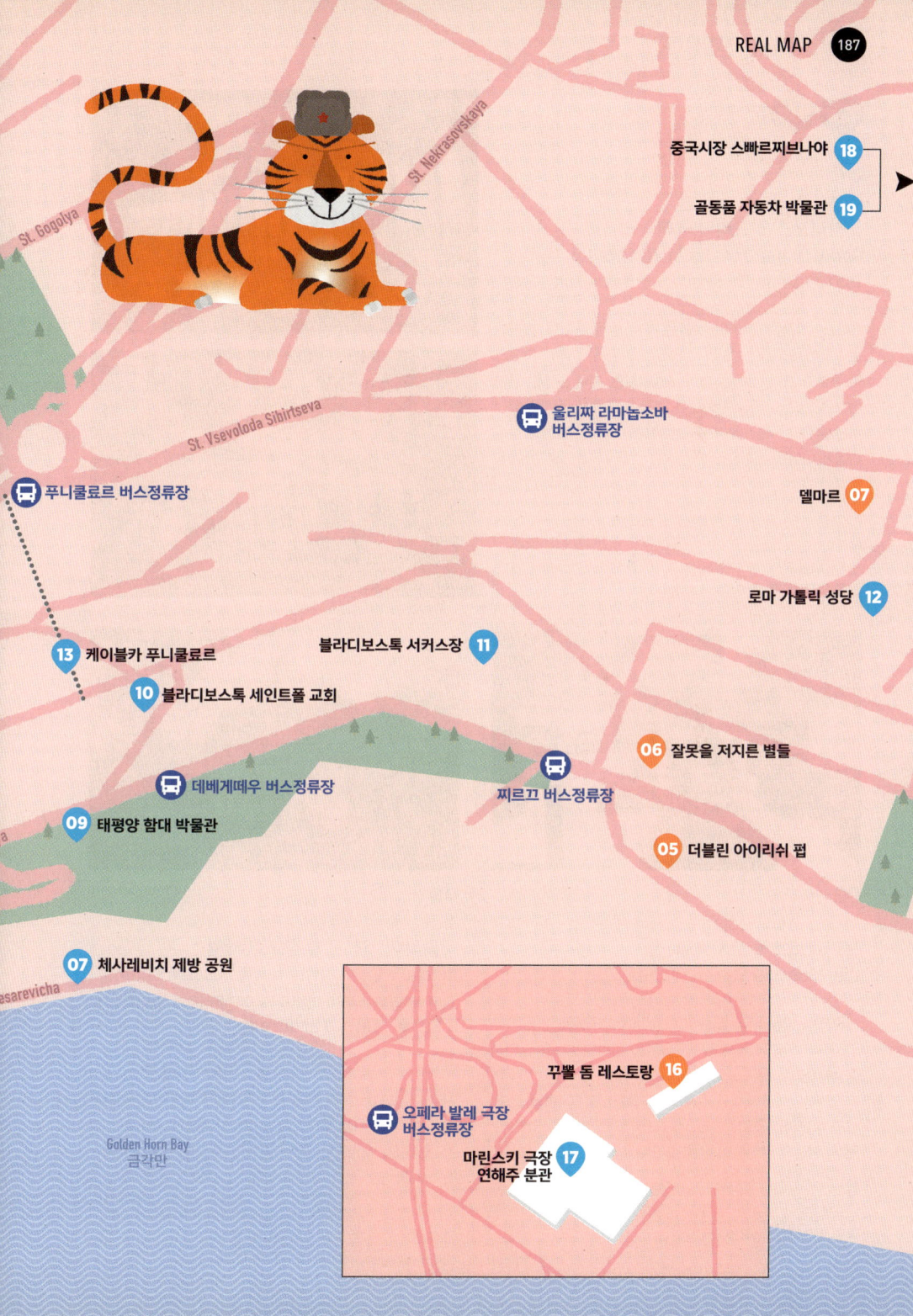

01
아름다운 러시아 고전 연극
블라디보스톡 고리키 극장
Gorky Drama Theater in Vladivostok
Театр имени Горького Владивосток

1932년, 막심 고리키의 이름을 따서 만든 곳이다. 블라디보스톡에서 가장 오래된 극장으로, 마린스키 극장 다음으로 규모가 크다. 낮에는 다소 조용하지만, 저녁 6시 반 공연이 시작되고 어둠이 찾아오면 황금빛 조명이 주변을 화려하게 밝힌다. 극장 내부에 밝은 색상의 화려한 벽화와 샹들리에가 이목을 집중시킨다. 극장은 연극 시작 15분 전 개장한다.

300~2,000루블   혁명광장 앞 정류장 도보 7분
Ул. Светланская, 49   공연시간 18:30, 매표소 10:00~19:00(점심 휴식 시간 15:00~16:00)   gorkytheater.ru(실시간 일정 참고)   43.11597, 131.8935

02
아르세니예프 박물관의 소규모 분관
블라디보스톡 도시박물관
City Museum Музей города

해군제독 광장 내에 있는 아르세니예프 박물관 분관이다. 러시아의 대표적 군사도시로 활약한 블라디보스톡의 역사를 살펴볼 수 있다. 소규모 홀 2개와 대형 홀 1개로 이루어져 있으며, 매번 새로운 주제로 전시회가 열린다. 박물관 본관과 비교하면 규모가 다소 작고 러시아어 설명만 있어, 관람 시 약간의 아쉬움이 남을 수 있다.

Ул. Петра Великого, 6   성인 200루블, 청소년 100루블
혁명광장 앞 정류장 도보 7분   10:00~19:00
43.11379, 131.89264

03
유럽 건축 양식이 돋보이는
니콜라이 개선문 & 정교회 사원
Nikolai's Triumphal Arch & Russian Church
Триумфальная арка цесаревича Николая и Храм святого апостола

1891년 니콜라이 2세의 방문을 기념해 건립되었다가 소련 시절 해체되고, 2003년에 재건축되었다. 비잔틴 양식으로 지은 아치 위 지붕 꼭대기에는 러시아 문장인 쌍두독수리가 용맹하게 서 있다. 대각선 방향에는 비슷한 시기에 지어진 러시아 군인 추모 사원이 있다.

혁명광장 앞 정류장 도보 7분   Ул. Петра Великого, 4Г
개선문 24시간, 사원 09:00~18:00   vladivostok-city.com/places/all/all/893   43.11387, 131.89244

금각만 주변 & 독수리전망대 SEE

04
세계대전의 아픔이 고스란히 느껴지는
영원의 불꽃
The Eternal Flame
Вечный огонь

2차 대전 중 희생된 용사들을 기리기 위해 러시아 전역에서는 영원의 불꽃이 피어오른다. 블라디보스톡의 첫 번째 불꽃은 해군제독 광장의 기억의 벽 한 부분을, 두 번째 불꽃은 금각만대교 아래의 상선선원 동상을 지키고 있다. 지하의 파이프관을 통해 끊임없이 연료가 공급되어 연중 내내 꺼지지 않는다.

🚶 혁명광장 앞 정류장 도보 7분 📍 Ул. Петра Великого, 4Г
🕐 24시간 43.11347, 131.8921

05
최초로 세계를 일주한 태평양 함대 잠수함
잠수함박물관
Submarine Museum
Мемориальная гвардейская подводная лодка С-56

1941년 태평양 함대로 활약한 잠수함 С-56이 박물관으로 개조되어, 1982년 해군의 날부터 일반인에게 공개되었다. 영원의 불꽃과 개선문 주변에 위치해 찾기 수월하다. С-56은 길이 78m, 무게 1,100톤에 이르는 잠수함으로, 2차 대전 중 발발한 독소전쟁에서 활약했으며 소련의 잠수함 최초로 세계를 일주한 것으로 알려져 있다.

🚶 혁명광장 앞 정류장 도보 7분
📍 Корабельная Набережная
💰 성인 100루블, 청소년 50루블, 사진촬영 50루블
🕐 10:00~17:30 🌐 museumtof.ru/index.php/filials/s-56
43.11332, 131.89159

06
바다 위의 기념관
붉은 펜던트 호
The Memorial Ship 'Red Pendant'
Красный Вымпел

캄차카 지역에서 여객선으로 사용되다 2차 대전 중 태평양 함대의 전투 작전에 참가해 극동의 영해를 보호하는 임무를 수행했다. 현재 내부에 전시된 작품은 없지만, 배 위에서 기념사진을 찍기 위해 많은 관광객이 이곳에 오른다. 날씨가 점차 따뜻해지는 5월부터 10월 말~11월 초까지만 운영되며 한겨울에는 오를 수 없다.

- 🅿 50루블 🚶 해군제독 광장에서 도보 3분
- 📍 잠수함 박물관 건너편 해변에 위치
- 🕙 10:00~17:00, 월·화 휴관
- 🏠 museumtof.ru/index.php/filials/vimpel
- 📌 43.11263, 131.89057

07
블라디보스톡 현지인의 대표 레저공간
체사레비치 제방 공원
Tsesarevich Embankment
Набережная Цесаревича

1891년 이곳을 방문한 러시아제국 황제 니콜라이 2세를 기리기 위해 2012년 조성되었다. 널찍한 주차시설을 갖춰 가족단위의 현지인이 많이 찾는다. 롤러스케이트 및 전동 휠 등을 대여해 탁 트인 장소에서 즐길 수 있어 현지 젊은 층에게도 인기가 많다. 수동 가상현실 체험과 말타기 체험도 가능하며, 시즌별로 시민을 위한 다양한 공연과 이벤트가 진행된다. 대형 체스판(Большая шахматная доска), 사랑의 다리(Мост любви), 화해의 침대(Кровать примирения) 등의 조형물은 기념사진 촬영 배경으로 제격이다. 제방의 끝에는 붉은 벽돌의 고풍스러운 공장 건물이 있는데, 엔터테인먼트 단지로 탈바꿈하기 위해 리모델링 중이다. 이외에도 카페와 레스토랑이 입점해 있어 사람들의 발길이 끊이지 않는다.

- 🚶 해군제독 광장에서 도보 8분
- 📍 Набережная Цесаревича, 21
- 🕙 24시간 📌 43.11307, 131.90112

08
명실상부한 블라디보스톡의 랜드마크
금각만대교 Golden Bridge
Золотой мост

블라디보스톡의 금각만을 가로지르는 사장교. 2012년 아시아태평양경제협력체(APEC) 정상회의를 준비하며 건설된 이후 블라디보스톡을 대표하는 랜드마크로 자리 잡았다. 사람들은 밤이 되면 더 화려하게 빛나는 금각만대교 사진을 찍기 위해 독수리전망대와 체사레비치 공원을 찾는다. 블라디보스톡의 금각만대교가 새겨진 마그네틱이나 엽서는 필수 기념품이다.

Золотой мост 43.10895, 131.89658

09
러시아 태평양 함대의 역사적 산물
태평양 함대 박물관
The Museum of Pacific Fleet
Музей Тихоокеанского флота

1950년 개관한 박물관 건물은 약 116년 전 시베리아 함대 대원들의 거주를 위해 지어졌다. 야외에 전시된 무기는 러일전쟁에 사용된 태평양 함대의 군사 장비들을 재현한 모형이며, 실내에는 1904년 러일전쟁 당시 해군이 입었던 옷과 무기부터 2000년대 세계 각국과 교류하며 수집한 전시품들이 있다. 실내 박물관은 10개의 홀로 이뤄져 뒤로 갈수록 현재와 가까운 역사로 이어진다.

성인 100루블, 청소년 및 어린이 50루블
해군제독 광장에서 도보 12분 Ул. Светланская, 66
10:00~17:30(월·화 휴관) museumtof.ru
43.11442, 131.90098

10
기구한 역사를 지닌 아담한 교회
블라디보스톡 세인트폴 교회
St. Paul's Church in Vladivostok
Церковь Святого Павла во Владивостоке

1909년 독일 건축가가 지은 루터교회로, 독일의 해외 문화 유산으로도 등록되어 있다. 건물을 구성하는 붉은 벽돌은 모두 독일제라고 한다. 약 25년간 운영되다가 교회 폐쇄 이후 러시아 붉은 군대의 해군에 넘겨져 1950~1997년 러시아 태평양 함대의 군사역사박물관으로 사용되기도 했다. 1월 7일 러시아 크리스마스나 4월 부활절 전후 다양한 콘서트가 열리기도 한다.

🚶 데베게떼우(ДВГТУ) 정류장에서 도보 3분
📍 Ул. Пушкинская, 14 🕐 14:00~22:00, 일 15:00~22:00
🏠 luthvostok.com 📞 43.115612, 131.901934

11
도심에서 즐기는 러시아 전통 서커스
블라디보스톡 서커스장 Vladivostok Circus
Владивостокский Цирк

2017년 12월 23일 새롭게 개장한 서커스장이다. 현장 매표소(Kacca, 까싸)에서 티켓을 구매할 수 있지만, 공연 시간이 가까워질수록 입구의 매표소 줄이 길어 매우 복잡하다. 매표소 직원과는 러시아어로만 소통이 가능해 홈페이지에서 미리 티켓을 예매하고 방문하는 것이 편하다. 온라인 예매 시 본인 휴대전화번호 칸은 러시아 번호(+7)로만 입력되므로, 러시아 유심 발급 시 받은 번호만 사용할 수 있다.

🅿 좌석 등급에 따라 600~2,000루블(연말, 연초 등 국가기념일에는 가격 변동 가능) 🚶 서커스(Цирк, 찌르끄) 정류장 도보 2분
📍 Ул. Светланская, 103 🕐 12:00, 16:00, 19:00(시즌에 따라 변동)
🏠 circus-vladivostok.ru 📞 43.11608, 131.90634

> **REAL TIP** 왜 공연장 입구가 아닌 다른 곳에 줄을 설까?
>
> 러시아의 실내 공연 관람 시, 여름을 제외한 계절에는 미리 외투를 맡긴 후에야 입장이 가능하다. 수백 명의 사람이 한꺼번에 옷을 맡기기 때문에 최소 공연시작 30~40분 전에는 도착해야 정시에 공연을 관람할 수 있다. 외투 보관 증표를 잃어버리지 않게 주의하자.

12
과거 폴란드인 종교활동의 거점
로마 가톨릭 성당
Catholic Church of the Blessed Virgin Mary
Католический Приход Пресвятой Богородицы

블라디보스토크에서 유일한 가톨릭 성당으로, 레스토랑 델마르 근처에 있다. 19세기 후반~20세기 초반 블라디보스토크에 모여 살았던 폴란드인의 종교활동을 지원하기 위해 1900년 초 건립되었고, 2010년까지 성전 복원 및 재건 작업이 계속되었다. 가톨릭 성당의 건축 및 미술 양식을 두루 살필 수 있다. 작은 매점도 있어 길을 걷다 잠시 휴식을 취하기에 좋다.

🚶 라마높소바 정류장 도보 7분 📍 Ул. Володарского, 22
🕐 07:30~08:00, 토 08:30~09:00, 일 12:00~13:15
📞 43.11655, 131.91136

13
빨강파랑 앙증맞은 케이블카
푸니쿨료르 케이블카
Funicular
Фуникулёр

약 52년간 블라디보스토크 시민의 일상과 함께한 케이블카다. 빨간색 열차와 파란색 열차 한 대씩 교차로 오르내리는 모습이 앙증맞다. 편도 14루블을 내면 약 2분 내외에 독수리전망대 아래까지 도달할 수 있어, 한 번쯤 경험해볼 만하다. 케이블카 입구 왼쪽에는 꼭대기까지 오를 수 있는 368개의 계단이 있어 운동 삼아 걸어 오르는 사람도 있다.

🅿 14루블 🚶 데베게떼우(ДВГТУ) 정류장 도보 4분
📍 Ул. Пушкинская, 29 🕐 07:00~20:00
📞 43.11597, 131.90092

14
블라디보스톡 전경을 한눈에 담다
독수리전망대
Viewpoint Eagle's Nest
Орлиное Гнездо

블라디보스톡에서 가장 높은 언덕으로, 독수리 둥지라는 의미의 오를리노예 그네즈도(Орлиное Гнездо) 산이라고 불린다. 블라디보스톡 시내의 전경과 아름다운 야경을 감상하기 좋은 곳이다. 특히 블라디보스톡의 랜드마크 금각만대교가 잘 보여 현지 커플의 웨딩촬영 단골 장소다. 전승기념일, 도시탄생기념일, 새해기념일 등 규모가 큰 축제기간에는 화려한 불꽃이 밤하늘과 바다를 수놓고, 이를 구경하러 모인 인파로 장관을 이룬다.

🚶 푸니쿨로르 역 도보 10분 📍 Видовая Площадка
🕐 24시간   43.11746, 131.89848

REAL TIP 독수리전망대 기념비

전망대의 가장 높은 곳에는 키릴과 메소디우스 기념비(Памятник Кириллу и Мефодию, 빠미닉 끼릴루 이 미포지유)가 있다. 현재 러시아어의 기원인 슬라브 알파벳 창시자 키릴과 성직자 메소디우스 형제를 기리기 위해 세운 기념비다. 기념비 뒤에는 금색 십자가가 달린 종탑이 있다.

15
100년 전 러시아제국 시대의 가정집
수하노바의 집
The Sukhanova's House Museum
Дом-музей чиновника Суханова

20세기 초 러시아제국 시대 가정집을 살펴볼 수 있는 공간이다. 거실, 식당, 사무실, 방 등 당시 러시아 관료 가족의 집을 그대로 재현했다. 박물관 입구에 놓인 풍금과 축음기는 약 100년이 지났지만 여전히 잘 작동된다. 박물관으로 개조한 옛집을 보존하기 위해 관람객은 입구에 비치된 신발 싸개를 신어야 입장할 수 있다.

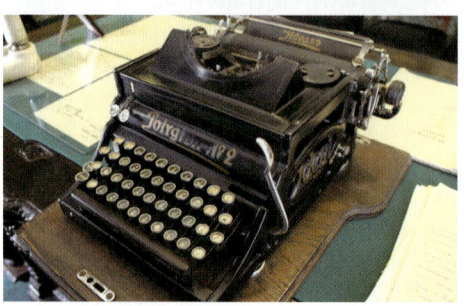

💰 성인 150루블, 어린이 100루블
🚶 클로버하우스 앞 정류장 도보 15분
📍 Ул. Суханова, 9 🕐 10:00~19:00
🌐 arseniev.org/locations/vladivostok/officials-house
   43.11725, 131.89506

금각만 주변 & 독수리전망대 **SEE**

16
도심 속 작은 공유 경제
수하노바 공원
The Sukhanova Square
Сквер им. Суханова

시민들을 위한 작은 근린공원이다. 블라디보스톡 출신 러시아 혁명가 콘스탄틴 수하노브의 이름을 따서 만들어진 공원으로, 한가운데에는 그를 기리는 동상이 있다. 고즈넉한 공원 한 구석에는 오래된 대형 책장이 있어 시민들은 필요한 책을 무료로 가져가고, 다 읽은 책은 기부해 다시 책장을 채운다. 수하노바의 집 박물관 근처에 있어 지나가다 가볍게 산책하기 좋다.

🚶 클로버하우스 앞 정류장 도보 12분
📍 Ул. Суханова, 6А 🕐 24시간
📞 43.11799, 131.89179

17
고품격 발레와 오페라를 만나다
마린스키 극장 연해주 분관
Primorsky Stage of the Mariinsky Theatre
Мариинский театр Приморская сцена

2012 APEC 정상회의를 준비하며 2010년부터 지어지기 시작해 2013년 10월에 개장한 연해주 최대 규모 예술극장이다. 2016년까지 국립 해안 오페라 발레 극장이었다가, 상트빼쩨르부르크 마린스키 극장의 연해주(프리모르스키) 분관으로 변경되었다. 세 개의 홀 중 그레이트 홀은 총 4층의 발코니로 구성되어 1,356명의 관객을 수용할 수 있으며, 오페라, 발레, 대규모 교향곡 연주회가 열린다. Master, VISA 신용카드 결제 가능.

💰 300~3,000루블까지 다양
🚶 오페라 발레 극장 정류장 도보 5분 📍 Ул. Фастовская, 20
🕐 10:00~21:00(공연 스케줄 홈페이지 참고)
🏠 prim.mariinsky.ru 📞 43.10072, 131.8985

REAL GUIDE

마린스키 극장 제대로 즐기기

유리벽 뒤로 푸른 바다가 펼쳐진 극장에서 세계적 공연을 관람할 수 있는 기회는 흔치 않다. 공연 전 러시아 현지 극장 문화를 미리 숙지해 소중한 추억을 오랫동안 간직하자.

공연 티켓 예매 방법

공연 당일 매표소에서 티켓을 예매할 수 있지만, 직원 대부분이 러시아어만 가능해 영어로 의사소통이 어렵다. 마린스키 극장 홈페이지(prim.mariinsky.ru 하단에서 Владивосток-Приморская сцена 분관 선택)는 영어 예매시스템이 제공되기 때문에, 온라인 예약 후 현장에서 실물 티켓으로 교환하는 방법이 더 편리하고 시간도 단축된다. 원하는 공연과 자리 선택 후 신용카드로 결제하면 이메일로 전자티켓이 발송되는데, 공연 당일 출력본을 매표소에 제출하면 된다. 티켓에서 야루스(Ярус)는 층, 섹따르(Сектор)는 구역, 라드(Рад)는 줄, 메스따(Место)는 좌석을 뜻한다.

좌석은 하나인데 가격을 선택할 수 있다?

홈페이지 예매 시 좌석마다 조금 더 저렴하게 표시된 가격은 내국인 및 블라디보스톡 유학생 해당 가격이다. 현장에서 실물 티켓 발급 시 추가요금을 재결제하지 않으려면 예약할 때 반드시 '외국인 가격'을 선택하자.

공연장 방문 시 복장

러시아에서 발레나 오페라 공연을 보러 극장에 가는 경우 격식 있는 차림은 필수다. 등산복, 반바지, 슬리퍼 등은 엄격하게 금지되며, 운동화를 제외한 깔끔한 단화나 구두를 신고 복장을 갖춰야 한다. 이는 예술의 가치를 높게 평가하고 옷차림을 매우 중요시하는 러시아에서 지켜야 할 필수 에티켓이다. 연극, 콘서트, 서커스 공연 관람은 물론 레스토랑이나 클럽에 방문할 때도 지나치게 편한 차림은 입장을 거부당할 수 있으니 참고하자. 또한 외투를 맡기지 않으면 극장 안으로 입장이 불가능하다. 여름을 제외한 계절에는 공연 전 외투를 맡기기 위해 옷 보관소 앞에 긴 줄을 서야 하므로, 공연 시작 최소 30~40분 전에는 도착해야 한다.

공연 관람 중 주의할 점

공연 중에 셔터를 누르는 행위는 주위 관객과 배우들의 집중력을 흐트릴 수 있다. 사진은 공연 시작 전이나 공연이 끝난 후 커튼콜 시간에 찍는 것이 바람직하다. 1막이 끝나면 짧게는 5분에서 길게는 25분까지 중간 휴식시간이 주어지니, 관객이 우르르 나가도 공연이 끝났다고 생각하지 말 것.

18
각종 시베리아 식재료가 한곳에
중국시장 스빠르찌브나야
Sportivnaya Market
Рынок на Спортивная

시베리아의 진기한 식재료와 현지시장의 풍경을 찬찬히 구경하고 싶다면 용기를 내 금각만의 동쪽으로 떠나보자. 스빠르찌브나야는 다양한 노선의 버스와 레일 위로 운행하는 뜨람바이(трамвай)가 지나가는 큰 규모의 전통 재래시장으로, 중국 제품이 많아 현지인에게 중국시장이라고도 불린다. 특히 관광객이 많이 찾는 킹크랩과 곰새우 등을 해양공원 해산물마켓보다 몇 배나 저렴한 가격에 살 수 있고, 해산물 외에도 다양한 러시아 길거리 음식이 있다.

- 스빠르찌브나야 정류장 도보 1분 Ул. Фадеева, 1А
- 10:00~18:00 43.105706, 131.940206

19
100년 전 러시아 도로가 궁금하다면
골동품 자동차 박물관
The Automotive Antiques Museum
Музей Автомотостарины

2002년 러시아연방 박물관 목록에 등록되었다. 면적은 약 100㎡가 넘고 총 6개의 홀로 구성되었으며, 1920~1990년대 소련에서 대량 생산된 자동차, 군용차, 오토바이 등이 전시되어 있다. 러시아 자동차 외에 1900년대 초반에 탄생한 포드 모델, 주변국에서 그 시기 생산한 자동차와 오토바이 등도 있다. 2차 대전 중 소련에서 붙잡힌 독일과 일본 군대의 군용 자동차는 흥미로운 전시품이다. 앞마당에는 2차 대전 시기 군인들이 타고 다니던 군용 자동차가 전시되어 있다.

- 성인 200루블, 청소년 100루블
- 사할린스까야 정류장에서 도보 2분
- Ул. Сахалинская, 2А
- 10:00~18:00
- 43.09699, 131.96604

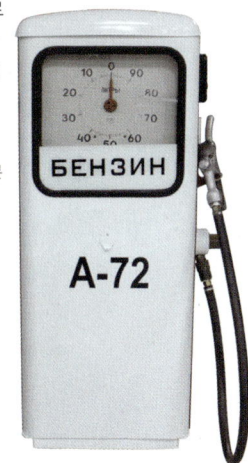

REAL TIP 골동품 자동차 박물관 가는 방법

버스를 이용해 방문하려면 혁명광장에서 31번 버스를 타야 한다. 중국시장을 지나 울리짜 사할린스까야(Ул. Сахалинская) 정류장에서 내린다. 혁명광장에서 13개의 정류장을 가며, 약 25분 정도 소요된다(중국시장 정류장 기준으로는 5개의 정류장, 약 10분 내외 소요). 택시로는 약 15분 소요되며, 요금은 막심 기준 약 200루블이다.

01
수십 가지 맥주를 고르는 재미가 있는 집
브뤼헤 펍 Brugge Pub

벨기에의 아름다운 도시 브뤼헤에서 영감을 얻어 탄생했다. 편안한 분위기의 원목 바닥과 푸른색 계열의 가구로 포인트를 준 인테리어가 인상적이다. 매주 금, 토요일은 다양한 아티스트가 해외 히트곡을 커버해 라이브 공연을 한다. 34종의 맥주와 100개 이상의 안주를 선택할 수 있다. 맥주를 와인 잔에 따라주므로 맥주를 주문했는데 와인 잔을 준다고 당황하지 말자.

✕ 블랑쉬 드 브뤼셀(Blanche de Bruxelles) 500ml 370루블, 인디안 페일에일(Indian pale ale) 400ml 270루블
🚶 혁명광장 앞 정류장 도보 5분 📍 Ул. Светланская, 44А
🕐 11:00〜02:00, 금·토 11:00〜04:00
🏠 brugge-pub.ru 📌 43.11485, 131.88961

02
출출할 때 즐기는 디저트
코브라로브라
Kobra Robra

말릭굼 5층 푸드코트에 위치한 와플 및 크레페 전문점이다. 양도 푸짐해 말릭굼을 둘러보다가 출출할 때 기분전환용으로 간식을 먹기에 적합하다. 겉은 바삭하고 속은 부드러운 원뿔 모양의 와플과 과일 크레페가 이 집의 인기 메뉴다. 간식 외에도 코브라로브라의 컨셉 컬러인 보라색을 띠는 상큼한 레모네이드는 피로를 풀어준다.

✕ 시저샐러드 크레페(Цезарь креп) 250루블, 초코 팬케이크(Шоколадный Панкейк) 250루블
🚶 혁명광장 앞 정류장 도보 7분 📍 Ул. Светланская, 45, 6층
🕐 10:00〜20:00 📌 43.115, 131.89144

금각만 주변 & 독수리전망대 EAT

03
자연친화적인 식물 인테리어
올드패션드 가스트로바
Old fashioned Gastrobar

영원의 불꽃 옆 숨겨진 레스토랑이다. 따뜻한 시즌에만 개방되는 통유리 테라스에서 주변풍경과 하늘을 감상할 수 있다. 여름에는 주위의 푸른 나무와 식물이 자연친화적인 분위기를 조성한다. 음식의 재료가 신선하고 대체적으로 맛있지만, 양이 다소 적으니 간단한 식사가 필요할 때 추천한다.

✗ 채끝살 스테이크(Скёрт стейк с луковым демиглясом) 750루블, 킹크랩 파스타(Паста орзо с крабом) 590루블 🚶 혁명광장 앞 정류장 도보 12분
📍 Ул. Петра Великого, 4
🕐 12:00〜24:00, 금·토 12:00〜02:00
🏠 oldfashionedbar.ru
📞 43.11332, 131.89264

04
이탈리아 요리와
진한 원두커피까지
파조커피랩
Pazzo Coffee Lab

평범한 외관을 보고 들어갔다가 내부의 화려한 샹들리에를 보고 당황할지도 모른다. 고급스러운 분위기지만 가격대는 합리적이다. 커피 외에도 이탈리아식 파스타, 리조또 등을 즐길 수 있다. 친절하고 영어 의사소통이 잘되는 직원들 덕분에 마음이 편안해진다. 주말 저녁이면 커플이나 가족단위의 현지 손님에게 인기가 많다.

✗ 해산물 파스타(Лингвини Том Ям) 550루블, 라프커피(Раф кофе) 240루블, 아메리카노(Американо) 160루블
🚶 혁명광장 앞 정류장 도보 12분
📍 Ул. Лазо, 8 3층 🕐 09:00〜24:00
🏠 pazzocoffeelab.ru
📞 43.11559, 131.89522

05
음식, 맥주, 공연이
완벽하게 어우러진
더블린 아이리쉬 펍
Dublin Irish Pub

현지인에게 맥주가 맛있는 곳으로 유명하지만, 부드러운 식감의 수제버거를 포함해 스테이크, 그릴 메뉴, 생선요리 등 식사 메뉴도 만족스럽다. 매주 목, 금, 토요일에는 라이브 공연을 볼 수 있고, 10월 마지막 주말에는 핼러윈 파티가 열리는 등 다채로운 이벤트가 진행된다. 중요한 스포츠 경기가 있을 때면 10대 이상의 모니터와 대형 스크린으로 중계방송을 틀어준다.

✗ 수제치킨버거(Чикенбургер) 380루블, 아시아스타일 가자미요리(Камбала жареная в азиатском стиле) 360루블, 6가지 맥주 세트(Дегустационный сет) 400루블 🚶 서커스(Цирк, 찌르끄) 정류장 도보 3분
🕐 12:00〜01:00, 금·토 12:00〜03:00
📍 Ул. Дальзаводская, 5
🏠 dublin-vl.ru
📞 43.114280, 131.908562

06
서커스장 근처의
근사한 와인 바
잘못을 저지른 별들
Vinovaty Zvozdy
Виноваты Звёзды

서커스장 우측에 자리한 해산물 전문 와인 바. 180종 이상의 와인을 보유해, 요청 시 전문 소믈리에가 와인을 추천해준다. 대형 수족관이 있어 킹크랩, 굴, 가리비 등 다양한 종류의 신선한 해산물을 저렴한 가격에 먹을 수 있다. 해산물은 담백하고 산뜻한 화이트 와인과 잘 어울린다.

🍴 킹크랩(Краб) 1kg 1,990루블, 가리비 중간크기(Гребешок, Средний) 149루블, 화이트 와인(Белое вино) 125ml 120~270루블 🚶 서커스(찌르끄) 정류장 도보 3분 📍 Ул. Светланская, 109
🕐 12:00~24:00, 금·토 12:00~02:00
🏠 zvezdybar.ru
📍 43,11512, 131,90847

07
탁 트인 경치에
마음이 뻥 뚫리는 명소
델마르
Del Mar

높은 언덕에 위치한 레스토랑이다. 러시아의 정치인과 연예인들이 방문하면서 유명세를 탔고, 관광객에게도 멋진 뷰로 입소문 난 곳이다. 유리창 너머 보이는 가톨릭 성당 뒤로 탁 트인 바다 경치가 예술이다. 광어스테이크, 연어스테이크 등 해산물요리가 유명하다. 화이트 와인과 곁들이면 그야말로 환상적이다.

🍴 구운광어요리(Палтус запеченный со свежим базиликом) 830루블, 해산물볶음(Морепродукты в пряных травах) 810루블
🚶 라마놉소바 정류장 도보 5분
📍 Ул. Всеволода Сибирцева, 42
🕐 11:00~24:00 🏠 delmar-vl.ru
📍 43,11754, 131,91117

08
도시에서 가장 높은
파노라마 레스토랑
브이싸타
Panoramic restaurant 'Height'
Высота

파노라마 레스토랑이라고도 불리는 브이싸타는 블라디보스톡 내 제일 높은 곳에 자리하고 있다. 건물의 19층에 있어, 블라디보스톡의 야경을 감상하기 위해 많은 사람이 찾는다. 매주 목요일 8시부터 바이올린 콘서트가 있으며, 주말이면 파노라마 룸의 좋은 자리는 예약을 하지 않으면 잡기 힘들다. 해산물요리와 스테이크요리가 이 집의 대표 메뉴다.

🍴 꿀생강소스 광어필레(Филе палтуса в медово-имбирном соусе) 1,179루블, 크림소스 가리비구이(Запеченные гребешки в беконе) 890루블
🚶 푸니쿨료르 역 도보 15분
📍 Ул. Аксаковская, 1, 19층
🕐 13:00~24:00 🏠 vysota207.ru
📍 43,11932, 131,89555

금각만 주변 & 독수리전망대 **EAT**

09
해산물 철판구이 전문점
팔라우피쉬
Palau Fish

수하노바 공원 옆에 자리한 해산물 전문 레스토랑으로, 푸른 바다가 연상되는 파란색 간판이 눈에 띈다. 해산물이 들어간 볶음밥과 해산물 버터구이, 튀김 등이 인기 메뉴다. 한국 TV 프로그램에 소개된 이후 메뉴 가격이 올라 양에 비해 가격이 비싼데, 특히 킹크랩은 블라디보스톡 내 다른 레스토랑에 비해 가격이 많이 높은 편.

✗ 해산물 볶음밥(Рис с морепродуктами) 475루블, 관자 버터구이(Гребешок) 505루블, 캄차카 킹크랩(Камчатский краб) 1kg 2,700루블 ✦ 수하노바 공원 도보 1분 ♀ Ул. Суханова, 1
⏰ 11:00~24:00 palaufish.com
☎ 43.11781, 131.89249

10
우유처럼 부드러운 식감의 향연
말라꼬 이 묘드
Moloko & Med
Молоко и Мёд

수하노브의 공원 건너편에 위치한 곳으로, 친절하고 분위기도 아늑해 현지인과 관광객 모두에게 오랫동안 사랑받는 레스토랑이다. 러시아어로 말라꼬(Молоко)는 우유, 묘드(Мёд)는 꿀을 뜻한다. 베이커리로 착각할 수 있지만 스테이크가 대표 메뉴다. 양고기, 닭고기 스테이크가 유명하며 파스타류는 대부분 간이 센 편이다. 여름철에는 야외테라스에서 식사를 즐기자.

✗ 양갈비요리(Каре ягненка в глинтвейне) 1,410루블, 하와이안피자(Габайская Пицца) 460루블
✦ 수하노브의 공원 도보 1분
⏰ 10:00~24:00, 토 10:00~01:00
♀ Ул. Суханова, 6А
🏠 milknhoney.ru
☎ 43.11748, 131.89163

11
사람 냄새나는 로컬 바
세인츠 펍
Saints Pub

롯데호텔에서 도보 1분 거리의 고즈넉한 생맥주 전문 펍이다. 늦은 시간, 호텔 내 레스토랑이나 바가 아닌 시끌벅적한 로컬 바에서 한잔하고 싶은 숙박객에게 추천한다. 매주 목요일 밤 9시에는 다트게임 대결이 있으며, 매일 6시부터 8시까지 20% 할인 행사가 있다.

✗ 맥주(Пиво) 300루블 내외, 감자튀김(Картофель фри) 150루블
✦ 클로버하우스 앞 정류장 도보 10분
♀ Ул. Уборевича, 15
⏰ 12:00~24:00, 금 12:00~04:00
🏠 saintspub.ru
☎ 43.11796, 131.89021

12
도심에서 가장 높은 곳
퍼시픽 스카이 바
Pacific
Пасифик

롯데호텔 12층에 위치한 스카이 바 퍼시픽에서는 블라디보스톡의 야경을 한눈에 내려다보며 라이브 음악과 와인, 칵테일은 물론 고품격 요리까지 즐길 수 있다. 총 80석 규모의 넓은 공간으로, 10명까지 수용 가능한 VIP 룸도 따로 있어 파티나 비즈니스 만찬 등 다양하게 이용할 수 있다. 한국어 메뉴판 제공.

✕ 레드/화이트 와인류(Красное/Белое Вино) 150ml 600루블, 연어 카파치오 (Карпаччо из семги с зелеными оливками) 550루블 🚶 클로버하우스 앞 정류장 도보 7분 📍 Ул. Семёновская, 29 🕐 06:00~01:00
🏠 http://www.lottehotelvladivostok.com/restaurants/sky-bar-restaurant-pacific/ ☏ 43,11837, 131,88897

13
호텔 내 고급 한식 전문점
해금강
Haekeumkang
Хэкымган

5성급 호텔인 롯데호텔 내부에 있는 깔끔한 한식당이다. 여덟 가지의 기본 반찬과 제대로 만든 한식 요리를 먹으면 속이 든든하며, 된장찌개, 김치찌개, 갈비탕 등의 국물요리가 특히 맛있다. 주류의 가격대는 소주, 매화수 900루블, 복분자 1,200루블로 다소 비싸다. 한국어 메뉴판 제공.

✕ 광어매운탕(Суп острый с палтусом) 1,150루블, 해물전골 (Специальное блюдо из морепродуктов) 2,500루블 🚶 클로버하우스 앞 정류장 도보 7분 📍 Ул. Семёновская, 29 🕐 12:00~22:00
🏠 http://www.lottehotelvladivostok.com/restaurants/restoran-koreyskoy-kukhni-hekymgang/ ☏ 43,11834, 131,88858

14
직화로 구운 독보적 흑빵 버거
비알쥐알 프로젝트
BRGR PROjECT

롯데호텔 근처에 위치한 수제버거 펍이다. 평일 오후 5시까지는 테이크아웃 시 20% 할인 이벤트도 진행한다. 단품으로도 구매할 수 있지만 수제버거에 감자튀김과 음료수까지 포함된 세트가 더 합리적이다. 깨가 솔솔 뿌려진 흑빵에 신선한 채소와 푸짐한 패티가 어우러져 씹을수록 풍미를 더한다.

✕ 비프파인애플버거 세트(Говядина +ананас) 300루블, 맥주(Пиво) 200ml 70~150루블, 500ml 150~300루블 🚶 이줌루드 정류장 도보 2분 📍 Ул. Семёновская, 25А 🕐 12:00~24:00, 금·토 12:00~02:00 ☏ 43,11789, 131,88785

15
러시아에서 멕시코 음식을!
부리또스 Burritos

멕시코의 대표 음식인 부리또와 케사디야를 러시아에서도 맛볼 수 있다. 대부분의 메뉴가 200루블 대의 저렴한 가격으로 부담 없고, 요리도 빠르게 나와 현지 젊은이들에게 인기가 많다. 숯불로 익혀 육즙이 두 배로 맛있는 돼지고기와 적당히 익은 쌀, 약간은 매콤하면서 부드러운 소스의 궁합이 좋다. 모든 메뉴는 현금으로만 결제가 가능하다.

× 소고기부리또(Буррито с говядиной и овощами) 250루블, 치킨케사디아(Кесадилья с курицей гриль) 180루블
🚶 수하노바 공원 도보 2분 📍 Ул. Фонтанная, 44
🕙 10:00~22:00 🏠 cafeburritos.ru 📍 43,11882, 131,89078

16
하늘 위에서 즐기는 근사한 식사
꾸뽈 돔 레스토랑 Kupol
Купол

메르디앙호텔 8층에 위치한 돔형 레스토랑. 마린스키 극장 바로 옆에 있어 공연 관람 후 방문하기 좋다. 모든 벽면이 유리로 되어 있어 화려한 금각만대교의 야경을 360도로 감상할 수 있다. 블라디보스톡 전경을 바라보며 맛보는 근사한 저녁식사와 와인 한잔이 밤을 더욱 로맨틱하게 만든다. 가격대는 대체로 높은 편이다.

× 해물파스타(Феттуччини с море продуктами) 650루블, 티본스테이크(T-Bone стейк) 1,700루블
🚶 오페라 발레 극장 정류장 도보 7분
📍 Ул. Очаковская, 5(메르디앙 호텔 8층) 🕙 12:00~24:00
🏠 meridian-vl.ru/service/restaurant
📍 43,10154, 131,89944

01
여성들이 좋아하는 화장품이 한자리에
일데보떼 Ile De Beaute
Иль Де Ботэ

러시아 전역에 100개 이상의 지점이 있는 화장품 및 향수 전문매장이다. 고급스럽고 깔끔한 인테리어에 매장도 넓어 언제나 현지 젊은이로 가득하다. 시즌마다 특별 세일 행사를 진행해 잘 맞춰 방문하면 명품 화장품을 매우 저렴하게 구매할 수 있다. 세계적으로 유명한 프랑스 브랜드 세포라(SEPHORA) 매장을 단독으로 보유하고 있다.

🚶 혁명광장 앞 정류장 도보 5분
📍 스베뜰란스까야 대표점 Ул. Светланская, 37А, 뻰뜨랄늬 쇼핑몰점 Ул. Светланская, 29
🕐 10:00~21:00 iledebeaute.ru
📞 43,11521, 131,88958, 43,115946, 131,886119

02
블라디보스톡의 올인원 쇼핑몰
말릐굼 Malyy GUM
Малый ГУМ

블라디보스톡의 굼은 '큰' 굼(Большой ГУМ, 발쇼이 굼)과 '작은' 굼(Малый, 말릐굼)으로 나뉜다. 스베뜰란스까야 35번지에 있는 블라디보스톡 굼이 큰 굼이고 45번지에 있는 게 작은 굼인데, 작은 굼이 더 다양한 상점과 신식 시설을 자랑한다. 총 6층인 말릐굼 꼭대기 층에는 미리내, 꼬꼬치킨 등 한식 음식점이 있는 푸드코트가 있으며 여름철에는 야외테라스에서 식사를 즐길 수 있다.

🚶 혁명광장 앞 정류장 도보 7분 📍 Ул. Светланская, 45
🕐 10:00~20:00 vladgum.ru 📞 43,11481, 131,89161

금각만 주변 & 독수리전망대 SHOP

03
독특한 기념 티셔츠가 가득한
아르미야 라씨
Army of Russia
Армия России

해군 백화점 다음으로 규모가 큰 해군용품 상점으로, 말릭굼 쇼핑센터 건너편에 위치한다. 특히 의류에 특화되어 반팔 티셔츠, 후드 티셔츠부터 유아용 의류까지 종류가 다양하다. 만약 해군 백화점(스베뜰란스까야 거리)에서 마음에 드는 티셔츠가 맞는 사이즈가 없었다면 이곳을 방문해 보자.

🚶 혁명광장 앞 정류장 도보 6분　📍 Ул. Светланская, 48
🕘 09:00~18:00　🏠 armiyarossii.ru　📍 43.11452, 131.89092

REAL TIP 블라디보스톡 주요 인포메이션 센터

관광객을 위해 공항을 비롯한 시내 곳곳에 인포메이션 센터가 운영되고 있다. 이 중 시내 중심에 위치한 대표적인 센터 두 곳을 소개한다. 명소까지 운행하는 교통편, 현지 투어 프로그램 등에 대한 정보를 얻을 수 있다.

블라디보스톡 투어리스트 인포메이션 센터
Tourist information center of Vladivostok
Информационно-туристский центр

📍 Корабельная Набережная, 30 стр. 2
🕘 10:00~18:00, 토 10:00~14:00, 일 휴무
📞 +7 (423) 249-61-34　📍 43.113346, 131.885031

연해주 투어리스트 인포메이션 센터
Tourist information center of Primorsky Krai
Туристско-информационный центр Приморского края

📍 Ул. Семеновская, 29(블라디보스톡 롯데호텔) 1층
🕘 10:00~18:00, 토·일 휴무
📞 +7 (423) 240-71-21　📍 43.11119, 131.88161

#러시아정교회사원 #과학박물관 #뻬르바야레치카실내시장 #신한촌

블라디보스톡에서 가장 권위 있는 빠끄롭스키 러시아정교회 사원과 뒤편의 고즈넉한 공원은 시민들의 소소한 휴식처다. 사원 주변으로 극동연방대학교 과학박물관과 70년 전통의 뻬르바야 레치카 실내시장, 과거 해외 독립운동 중심지역에 위치한 신한촌 기념비까지, 숨겨진 스폿들이 있다. 러시아인의 종교, 과학, 문화를 살펴봄과 동시에 과거 한인들의 역사적 자취도 찾아보자.

CHAPTER 03

현지의 역사와 문화를 엿보다
빠끄롭스키 정교회 사원
POKROVSKY CATHEDRAL

빠끄롭스키 정교회 사원
Pokrovsky Cathedral
Покровский кафедральный собор

도시 중심부에서 빠끄롭스키 정교회 사원까지 도보로 약 15~20분 거리이기는 하나, 경사가 가파른 편이므로 버스를 타고 이동하는 게 수월하다. 특히 신한촌 기념비는 뻬르바야 레치카 정류장에서 골목 굽이굽이 걸어 들어가야 하므로 시간을 넉넉히 잡고 방문하는 것이 좋다.

ACCESS 빠끄롭스키 정교회 사원 가는 법

버스 7T번, 51번 23루블

| 이줌루드 정류장 | 정거장 2개 · 3분 | 빠끄롭스키 정교회 사원 | 정거장 2개 · 3분 | 뻬르바야 레치카 |

버스 54Д번 23루블

| 혁명광장 건너편 | 정거장 2개 · 3분 | 빠끄롭스키 정교회 사원 | 정거장 2개 · 3분 | 뻬르바야 레치카 |

버스 23번, 28번 23루블

| 클로버하우스 정류장 | 정거장 2개 · 3분 | 빠끄롭스키 정교회 사원 | 정거장 2개 · 3분 | 뻬르바야 레치카 |

REAL COURSE
빠끄롭스키 정교회 사원

SEE EAT SHOP

01 핵심 반나절 코스

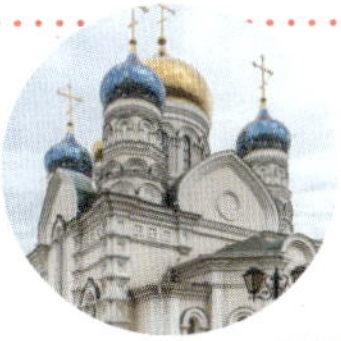

이줌루드 버스정류장

시작

도보 11분

빠끄롭스키 정교회 사원

09:30

도보 2분

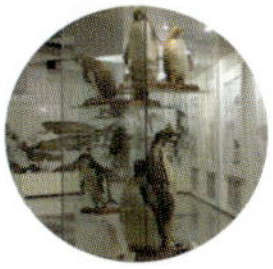

10:00 극동연방대학교 과학박물관

도보 10분

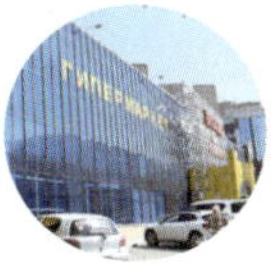

대형 슈퍼마켓 블라제르 구경 11:00

도보 3분

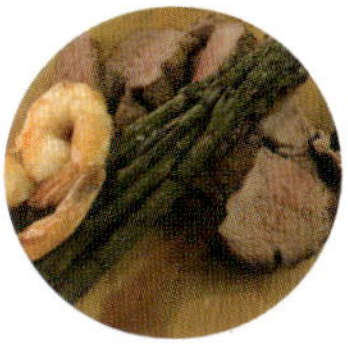

12:00 신디케이트에서 스테이크 맛보기

도보 4분

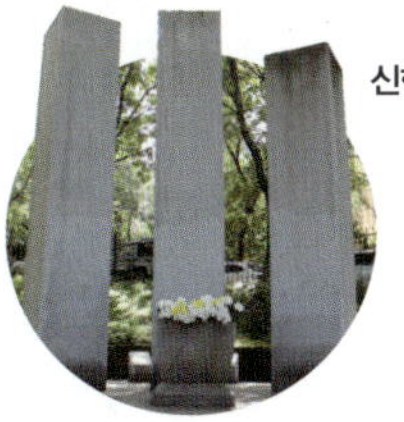

신한촌 기념비 14:00

도보 7분

14:30 빼르바야 레치카 실내시장

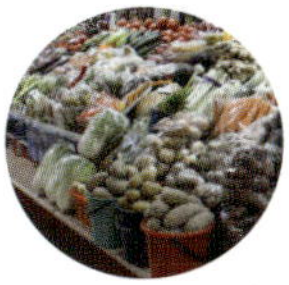

도보 1분

달프레스 정류장(블라제르 건너편) 도착

REAL MAP

빠끄롭스키 정교회 사원

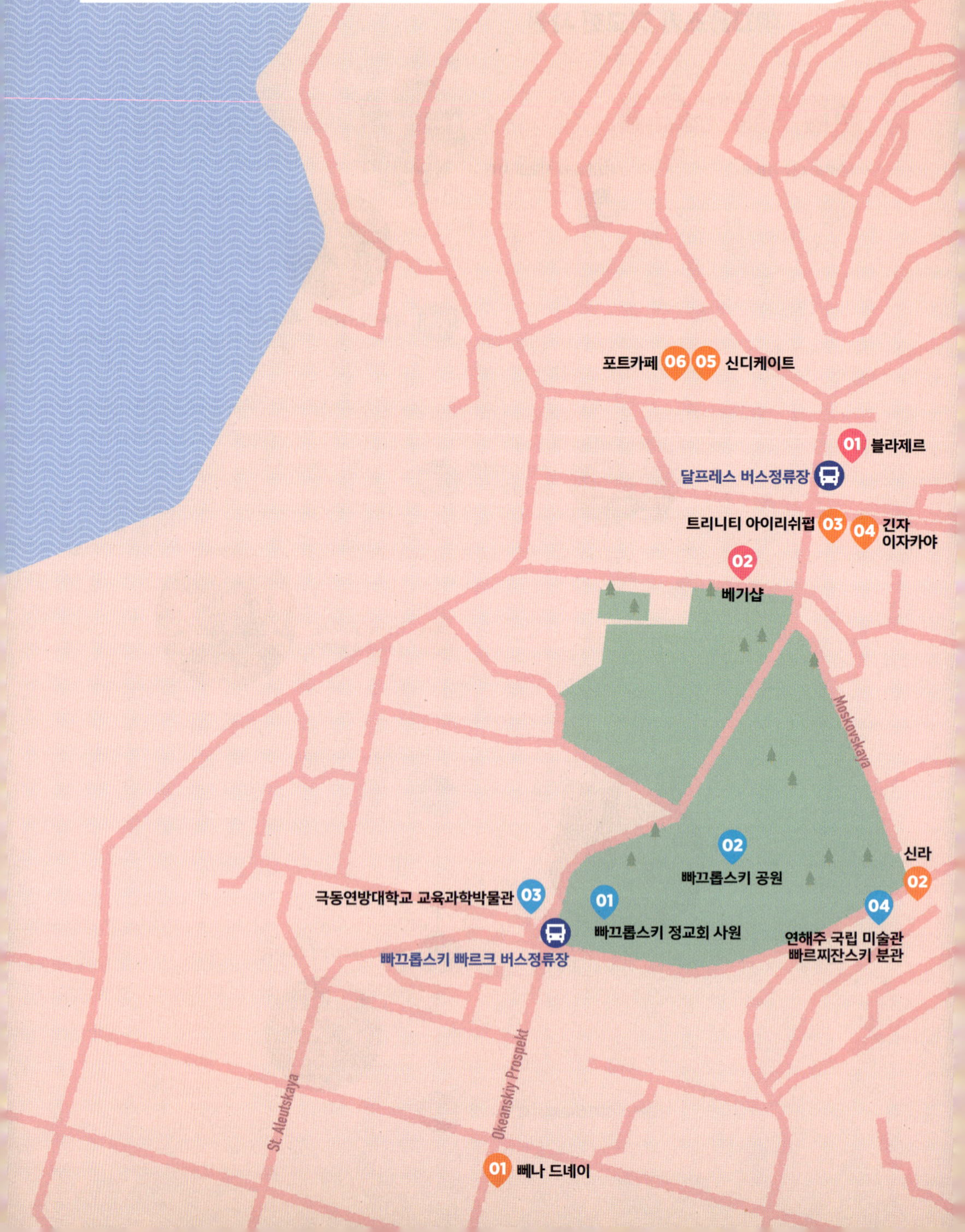

포트카페 06
05 신디케이트
01 블라제르
달프레스 버스정류장
트리니티 아이리쉬펍 03
04 긴자 이자카야
02 베기샵
Moskovskaya
02 빠끄롭스키 공원
신라 02
극동연방대학교 교육과학박물관 03
01 빠끄롭스키 정교회 사원
04 연해주 국립 미술관 빠르찌잔스키 분관
빠끄롭스키 빠르크 버스정류장
St. Aleutskaya
Okeanskiy Prospekt
01 뻬나 드녜이

REAL MAP 211

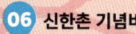 06 신한촌 기념비

베르바야 레치카 실내시장 05 04 마나스뜨릅

Okeanskiy Prospekt

베르바야레치카 버스정류장

Okeanskiy Prospekt

Ostryakova Prospekt

Karasnogo Znameni Prospekt

인스뜨루멘딸느이 자봇 버스정류장 07 아가녹 레미 03

Kransnogo Znameni Prospekt

울리짜 고골랴 버스정류장

Patizanskiy Prospekt

0 100m

01
소박하지만 위엄 있는 건축물
빠끄롭스키 정교회 사원
Pokrovsky Cathedral
Покровский кафедральный собор

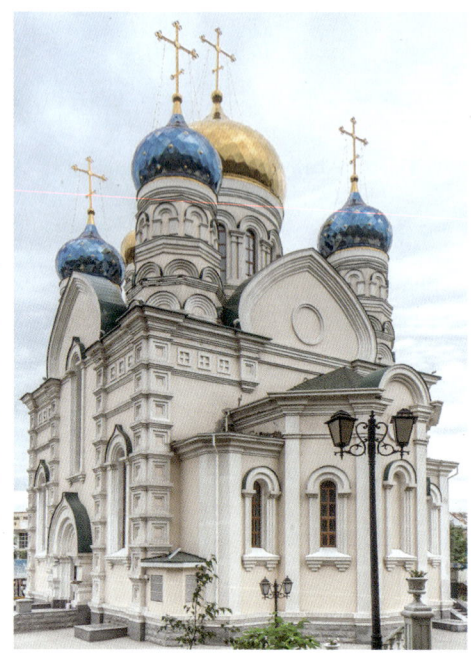

금색, 에메랄드색으로 뒤덮인 종 모양의 지붕이 인상적인 빠끄롭스키 정교회 사원은 블라디보스톡에서 규모가 가장 큰 러시아정교회 사원이다. 1902년에 지은 후 1935년 철거되었다가 2007년 재탄생했다. 사원 내부는 러시아 정교의 성화 이콘(Икона)과 황금빛의 향연이다. 여성은 사원 입구에 비치된 스카프로 머리 전체를 둘러야 입장이 가능하다. 길이가 짧은 하의 착용 시 출입이 제한될 수 있으며 모자 착용도 불가하다. 러시아인에게 신성한 공간으로, 실내에서는 사진 촬영이 제재된다.

🚶 빠끄롭스키 빠르크 정류장 도보 1분
📍 Океанский проспект, 44 🕘 09:00~19:00
🌐 pokrovadv.ru   43.12497, 131.88949

02
시민들의 소소한 일상을 엿보다
빠끄롭스키 공원
Pokrovskiy Park
Покровский парк

빠끄롭스키 정교회 사원 바로 뒤의 한적한 공원으로 시민의 휴게실 역할을 한다. 특히 한여름에는 둘러앉아 체스 내기에 열중한 사람들을 볼 수 있다. 길을 가던 시민들이 멈춰 뒷짐을 진 채 흥미롭게 게임을 관전하기도 한다. 특별한 볼거리는 없지만 블라디보스톡 현지인의 소소한 일상을 잠시나마 함께할 수 있는 곳이다.

🚶 빠끄롭스키 빠르크 정류장 도보 2분
📍 Океанский проспект, 44
🕘 24시간   43.12497, 131.89128

03
신기한 볼거리가 가득한 곳
극동연방대학교 교육과학박물관
Scientific Museum of FEFU
Учебно-научный музей ДВФУ

극동연방대학교에서 관리하는 유서 깊은 과학박물관. 과학자들이 오랜 기간 수집한 다채로운 자료가 전시되어 있다. 고고학, 민족학, 지질학, 희귀도서, 공예품 등 역사와 자연과학 관련 방대한 자료가 한 곳에 모였다. 멸종 동물의 화석과 당장이라도 살아 숨 쉴 듯한 다양한 박제동물은 관람 몰입도를 높여준다. 많은 홀로 구성되어 볼거리가 풍부하고 남녀노소 흥미롭게 둘러볼 수 있다. 한국어로 된 티켓과 책자도 제공된다.

외국인 160루블, 사진촬영 70루블 빠끄롭스키 빠르크 정류장 도보 1분 Океанский проспект, 37
10:00~18:00, 토 11:00~17:00(일·월 휴관)
dvfu.ru/museum 43.12455, 131.88833

REAL TIP 블라디보스톡에 거북선이?

대한민국 해군이 기증한 거북선 축소 모형 앞에는 한국어와 러시아어로 상세히 설명된 팻말이 있다. 그 외의 전시품의 설명은 모두 러시아어로 되어 있지만, 신기한 전시품들을 구경하는 것만으로도 자연스럽게 빠져든다.

04
극동러시아의 현대미술 작품이 한자리에
연해주 국립미술관 빠르찌잔스키 분관
Primorye State Art Gallery(Partisan)
Приморская государственная картинная Галерея(Партизанский)

연해주 국립미술관 분관은 빠끄롭스키 공원 근처(빠끄롭스키 정교회 사원 입구에서 약 450m 거리)에 있다. 러시아와 유럽의 미술작품을 주로 전시하는 본관에 비해서 상대적으로 규모가 작지만 나름의 색깔이 있다. 이곳에서는 현대미술 기획전이 주기적으로 열리며 러시아 작가의 작품뿐 아니라 한국을 비롯한 세계의 다양한 현대미술작품이 전시된다. 홀은 총 두 개로 구성되어 있는데, 중앙홀 관람을 모두 마치고 안쪽의 홀로 이동해 관람을 이어가면 된다.

성인 200루블, 청소년 150루블, 어린이 50루블(기획전 성격에 따라 요금 변경 가능) 빠끄롭스키 빠르크 정류장 도보 5분
Партизанский проспект, 12 11:00~19:00(월 휴관)
primgallery.com 43.12446, 131.89348

05
시베리아의 혹독한 겨울에서 살아남는 법
뻬르바야 레치카 실내시장
Pervaya Rechka
Первая Речка

시베리아의 혹독한 바람이 불어닥치는 겨울이 되면, 중앙광장 주말시장 야르마르까(Ярмарка)는 휴식기에 접어드는 대신 실내시장은 더욱 활성화 된다. 뻬르바야 레치카는 70년 역사의 실내 시장으로, 고려인 상인들의 정성어린 한국식 반찬과 김밥을 만날 수 있다. 다양한 식재료는 물론 대형 약국 체인점 마나스뜨료(Монастырёв.рф)과 미용·건강 종합스토어 추다데이(Чудодей) 매장도 있다. 곰새우나 킹크랩은 해양공원의 해산물마켓과 시세가 비슷하며, 중국시장(스빠르찌브나야 시장)에서 구매하는 게 가장 저렴하다는 점을 참고하자.

뻬르바야 레치카 정류장 도보 2분 Проспект Острякова, 13 09:00~20:00, 일 09:00~18:00 tc1rechka.ru
43.13342, 131.89932

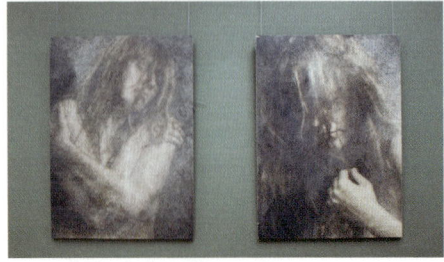

06
항일독립운동을 기리는 역사적 산물
신한촌 기념비
Sinhanchon Monument
Памятник Корейским Поселениям

1999년 8월 15일 한민족연구소가 국외 독립운동의 중심지였던 신한촌을 기리기 위해 건립한 기념비. 한국 학생들의 예쁜 글귀들 옆 철문으로 들어가면 블라디보스톡 한인회장 고려인 3세 리바체 슬라브 씨가 관광객을 반긴다. 기념비는 3개의 큰 기둥과 8개의 작은 돌로 이루어져 있는데, 가운데 제일 큰 기둥은 대한민국, 왼쪽 기둥은 북한, 오른쪽 기둥은 재러 동포를 상징한다. 기념비 옆 작은 공간에는 작은 사료 전시실이 있다. 건너편의 엘레나 상점은 과거 독립운동가 이동휘 선생의 집터였다고 한다.

🚶 뻬르바야 레치카 정류장 도보 7분　📍 Ул. Хабаровская, 19
🕐 10:00~16:00　📌 43.13503, 131.89552

 **신한촌의 역사**

19세기 말 연해주에 한인의 이주가 시작되면서 1911년 블라디보스톡에 신한촌이 형성되었다. 일제강점기 초 대표적 민족운동단체인 권업회 본부를 비롯해 한민학교, 권업신문사가 이곳에 있었으며, 해외 독립운동의 중추 역할을 했다. 1937년 한인 강제이주 후 완전히 폐허가 되었고, 현재는 아파트 단지로 변모해 원형을 확인하기 어렵다. 1920년 4월 신한촌 참변으로 수많은 애국지사들이 일본군에 희생되기도 했다.

01
소녀 감성을 자극하는 카페
뻬나 드녜이
Pena Dney
Пена дней

화려한 샹들리에와 조명, 푸른색 소파까지 여성 취향을 저격하는 카페. 현지 여학생들의 웃음꽃이 끊이지 않는다. 정성스럽게 내린 커피는 물론 달콤한 케이크와 직접 만든 샌드위치는 이 집의 자랑. 시내 중심에서 좀 떨어져 있으니 빠끄롭스키 정교회 사원 방문 시 근처에서 커피 한 잔을 즐기고 싶을 때 방문하면 좋다.

🍴 카푸치노(Капучино) 150루블, 라프 커피(Раф Кофе) 250루블 🚶 빠끄롭스키 빠르크 정류장 도보 5분 📍 Океанский проспект, 30 🕐 08:30~21:00
📞 43.121270, 131.887692

02
가장 한국적인 레스토랑
신라
Shilla Restaurant
Шилла

러시아 음식이 조금 부담스럽거나 한식이 그리우면 이곳을 찾자. 테이블마다 개인 벨은 물론, 고기불판과 연기를 배출하는 시설까지 완비한 고급 한식 레스토랑이다. 무료로 제공되는 다섯 가지 기본 반찬이 식사 전 입맛을 돋운다. 감자와 함께 매콤달콤한 양념에 조린 가자미조림, 그리고 햄과 라면을 넣어 더욱 푸짐한 김치찌개가 베스트 메뉴. 한국어 메뉴판 제공.

🍴 가자미조림(Качжами чжорим) 540루블, 김치찌개(Кимчи тиге) 630루블
🚶 빠끄롭스키 빠르크 정류장 도보 7분
📍 Партизанский проспект, 12А
🕐 12:00~23:00 🏠 shilla.su
📞 43.1247, 131.89406

03
스포츠팬의 워너비 스폿
트리니티 아이리쉬 펍
Trinity Irish Pub

20종 이상의 생맥주, 80종 이상의 위스키를 맛볼 수 있는 곳이다. 매주 금, 토요일에는 라이브 공연이 있고, 러시아 팀의 스포츠 경기를 대형 스크린으로 관람하며 맥주를 즐길 수 있다. 어떤 맥주를 주문할지 고민이 된다면 먼저 100ml씩 6잔을 고를 수 있는 맥주 세트로 시작하자. 공연이나 경기 방송 일정은 트리니티 아이리쉬 펍 웹사이트에서 확인할 수 있다.

🍴 맥주 6종 세트(Сет из разных сортов пива на ваш выбор) 400루블, 오징어튀김(Кольца кальмара) 350루블 🚶 달프레스 정류장 도보 2분
📍 Океанский проспект, 48А
🕐 12:00~01:00, 금·토 12:00~03:00
🏠 trinityvl.ru
📞 43.12863, 131.89286

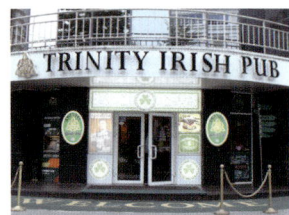

04
일본 라멘과 사케 한 잔의 행복
긴자 이자카야
Ginza Izakaya
Гинза Изакая

인테리어부터 음식까지 일본의 이자카야를 그대로 재현한 일식 레스토랑이다. 단체 모임에 적합한 좌식 단독룸이 있으며, 요리 과정을 볼 수 있는 오픈 키친 바에서 즐거운 혼자만의 식사도 가능하다. 신선한 스시와 사시미는 물론 규동, 돈카츠, 야끼소바 등 다양한 요리가 있다. 사시미 메뉴와 캘리포니아 롤은 시간이 오래 소요될 수 있으니 참고하자.

🍴 미소라멘(Лапша с пастой Мисо рамен) 600루블, 참치 사시미(Магуро Сашими) 650루블, 새우 캘리포니아롤(Калифорния с креветкой) 460루블
🚶 달프레스 정류장 도보 2분
📍 Океанский проспект, 50
🕐 12:00～24:00   🏠 ginza.one
📞 43,12862, 131,893

05
품격 있는 최고급 스테이크
신디케이트
Syndicate

1920년대 미국을 모티브로 한 스테이크 전문 레스토랑이다. 최상급의 소고기 스테이크는 입안에서 사르르 녹는 식감으로 감동을 선사한다. 모든 스테이크는 조리시간이 최소 30분 이상 소요되기 때문에 일정을 넉넉하게 잡는 것이 좋다. 오후 9시 이후에는 중앙 무대에서 근사한 재즈 공연도 진행되니 저녁에 방문하면 금상첨화다. 한국어 메뉴판 제공.

🍴 뉴욕 스테이크(Стейк НЬЮ-ЙОРК) 1,350루블, 양갈비요리(Каре ягнёнка) 1,250루블   🚶 달프레스 정류장 도보 3분
📍 Ул. Комсомольская, 11
🕐 12:00～24:00, 금·토 12:00～02:00
🏠 club-syndicate.ru
📞 43,13039, 131,89078

06
연해주 해산물, 이곳에 다 있다
포트카페
Port Cafe

이름은 카페지만 극동러시아 지역 해산물 전문 레스토랑이다. 여러 개의 대형 수족관이 관광객의 시선을 압도한다. 메뉴를 선택하면 수족관에서 건진 해산물을 바로 조리해 신선하다는 게 큰 장점이다. 연해주 도화새우, 곰새우, 캄차카 킹크랩 등 특별한 바다 만찬을 즐겨보자. 한국어 메뉴판 제공.

🍴 캄차카 킹크랩(Камчатский краб) 1kg 2,000루블, 곰새우(Шримс-медвежонок) 500g 1,700루블
🚶 달프레스 정류장 도보 3분
📍 Ул. Комсомольская, 11
🕐 12:00～24:00   🏠 port-cafe.ru
📞 43,1304, 131,89068

07
킹크랩과 그릴스테이크 맛집
아가뇩 Ogonek
Огонёк

러시아어로 불꽃을 뜻하는 아가뇩은 그릴 요리가 일품이다. 레스토랑 내 킹크랩 수족관이 있고, 주방도 개방되어 있어 신뢰감을 준다. 킹크랩, 가리비 등의 해산물요리는 물론, 현지인에게는 스테이크 맛집으로도 유명하다. 어린양갈비는 양고기 특유의 노린내가 없고 그릴에 적당히 익혀 식감이 쫄깃하다. 중앙 공간은 탁 트여 있고 가장자리가 복층으로 구성되어 있으며, 높은 천장을 화려하게 장식하는 실내조명은 고요한 불꽃축제 같은 분위기를 풍긴다. 한국어 메뉴판 제공.

🍴 대왕(토마호크) 스테이크(Томагавк) 3,000루블, 캄차카 킹크랩(Камчатский краб) 1kg 1,950루블
🚶 아스토리아 호텔 앞 정류장 도보 1분
📍 Партизанский проспект, 44 К6
🕐 12:00〜01:00 🏠 ogonekvl.ru
📞 43.12712, 131.90559

01
다양한 한국 제품이 있는
블라제르
V-Lazer
В-Лазер

빠끄롭스키 정교회 사원과 뻬르바야 레치카 실내시장 사이에 있는 기뻐르 마켓이다. 라면, 우동, 각종 양념까지 유독 한국 식품이 많다. 과거에는 일본 식품이 가장 많았지만, 현재는 한국 식품의 입지가 높아졌다고 한다. 1층은 식료품, 주류를 비롯해 꽃, 화장품 등이 있어 간단하게 쇼핑하기 좋고, 2층에는 가전제품 및 주방 잡화점이 입점해 있다.

🚶 달프레스 정류장 도보 1분
📍 Океанский проспект, 52А
🕐 24시간 🏠 shop.v-lazer.com
📞 43.12946, 131.89303

빠끄롭스키 정교회 사원 **EAT & SHOP**

02
유기농 꿀과 홍차를
만날 수 있는 곳
베기샵
Veggy shop

러시아 꿀, 홍차, 허브티, 과일청 등 유기농 제품으로 가득한 알짜배기 건강식품 전문숍이다. 러시아·꽃 꿀, 결정체가 살아 있는 보리수 꿀, 달달한 크림 꿀 등 다양한 종류의 꿀을 접할 수 있다. 이외에도 시베리아산 천연 화장품, 비타민, 영양 보충제와 환경친화적 생활용품을 살 수 있어 현지인에게 인기가 많다.

🚶 달프레스 정류장 도보 3분
📍 Океанский проспект, 69
🕐 10:00~20:00   🌐 veggyshop.ru
📞 43,12831, 131,89145

03
24시간 잠들지 않는 슈퍼마켓
레미 Remi
Реми

극동 시베리아 지역 주요 도시에서 운영되는 기뻬르마켓(Гипермаркет)과 대형 슈퍼마켓(Супермаркет) 체인점이다. 블라디보스톡에서만 14개 지점이 활발하게 운영되고 있다. 제품의 종류도 다양하고 블라디보스톡 중심부에 있는 마트보다 저렴하다. 아반타 호텔과 아스토리아 호텔 등에서 매우 가까운 24시간 운영 마트로 야식 쇼핑을 나서는 관광객이 많다.

🚶 고골랴 정류장 도보 5분
📍 Проспект Красного Знамени, 57
🕐 24시간   🌐 remi.ru
📞 43,1272, 131,90625

04
다양한 제품을
만날 수 있는 드럭스토어
마나스뜨롭
Monastyrev
Монастырёв.рф

마나스뜨롭은 블라디보스톡을 비롯해 하바롭스크, 노보시비르스크 등 러시아의 여러 도시에 지점이 있는 드럭스토어 체인점이다. 의약품, 의료기기, 미용제품, 건강 보조 제품 등을 취급한다. 작은 약국과 달리 홀 매니저의 도움을 받아 번호표를 뽑고 대기해야 한다. 자신의 번호가 오면 약사에게 필요한 약품을 요청하고 구매하면 된다. 카드결제도 가능하며, 인터넷에서 주문하고 가까운 마나스뜨롭 오프라인 지점에서 찾을 수 있는 서비스도 제공한다.

🚶 뻬르바야 레치카 정류장 도보 2분
📍 알레우스까야 지점 Ул. Алеутская, 13, 뻬르바야 레치카 지점 Проспект Острякова, 13 🕐 뻬르바야 레치카 지점 08:00~22:00, 알레우스까야 지점 07:00~23:00 📞 43,1334, 131,89967, 43,133422, 131,899675

PART 04
블라디보스톡 근교 여행
VLADIVOSTOK PLUS

RUSSIAN ISLAND
루스키 섬 P.224

ULITSA MAKOVSKOGO & SHAMORA
마콥스키 대로 & 샤마라 해변 P.234

USSURIYSK
우수리스크 P.248

극동연방대학교해수욕장 # 연해주아쿠아리움 # 트레킹코스 # 포대박물관

루스키 섬은 블라디보스톡의 최남단 표트르 대제 만(Залив Петра Великого)에 위치한 섬이다. 소련 시절 태평양 함대의 군사기지였기 때문에 일반인이 출입할 수 없는 신비의 섬이었으나, 2000년대 전후 외부에 개방되었다. 섬에는 높이가 다른 47개의 봉우리가 있다. 특히 북한의 지형과 비슷해 '북한 섬이라고 불리는 바뜰리나 곶과 자연이 깎아낸 절벽 토비지나 곶은 트레킹하기 좋은 코스다.

자연이 깎아낸 바람의 섬
루스키 섬
RUSSIAN ISLAND

CHAPTER 01

루스키 섬
Russian Island
Остров Русский

루스키 섬은 과거 배편을 통해서만 갈 수 있는 섬이었지만, 2012년 루스키대교가 개통되어 육로로도 이동할 수 있게 되었다. 택시로 이동 시 시내 중심지에서 30분 내외 소요되기 때문에, 3박 4일 이상의 일정이면 부담 없이 즐길 수 있다.

ACCESS 시내에서 아쿠아리움 가는 법

이줌루드 플라자 ————————————————————— 연해주 아쿠아리움
극동연방대학교 버스 15번 ⏱50분~1시간 ₽23루블 택시 ⏱25분 ₽400루블 내외(Maxim 기준)

ACCESS 극동연방대학교에서 포대박물관 가는 법

극동연방대학교 ————————————————————— 바라쉴롭스까야 포대박물관
토비지나, 뱌뜰리나 곶 입구 버스 29K번 29Д번 ⏱25분 ₽23루블 택시 ⏱20분 ₽250루블 내외(Maxim 기준)

REAL COURSE

REAL COURSE
루스키 섬

핵심 1일 코스

시작	이줌루드 플라자 정류장
버스 1시간	
09:30	극동연방대학교 구경
택시 10분	
11:00	노빅 컨트리 클럽에서 점심식사
택시 20분	
12:30	토비지나 곶 트레킹
도보 30분	
15:30	뱌뜰리나 곶 트레킹
택시 15분	
16:45	연해주 아쿠아리움
버스 1시간	
도착	이줌루드 플라자 정류장

01
바다 위로 펼쳐지는 러시아의 세 가지 색
루스키대교 Russky Bridge
Русский мост

블라디보스톡 시와 루스키 섬을 연결하는 대교로, 2012년 APEC 정상회담을 기념해 개통했다. 전체 길이가 약 3km에 달하며 루스키 섬까지 버스나 택시를 이용하면 반드시 이 다리를 건넌다. 독수리전망대에서 야경을 감상하면 금각만대교 뒤편으로 러시아 국기를 상징하는 하얀색, 파란색, 붉은색의 루스키대교를 볼 수 있다. '루스키(Русский)'는 러시아를 뜻한다.

📍 Русский мост 📷 43.06292, 131.90778

02
연해주 최대 규모 종합국립대학
극동연방대학교 루스키 캠퍼스
Far Eastern Federal University
Дальневосточный федеральный университет, ДВФУ

러시아제국의 마지막 황제 니콜라이 2세가 1899년에 설립한 극동러시아 최대 규모의 대학. 여름이면 캠퍼스 내에 있는 해변 공원이 해수욕장으로 변하는 이색적인 곳이다. 이곳에서 2012년 9월에는 APEC 정상회담이, 2017년에는 한·러 정상회담이 열렸다. 학기 중 평일에는 본교 학생증을 소지한 사람만 출입 가능하며 일반인은 주말과 방학 기간에만 출입이 허용된다. 3번, 5번, 8번 건물의 카페테리아에서 저렴한 가격에 식사를 할 수 있다. 자전거 대여도 가능하니 드넓은 캠퍼스를 여유롭게 달려보자.

🚶 데베페우 정류장 도보 3분   📍 Пос., Кампус ДВФУ, Русский
🕐 24시간 🌐 dvgu.ru 📷 43.02729, 131.88642

REAL TIP 극동연방대학교 셔틀버스
정문 앞 중앙건물에서 11번 기숙사까지 무료 셔틀버스가 오전 8시부터 오후 8시까지 6분마다 운행한다.

03
드넓은 시베리아의 해양생물이 한자리에
연해주 아쿠아리움
Primorsky Oceanarium
Приморский океанариум

극동연방대학교 근처에 위치한 연해주(프리모르스키) 아쿠아리움은 세계에서 세 번째로 큰 수족관이다. 총 면적은 37,000m²로, 축구장 5개 넓이다. 해양생명체의 진화 과정부터 블라디보스톡 인근 아무르 만 유역과 이르쿠츠크 지역의 바이칼 호에 서식하는 동·식물까지, 세계에서 면적이 가장 넓은 나라인 만큼 섹션별로 전시 주제가 다양하다. 베링 해 및 오호츠크 해에서 살아 숨 쉬는 수천 종의 생물과 열대우림을 그대로 재현한 공간이 인상적이다. 특히 웅장한 대형 수족관은 이곳의 자랑이다.

ⓟ 성인 일반 1,000루블, 돌고래쇼 포함 1,200루블 이줌루드 정류장에서 15번 버스 탑승 후 종점 하차. 1시간 내외
 Ул. Академика Касьянова, 25
 10:00~20:00(월 휴무) primocean.ru
 43.01446, 131.9305

REAL TIP 연해주 아쿠아리움 가는 방법

시베리아은행(Сбербанк, Океанский проспект, 18) 앞에 위치한 이줌루드(ТЦ 'Изумруд') 정류장에서 15번 버스를 타고 종점인 프리모르스키 아쿠아리움(Приморский океанариум)에서 내린다. 참고로 15번 종점에서 매표소 및 아쿠아리움 본관까지 거리가 꽤 있으므로, 무료 셔틀버스를 타고 이동하는 것이 좋다. 매표소는 아쿠아리움 본관 밖 오른쪽에 Tickets라고 표시된 건물에서 발매해야 입장이 가능하다(발매는 오후 5시까지 가능).

루스키 섬 SEE

04
루스키 섬 맛보기 트레킹 코스
뱌뜰리나 곶
Cape Vyatlina
Мыс Вятлина

루스키 섬 동남부에 위치한 뱌뜰리나 곶은 왕복 1시간 코스로 루스키 섬을 간단하게 체험하기 적합한 트레킹 코스다. 북한 지형과 비슷해 한국인들은 '북한 섬'이라고 부르기도 한다. 뱌뜰리나 곶은 안개가 짙게 내리면 마술처럼 사라지곤 하는데, 이 때문에 1981년에는 프랑스 군함 트라이엄프(Триумф)호가 이곳에서 좌초되기도 했다. 날씨가 맑을 때는 자연이 깎아낸 높고 가파른 절벽, 푸른 하늘과 맑은 바다가 마치 한 폭의 그림 같다. 길이 비교적 평탄하고 거리도 길지 않아 어린이를 포함한 가족단위로 방문하기 좋으며, 한여름에는 해수욕을 즐기러 나온 현지인들로 가득하다.

🚶 극동연방대학교 정류장에서 택시로 20분(트레킹 시작점 비포장도로 평지까지) 📍 42.9623, 131.90472

05
걷는 내내 감탄하는 자연경관
토비지나 곶
Cape Tobizina
Мыс Тобизина

차가 들어가기 힘든 지역이라 걸어서 왕복 3~4시간의 대장정을 각오해야 하나, 기나긴 인내의 끝에는 탄성이 나오는 절경이 기다리고 있다. 트레킹 코스는 봄과 가을에는 하얀 갈대로 덮여 낭만이 넘치며, 여름에는 푸른빛이 가득하고 형형색색의 꽃이 만개해 장관을 이룬다. 찬찬히 걷다보면 시베리아 야생여우를 보는 행운이 찾아오기도 한다. 토비지나 곶을 둘러싸고 있는 표트르 대제 만의 물은 멀리서도 바닥이 보일 정도로 맑다.

🚶 극동연방대학교 정류장에서 택시로 20분(트레킹 시작점 비포장도로 평지까지) 📍 42.94638, 131.87305

> **REAL TIP** 루스키 섬 트레킹 코스 가는 방법
>
> 이줌루드 정류장에서 15번 버스를 타고, 극동연방대학교 정류장에서 29Д번, 29K번 버스로 환승해야 한다. 배차 간격이 길고 많이 걸어야 하므로 택시 이용을 추천한다(시내에서 약 500루블 내외).

06
은밀하게 숨겨진 비밀구역
바라쉴롭스까야 포대박물관
Voroshilovskaya Batareya Museum
Ворошиловская батарея

비포장도로로 달려야 들어갈 수 있는 루스키 섬 깊은 곳에 은밀하게 숨어 있다. 소련시절 블라디보스톡의 군사적 요새 역할을 한 곳으로, 1998년 박물관으로 개조되어 시민에게 공개되었다. 실외 박물관에는 총 두 대의 포탑이 있다. 지하 공간은 총 3층으로, 지하 1층은 집무실 및 주거용 건물, 지하 2층은 기술실, 지하 3층은 수백 개의 포탄을 저장하는 공간으로 구성되어 있다. 아래로 내려갈 때는 좁은 철제 사다리를 이용해야 하니 양쪽 손잡이를 꼭 잡고 내려가자. 박물관 입구에는 작은 매점이 있어 간단하게 차 한잔하며 휴식하기 좋다.

성인 100루블, 청소년 및 어린이 50루블 / 이줌루드 정류장에서 29Д번 승차 후 루스키 섬 비포장도로 첫 번째 정류장

Ворошиловская Батарея 09:00~17:00(월·화 휴관)
42.98061, 131.89127

01
루스키 섬의 유일한 레스토랑
노빅 컨트리 클럽
Novik Country Club

루스키 섬에서 유일하게 레스토랑이 있는 휴양시설이다. 현지인에게도 인기 많은 장소로, 여름이면 야외테라스에서 맑은 공기를 마시며 신선한 해산물요리를 맛볼 수 있다. 특히 부드럽고 고소한 광어요리는 맛이 일품이다. 레스토랑 바로 앞부터 이어지는 산책길을 따라 노빅 해변을 걸으며, 여름철 해양스포츠를 즐기는 현지인을 구경해보자. 전체적으로 가격대는 높지만, 숯불에 샤슬릭을 직접 구워먹을 수 있는 부스나 4인용 통나무집 바냐도 대여할 수 있다.

광어요리(Палтус с фасолью и грибным фрикасе) 790루블, 돼지고기 샤슬릭(Шашлык из свинины) 620루블 혁명광장에서 택시로 30분 이상 소요, 약 20km(대중교통으로 방문하기 어려움) Пос. Мелководный 08:00~24:00 novik.club 43.01337, 131.88875

 # 러시아현대미술 # 하키 # 레이싱 #카지노리조트 # 러시아해수욕장 # 샤슬릭거리

복잡한 도심에서 벗어나 이색적인 경험을 할 수 있는 도시 인근 숨겨진 스폿을 모았다. 블라디보스톡 도심에서 공항까지 연결되는 마콥스키 대로를 따라가면 현지인들이 레저 활동을 즐기는 시설들을 발견할 수 있다. 샤마라 해수욕장 주변으로 길게 뻗어 있는 라주르나야 거리는 주말마다 샤슬릭 파티를 즐기는 현지인들로 가득하다. 러시아에서의 해수욕은 7~8월 한여름을 제외하고 체험하기 힘든 경험이므로 놓치지 말자.

CHAPTER 02

러시아에서 현지인처럼 주말 보내기
마콥스키 대로 & 샤마라 해변
ULITSA MAKOVSKOGO & SHAMORA

마콥스키 대로 & 샤마라 해변
Ulitsa Makovskogo & Shamora
Улица Маковского & Шамора

마콥스키 대로

주변시설이 부족한 경우가 많고 먼 거리에 위치해 이동에 시간이 다소 소요되므로 일정이 넉넉한 경우 방문하는 것이 좋다. 특히 하키, 레이싱 경기장 방문 시에는 꼭 미리 경기일정을 확인하자. 여행 중 소중한 시간을 절약하려면 버스보다 택시 이용을 추천한다.

ACCESS 시내에서 가는 법

클로버하우스 ——— 자르야 예술단지 ——— 식물원 ——— 페티소브 아레나
버스 102번 40분 23루블   택시 25분 350루블 내외(Maxim 기준)

샤마라 해변

클로버하우스 정류장에서 28번 버스를 타고 이동이 가능하나, 배차간격이 약 80분 내외이고 이동 시 약 1시간 반이 소요된다. 시간을 못 맞출 확률이 크므로 택시를 추천한다.

ACCESS 시내에서 가는 법

클로버하우스 ——————————————————— 샤마라 해변
버스 28번 1시간 30분 23루블   택시 40분 500루블 내외(Maxim 기준)

REAL COURSE
마콥스키 대로 + 샤마라 해변

SEE EAT SHOP

핵심 1일 코스

클로버하우스 정류장

시작 — 버스 30분 —

10:00 자르야 예술단지 구경

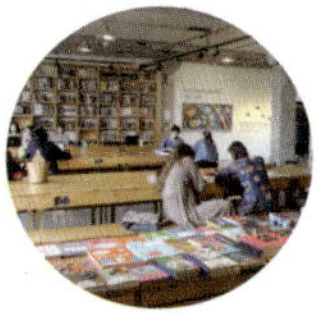

— 버스 1시간 or 택시 25분 —

12:00 크루즈 레스토랑에서 점심식사

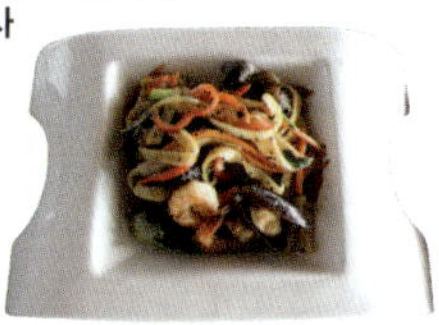

도보 3분

13:30 샤마라 해수욕장 즐기기

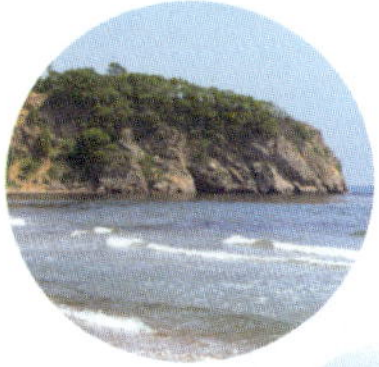

도보 3분

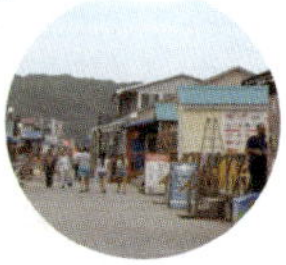

15:00 라주르나야 거리 구경

버스 50분

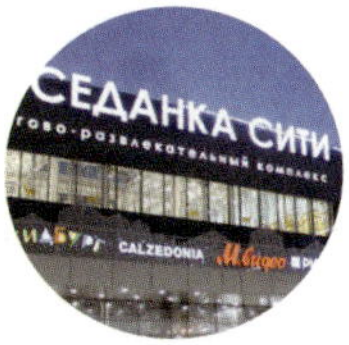

17:30 세단카시티, 쌈베리

도보 3분

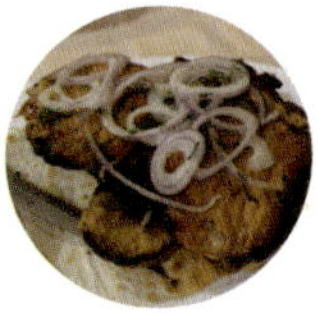

19:00 세반에서 저녁식사

— 버스 40분 —

도착

클로버하우스 정류장

마콥스키 대로 & 샤마라 해변

01
젊은 예술가의 마을
자르야 예술단지
ZARYA Center for Contemporary Art
Центр современного искусства 'ЗАРЯ'

블라디보스톡 현대미술의 중심지로, 젊은 예술가들을 지원하기 위해 설립된 기관이다. 자르야 현대미술 아트센터(Zarya Contemporary Art Center)로 사용되는 2관 오른쪽 구석의 마법의 문으로 들어서면 다양한 분야의 작품으로 가득한 보물창고가 펼쳐진다. 입장료도 무료다. 1층에는 다양한 인테리어 소품을 판매하는 쇼룸 등이 입점해 있다. 건물의 나머지 공간은 외국계 기업의 지점, 예술 관련 회사, 웨딩 스튜디오 등으로 사용된다.

자르야 쇼핑센터 정류장 도보 5분
Проспект 100-Летая Владивосток, 155, Корпус 2
12:00~20:00   zaryavladivostok.ru(전시회 일정 참고)
43.17974, 131.9179

02
고민 없이 찬찬히 걷기 좋은 곳
블라디보스톡 식물원
Vladivostok Botanical Garden
Ботанический сад ДВО РАН

2차 대전 이후 정부 정책에 따라 전국에 만들어진 식물원 네트워크 중 한 곳. 식물 구경보다는 숲 속의 오솔길을 따라 트레킹하러 방문하는 현지인이 더 많은 장소다. 시내에서 약 20km 떨어져 있어 버스로 이동해야 하는 번거로움이 있지만(약 30분 소요), 식물원 입구 바로 앞에 정류장이 있어 찾기 쉽다. 한국의 식물원에 비해 인공적인 느낌이 덜해서 입구 초입부는 대형 텃밭 정도로 보일 수 있다. 많은 시간을 투자해 꼭 방문해야 하는 곳은 아니지만, 자연이 뿜는 맑은 공기를 마시며 힐링하기에는 좋다.

16세 이상 100루블, 온실입장 150루블(선택사항)
식물원 정류장 도보 1분   Ул. Маковского, 142
동절기 10:00~17:00, 하절기 10:00~19:00
botsad.ru   43.22397, 131.99194

마콥스키 대로&샤마라 해변 SEE 239

03
연해주 최대 규모 하키 경기장
페티소브 아레나
Fetisov Arena
Фетисов Арена

5,500석이 넘는 연해주 최대 규모 하키 경기장이다. 하키 정규시즌(Регулярный чемпионат, 레굴랴르느이 쳄삐아나뜨)인 8월부터 2월 이외에는 농구 혹은 배구 코트나 격투기 경기장으로 이용되거나 박람회장으로 쓰인다. 경기장 입구의 하키 기념품 숍에서 아드미랄(Адмирал) 하키단 로고가 박힌 티셔츠, 깃발, 컵, 배지 등 다양한 상품을 구매할 수 있다.

🚶 싸하르느이 끌류취(Сахарный ключ) 정류장 도보 7분
📍 Ул. Маковского, 284 🕐 10:00~17:00 (토·일 휴무)
🏠 hcadmiral.ru(경기일정 조회 및 티켓 예약)
📞 43.23688, 132.04078

04
여름철 연해주 시민들의 휴양지
샤마라 해수욕장
Shamora
Шамора

블라디보스톡 해수욕장의 꽃은 샤마라라고 해도 과언이 아니다. 한여름에는 야외 디스코 바에서 음악 페스티벌이 열려 해변에 밤 열기를 더한다. 1960년대 해안에 텐트 야영장이 정착한 이후부터 찾는 이들이 점차 많아져, 현재는 블라디보스톡 시민과 연해주 사람들에게 가장 인기 있는 여름 휴가지로 꼽힌다. 화려한 시설은 없지만 블라디보스톡 인근의 가장 큰 해수욕장이으로 여름철이면 한 번쯤 방문할 만한 현지 명소다.

🚶 클로버하우스 정류장에서 28번 버스 탑승 후 라주르나야 정류장 하차, 1시간 반 소요 📍 Ул. Лазурная, 19-55
🕐 24시간 📞 43.1937, 132.11333

 REAL TIP 시내로 돌아갈 때 들를 만한 곳

시내로 돌아가는 길 중간쯤에 세단카시티(Седанка Сити)가 있는데, 지하 2층에 있는 쌈베리(Самбери)에 들려 저렴하게 장을 볼 수 있다. 시내에 있는 대형마트에 비해 상품의 종류도 매우 다양하고 저렴하다.

05
참을 수 없는 그릴요리의 유혹
라주르나야 거리(샤슬릭 거리)
Lazurnaya Street
Лазурная улица

라주르니 슈퍼마켓이 있는 샤마라 남쪽 입구부터 북쪽 입구까지 해변을 따라 펼쳐진 거리로, 현지인들은 샤슬릭 거리라고도 부른다. 해수욕장 주변으로 수많은 음식점이 오밀조밀 모여 있는데, 여름철이면 식당 앞 마당에 나와 숯불에 샤슬릭을 노릇노릇게 굽는 냄새가 코를 자극한다. 드넓은 바다를 벗 삼아 나무 파라솔 밑에서 맛있는 음식과 맥주 한잔을 즐겨보자.

샤마라 해변 도보 1분 Ул. Лазурная, 55А
24시간 43.19618, 132.12115

01
아르메니아의 향취가 느껴지는
세반 Sevan
Севан

토속적인 분위기에서 정통 샤슬릭을 즐기고 싶다면 이곳을 찾자. 아르메니아의 세반 호수의 이름을 따서 만든 샤슬릭 전문 레스토랑으로, 5월 초부터는 넓은 야외테라스의 오두막에서 음악과 함께 식사를 즐길 수 있다. 부드러운 살코기의 식감과 풍미를 느껴보자. 매콤한 붉은 소스가 자칫 느끼할 수 있는 샤슬릭과 잘 어울린다.

돼지고기 샤슬릭(Шашлык из отборной свинины) 480루블, 송아지 샤슬릭(Шашлык из телятины) 850루블
돔 비체라놉 정류장 하차 도보 3분 Ул. Маковского, 42В
11:00~24:00 43.21162, 131.95265

02
해외 정치인들이 사랑한 레스토랑
레스나야 자임까
Lesnaya Zaimka
Лесная Заимка

빌라 아르떼 호텔 앞에 위치한 고급레스토랑으로, 미국 28대 대통령 제럴드 포드와 김정일 등이 방문했다. 천장은 크렘린 궁에 있는 샹들리에와 동일한 모양으로 장식했고, 외관은 최고급 마호가니 나무로 지었다. 블라디보스톡의 물가에 비해 가격대가 꽤 있어 현지인들도 특별한 날에 찾는 편이다. 해산물요리와 샤슬릭, 극동 스타일 고기요리 등을 맛볼 수 있다.

✕ 해산물 파스타(Паста с морепродуктами) 800루블, 돼지고기 샤슬릭(Шашлык из парной свинины) 800루블
🚶 블라디보스톡 중심부에서 택시로 30분 거리
📍 Ул. Маковского, 290 🕐 11:00~24:00
🌐 lesnaya-zaimka-vl.ru 📍 43.26568, 132.07283

03
크루즈 위에서 즐기는 근사한 식사
크루즈 레스토랑 Cruise
Круиз

샤마라 해수욕장 입구에 위치한 3층짜리 대형 레스토랑으로, 크루즈를 모티브로 만들었다. 어린이들이 놀 수 있는 놀이방이 있고 주말에는 보모 서비스도 제공해 가족 단위의 현지인이 주말에 많이 찾는다. 유럽·중앙아시아 음식과 해산물 요리를 전문으로 취급하며, 특히 신선하고 품질 좋은 재료를 아낌없이 넣은 볶음면 요리가 일품이다. 여름에는 시원한 바닷바람을 맞으며 식사할 수 있는 야외 테라스 좌석이 마련된다.

✕ 해산물볶음면(Лапша с морепродуктами) 700루블, 연해주 우하수프(Уха по-Приморски) 400루블
🚶 라주르나야 정류장 도보 2분 📍 Ул. Лазурная, 19/17
🕐 여름시즌 09:00~02:00, 겨울시즌 11:00~23:00
📍 43.19442, 132.11281

04
아르메니아 주방장이 굽는 샤슬릭
우 그라치카
U Grachika
У Грачика

아르메니아 장인이 구워주는 샤슬릭을 맛보고 싶다면 샤슬릭 거리에서 사자 두 마리가 지키고 있는 르네상스 건축 양식의 레스토랑을 찾아보자. 건물 중앙의 분수대 주변을 둘러싼 테이블에서 샤슬릭을 즐길 수 있다. 숯불향과 육즙을 머금은 쫄깃한 샤슬릭에 낭만적인 분위기는 덤이다. 밤에는 아름다운 조명이 천장을 수놓고, 여름철 주말에는 댄스파티가 열리기도 한다.

✕ 돼지고기 샤슬릭(Шашлык из свинины) 350루블, 양고기 샤슬릭(Шашлык из баранины) 500루블
🚶 라주르나야 정류장 도보 12분
📍 Ул. Лазурная, 55А 🕘 09:00~24:00
📱 43.19671, 132.12493

05
샤슬릭과 맥주의 환상 궁합
비어가든
Biergarten

모든 벽면이 유리로 되어 있어 실내에서도 샤마라 해변을 즐길 수 있는 통나무 펍이다. 가게 이름대로 신선하고 시원한 맥주를 제공하며 특히 직접 양조한 파울라너 생맥주가 단연 최고다. 맥주 안주로는 역시 샤슬릭이 빠질 수 없는데, 이 집의 추천메뉴는 닭 반마리 샤슬릭이다. 여름에는 바다 바로 앞 야외 오두막이 더 인기 있다.

✕ 닭 반마리 샤슬릭(Шашлык из половины курицы) 350루블, 쁠롭(Плов) 300루블, 파울라너 생맥주(Разливное пиво 'Paulaner') 300ml 200루블, 500ml 300루블
🚶 라주르나야 정류장 도보 12분 📍 Ул. Лазурная, 19/35
🕘 12:00~24:00 📱 43.19684, 132.12562

마콥스키 대로&샤마라 해변 **EAT & SHOP**

01
블라디보스톡 근교 복합쇼핑몰
세단카시티 Sedanka City
Седанка Сити

2016년 개점해, 최신 시설과 넓은 주차 공간이 있는 종합 쇼핑몰이다. 시간을 내 방문하기보다는 샤마라 해변 등 주변 관광지를 둘러보고 돌아오는 길에 잠깐 들러 구경할 만하다. 세단카시티는 총 지하 2층과 지상 5층으로 구성되어 있다. 1층부터 3층은 옷가게와 잡화점, 지하 1층은 전자제품 마트와 주차장, 지하 2층은 대형 할인마트 쌈베리(Самбери)가 입점해 있다. 4층에는 어린이 놀이공간과 새벽까지 운영(일~목 02:00, 금, 토 04:00)되는 현지 젊은이들의 핫플레이스 볼링장 샤르뻬이(ШАРПЕЙ)가 있다. 5층에는 KFC를 비롯해 한식, 일식 음식점이 있다.

🚶 돔 비체라놉 정류장 하차 도보 3분 📍 Ул. Полетаева, 6Д
🕐 10:00~21:00, 금·토 10:00~22:00
🏠 sedanka.city 📍 43,21237, 131,9512

02
샤마라 해변의 유일한 슈퍼마켓
라주르니 슈퍼마켓
Lazurnyy Supermarket
Лазурный Супермаркет

시내에서 버스를 타고 라주르나야 정류장에 내리면 해수욕장 입구 쪽에 큰 슈퍼마켓이 하나 있다. 웬만한 대형마트 못지 않은 슈퍼마켓으로 음료수, 주류, 식품은 물론 일회용품, 물놀이 용품, 돗자리도 있어 물놀이 전에 간단히 장보기에 좋다.

🚶 라주르나야 정류장 도보 1분 📍 Ул. Лазурная, 19/9
🕐 08:30~23:00 📍 43,19483, 132,11207

근교도시 아르쫌의 숨겨진 스폿들

역동적인 서킷카트 체험장
연해주 레이싱 경기장
Primorskoe Ring
ТРК Приморское кольцо

러시아 지역 및 국제 레이싱 경기가 열리는 곳이다. 매년 9월에는 아시아 태평양 드리프트 챔피언십과 국제 모터쇼가 열리며, 한겨울에는 어린이를 위한 스케이트장으로 바뀌기도 한다. 블라디보스톡 도심에서 차로 약 40분 거리에 위치해, 홈페이지에서 경기 스케줄을 확인하고 방문해야 먼 거리를 헛걸음하지 않는다. 중앙 경기장 우측에는 자동차 용품 판매점과 컴퓨터 레이싱 게임 카페가 있다. 서킷카트 체험도 가능하지만 운영하는 시즌이 정해져 있어 반드시 미리 확인해야 한다.

- 서킷카트 10분 1,000루블
- 중앙광장에서 택시로 약 40분, 막심 기준 900루블 내외
- Ул. Приморское кольцо, 1, Артём ⓒ 12:00~20:00
- primring.ru 43.35726, 132.08406

ⓒ연해주 레이싱 경기장

화려한 시설이 즐비한 카지노 단지
티그레 드 크리스탈 리조트 앤 카지노
Tigre de Cristal Resort & Caisno

연해주 지역 내 가장 큰 카지노를 보유한 아르쫌 부근 5성급 호텔이다. 리셉션 직원 대부분이 영어 의사소통에 문제가 없으며, 최고급 시설과 서비스를 제공한다. 체크아웃 시간이 오후 4시로, 밤비행기로 오고갈 경우 여유롭게 이용할 수 있다. 카지노 내 중앙 바에서는 주말마다 다양한 공연 및 쇼를 관람할 수 있다. 리조트 외 주변 시설이 부족하고 블라디보스톡 도심과 거리가 꽤 멀다는 단점이 있다.

- 블라디보스톡 국제공항에서 택시로 약 20분, 막심 기준 350루블
- Бухта Муравьиная, 73, Артём
- 체크인 16:00, 체크아웃 16:00, 호텔조식 07:00~11:00
- tigredecristal.com 43.29801, 132.27601

 티그레 드 크리스탈 주변 관광지

샤마라 해변은 호텔에서 약 22km 떨어진 곳에 위치하며, 택시로 약 25분 정도 소요된다. 막심 기준 약 600루블 정도로, 여름에는 숯불에 구운 사슬릭을 맛보고 해변가에서 해수욕을 즐기다 돌아와도 부담이 없는 거리다.

REAL STORY

샤슬릭과 함께하면 더 좋은 맥주와 와인 이야기

러시아 술, 하면 보통 보드카만 떠올리지만 의외로 맥주와 와인도 전통과 역사가 깊다.
샤슬릭과 함께 곁들이면 더 좋은 술 이야기를 알아보자.

맥주 Пиво
🔊 삐바

고대 러시아에서 맥주는 홉과 허브, 특히 쑥과 물레나물을 첨가한 술로 올(Ол) 또는 올루스(Олус)로 불렸다. 평소 러시아 사람들은 의외로 보드카, 위스키보다 상대적으로 도수가 낮은 맥주를 즐겨 마시는데, 이는 젊은 층에 유행하는 웰빙 문화와 과음을 낮추려는 러시아의 정책이 결합된 결과다. 맥주는 육류, 해산물류 등 모든 안주와 궁합이 잘 맞으며, 공들여 갓 뽑아낸 크래프트 맥주는 그냥 마셔도 최고다. 러시아를 대표하는 발티카(Балтика) 맥주는 도수에 따라 0부터 9까지의 번호가 있으며 9로 갈수록 도수가 높아진다. 일반적으로 4.8도의 3번 클라시체스코예(Классическое) 라거 맥주를 가장 많이 찾는다.

와인 Вино
🔊 비노

러시아어로 와인은 'Вино(비노)'인데, 고대 지중해 시대의 라틴어에서 어원이 유래되어 와인의 이탈리아어 'Vino(비노)'와 비슷하게 발음된다. 와인의 종주국 조지아는 현재 코카서스 지방에 속해 있지만, 1991년 전까지 과거 소련에 포함되어 있었다. 러시아의 낭만주의 시대 작가 푸시킨은 조지아의 전통 비법으로 만들어낸 와인이 프랑스 와인보다 뛰어나다고 극찬하기도 했으니, 기왕 러시아에 방문했다면 한국에서 구하기 힘든 조지아산 와인을 맛보자. 블라디보스톡의 고급 레스토랑은 거의 대부분 와인을 취급하며, 최근 들어 블라디보스톡에 '치즈와 와인(Сыр и Вино)', '순수한 기쁨(Невинные радости)' 등 전문 와인 바도 생겨나는 중이다. 레드 와인은 소고기 등 대부분의 육류요리와, 화이트와인은 해산물과 함께 마시는 것이 정석. 드라이하면서 가볍게 마실 수 있는 로제와인은 샐러드, 파스타, 닭고기류와 먹으면 더 맛있다.

REAL TIP 보드카를 선물로?

러시아 하면 가장 먼저 떠오르는 술 보드카는 러시아의 전통주로, 러시아인에게는 소주와 같은 존재다. 한국에서는 보드카를 고급양주의 개념으로 인식하여 선물로 주고받기도 하지만, 러시아에서 남의 집을 방문할 때 선물로 보드카를 갖고 가는 건 이를테면 한국에서 소주를 선물로 들고 가는 셈이다.

발해솔빈부 # 해외독립운동근거지 #고려인 #중세시대 마을

과거 안중근 의사를 비롯해 이상설 선생, 최재형 선생 등 수많은 독립운동가가 드나들던 도시 우수리스크에는 다양한 역사가 서려 있다. 특히 도시 중심부에 위치한 고려인 문화센터는 과거 스탈린의 강제이주 정책으로 이곳에 뿌리내린 고려인의 귀중한 자료를 접할 수 있는 스폿이다. 중세시대 마을 이줌루드나야 돌리나에서는 중세시대의 날 전투체험 등 매년 다양한 민속축제가 있어 이색 체험도 가능하다.

CHAPTER 03

이야기를 품은 고즈넉한 도시
우수리스크
USSURIYSK

우수리스크
Ussuriysk
Уссурийск

우수리스크는 블라디보스톡에서 북쪽으로 약 100km 떨어져 있는 작은 도시다. 블라디보스톡 기차역에서 시외버스나 통근기차로 이동이 가능하며, 짧은 구간이지만 시베리아 횡단열차 체험도 가능하다. 도시의 규모가 크지 않아 중세시대 마을을 제외한 대부분의 스폿이 도보 이동이 가능하다.

ACCESS 시내에서 가는 법

블라디보스톡 기차역(Ж/Д вокзал Владивосток) — **우수리스크 기차역(Ж/Д вокзал Уссурийск)**
지상전철 하루 4회 운행 ⓒ 1시간 50분~2시간 30분 소요 ⓟ 편도 200루블

블라디보스톡 터미널(Автовокзал Владивосток) — **우수리스크 터미널(Автовокзал Уссурийск)**
약 10~20분 사이 간격으로 배차 ⓒ 약 2시간 소요 ⓟ 편도 321~385루블

REAL COURSE
우수리스크

역사투어 1일 코스

- **시작** — 블라디보스톡 기차역
- 기차 2시간
- **09:00** — 우수리스크 기차역 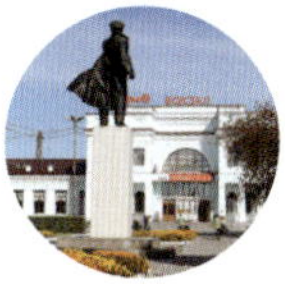
- 택시 5분
- **9:30** — 배부른 선원에서 아침식사 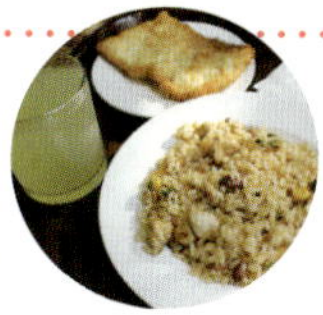
- 도보 4분
- **10:30** — 우수리스크 정교회 사원
- 도보 2분
- **11:00** — 우수리스크 박물관 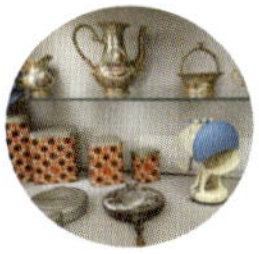
- 도보 1분
- **11:40** — 우수리스크 영원의 불꽃 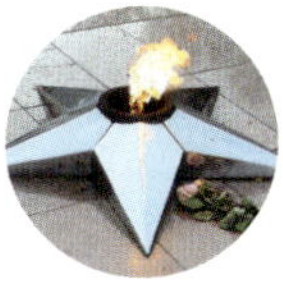
- 도보 3분
- **12:00** — 우수리스크 구시가지
- 택시 5분
- **12:30** — 코리안하우스에서 점심식사 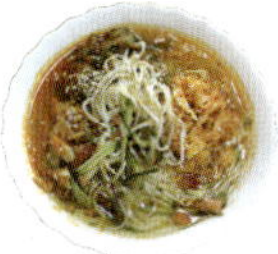
- 도보 14분
- **14:00** — 고려인 문화센터 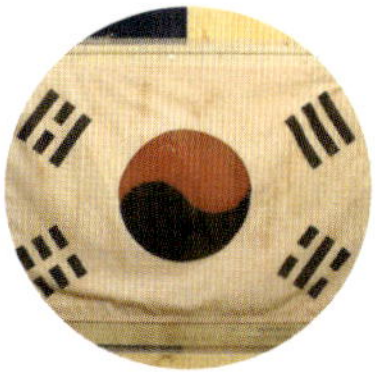
- 도보 13분
- **15:30** — 우수리스크 시청광장
- 도보 14분
- **16:30** — 최재형 선생 고택
- 도보 1분
- **16:50** — 도라 공원 산책 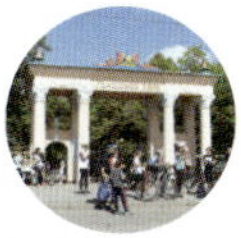
- 택시 5분
- **17:30** — 우수리스크 기차역
- 기차 2시간
- **도착** — 블라디보스톡 기차역

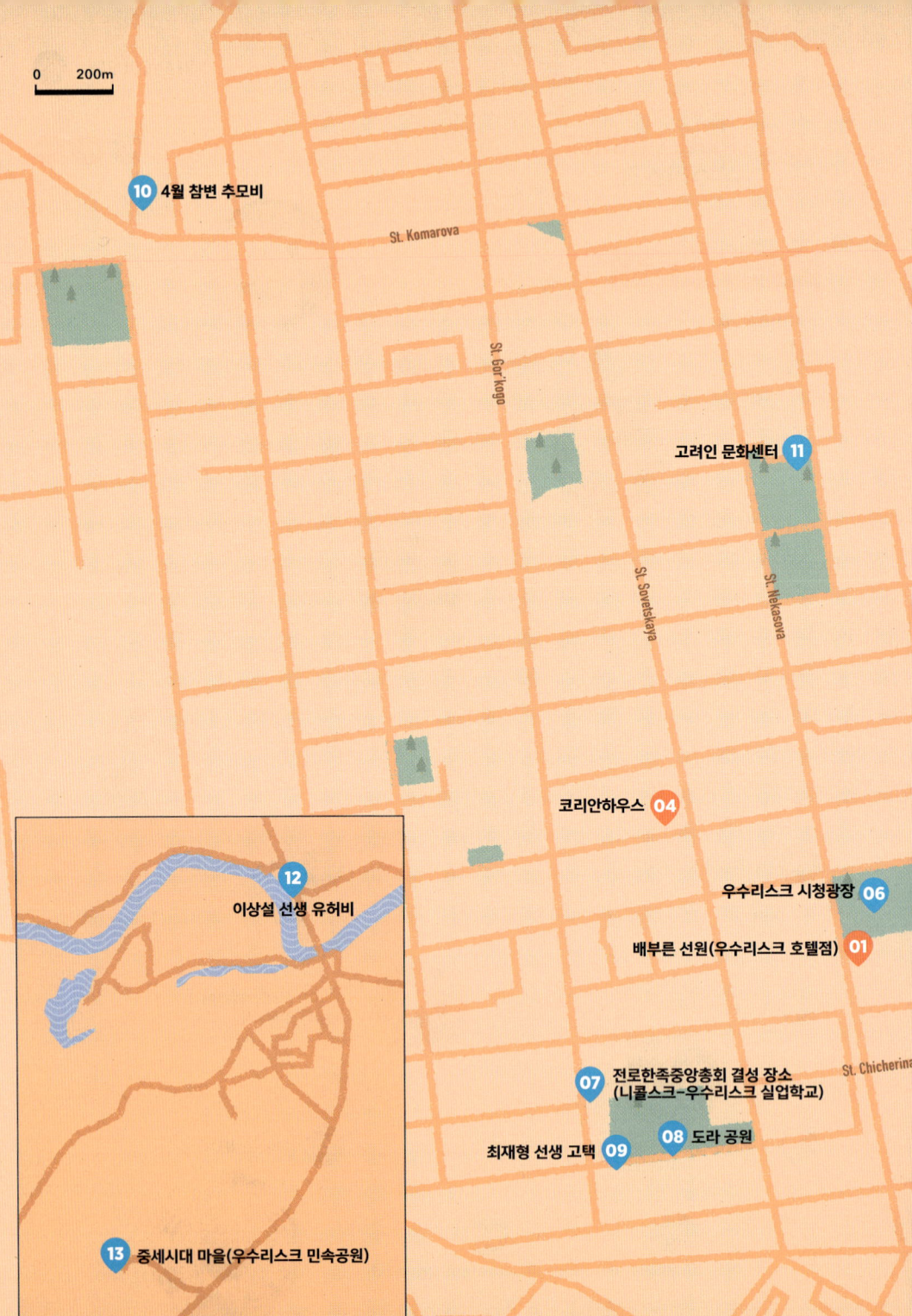

블라디보스톡에서 우수리스크 가는 방법

기차(지상전철)

블라디보스톡과 우수리스크 간 운행하는 열차는 하루에 각각 4편씩 있다. 열차에 따라 최소 1시간 50분부터 최대 2시간 30분이 소요되며, 편도 200루블로 이용 가능하다. 방향을 꺾을 때마다 열리는 실내 출입문과 딱딱한 나무의자는 소련 시절로 돌아간 것 같은 소소한 재미를 준다.

기차역 주소
- 블라디보스톡 기차역(Железнодорожный вокзал Владивосток) Ул. Алеутская, 2, Владивосток
- 우수리스크 기차역(Железнодорожный вокзал Уссурийск) Ул. Вокзальная, 2, Уссурийск

운영 정보(2019년 5월 기준)
- 블라디보스톡 → 우수리스크 06:45 11:00, 17:10, 18:09
- 우수리스크 → 블라디보스톡 06:44, 09:40, 10:34, 18:01

REAL TIP 러시아 철도청 시간 조회 방법

블라디보스톡과 우수리스크 노선 시간표는 러시아 철도청 홈페이지에서도 확인할 수 있다(pass.rzd.ru/main-pass/public/en). 열차운행 정보가 변동될 수 있으니 철도청 홈페이지에서 해당 날짜의 운행시간을 미리 참고하자. 러시아의 모든 열차 시스템은 수도 모스크바 시간에 맞춰 있기 때문에, 표기된 시간에서 시차 7시간을 더한 후의 시간으로 계산해야 한다.

시외버스터미널

블라디보스톡 버스터미널
Автовокзал Владивосток

클로버하우스 앞 정류장에서 23번, 이줌루드 정류장에서 81번 버스를 타고 약 35분 이동 후, 압따바끄잘(Автовокзал) 역에서 하차한다. 약 10~20분 간격으로 운행되며 우수리스크까지 약 2시간 소요된다. 버스요금은 운행노선에 따라 378~457루블이며, 첫차는 오전 6시 50분, 막차는 오후 7시 10분이다. 정확한 배차시간은 시 공식 홈페이지(vl.ru/transport/bus)에서 확인 가능하다. Ул. Русская, 2А, Владивосток

우수리스크 버스터미널
Автовокзал Уссурийск

우수리스크 버스정류장 벽면에는 블라디보스톡행 차의 배차시간이 안내되어 있다. 블라디보스톡에서 출발하는 차편보다 배차 간격이 더 넓으니 반드시 시간을 확인하자. 약 30분~1시간 간격으로 운행되며, 마찬가지로 2시간 정도 소요된다. 우수리스크에서 나가는 버스는 501번이 가장 자주 운행되며 버스요금은 378~457루블이다. 첫차는 오전 6시 10분, 막차는 오후 6시에 있다. Ул. Чичерина, 121, Уссурийск

아는 만큼 보인다!
연해주 항일독립운동

이동휘 이종호 이상설

우수리스크에는 고려인의 후손들이 살고 있다. 이들이 이곳에 자리 잡기까지 얼마나 험난한 과정이 있었을까? 약 100년 전으로 거슬러 올라가 이곳에서 무슨 일이 있었는지 살펴보자.

1. 한인들의 희망의 땅, 개척리와 신한촌
1874년 처음으로 블라디보스토크에 한인들의 마을 개척리가 세워진다. 그러나 연해주 지역에 콜레라가 퍼지자 러시아 정부는 한인들을 블라디보스토크의 외곽으로 강제 이주시켰고, 그곳에 신한촌이 형성되었다. 새로운 한인촌이라는 뜻의 신한촌은 중앙아시아로 강제 이주되기 전까지 해외 독립운동가들의 주요 활동 근거지가 되었다.

2. 독립운동 단체 권업회와 민족계몽운동
1910년 일제의 조선 강점이 시작되자 한인들은 조직적 항일 투쟁을 벌이기 시작했다. 권업회와 대한인국민회 시베리아 지방총회는 당시 가장 손꼽을 만한 항일 조직으로, 한인들의 민족 계몽에 앞장섰다. 특히 신채호, 이상설, 장도빈 등이 활약한 권업신문은 105인 사건, 의병운동 등 항일운동에 앞장섰다.

3. 광복군 양성의 중심, 대한광복군정부
1914년 권업회가 주축이 되어 출범한 대한광복군정부는 블라디보스토크를 근거지 삼아 설립된 망명 정부였다. 권업회의 이상설, 이동휘, 이종호, 정재관 등을 주축으로 흩어져 있는 무장 독립운동 단체를 모아 독립전쟁을 수행할 정부를 수립했다.

4. 러시아 한인 대표자 회의, 전로한족중앙총회
1917년 러시아혁명 직후 러시아 전 지역의 고려인 대표 100여 명이 모였다. 이들은 11일의 회의 끝에 전로한족중앙총회를 조직하고 우수리스크 체체리나 거리에 본부를 두고 활동을 시작했다. 전로한족중앙총회의 활동을 기반으로 대한국민의회를 설립할 토대가 마련되었으며, 전로한족중앙총회의 실체는 한인사회당으로 이어진다.

5. 국내외 최초의 임시정부, 대한국민의회
1918년 일제의 시베리아 침략에 맞서 연해주 한인들은 1919년 2월 국·내외 최초의 임시정부 대한국민의회를 수립했다. 대한국민의회는 3.1운동을 계기로 모금활동, 군사훈련소 설치 등을 주도했으며, 1919년 8월에는 상해임시정부와 합병했다.

6. 연해주의 만세운동
1919년 국내에서 3.1운동이 일어나자 연해주에서도 대한국민의회 주도하에 만세운동이 퍼져나갔다. 이들은 3월 17일 우수리스크에서 독립선언서를 발표한 후 블라디보스토크, 연추 등으로 운동을 확산시켜 나갔다. 블라디보스토크 신한촌의 한인들은 한민학교를 중심으로 만세운동을 전개했다. 독립운동의 불길에 놀란 일제는 1920년 신한촌과 우수리스크 등을 습격해 4월 참변이라는 만행을 저질렀다.

01
과거 동아시아 교통의 요충지
우수리스크 기차역
Railway station Ussuriysk
Железнодорожный вокзал Уссурийск

우수리스크 기차역은 블라디보스톡에서 모스크바로 향하는 시베리아 횡단철도와 중국의 하얼빈 역으로 가는 철도와의 교차점으로, 한때 동아시아 교통의 요충지였다. 과거 하얼빈 역에서 이토 히로부미를 사살한 안중근 의사를 비롯한 수많은 독립운동가들이 이곳을 드나들었다. 기차역 앞의 레닌 동상(Памятник В. И. Ленину)을 중심으로 형형색색의 꽃과 나무가 우수리스크 방문객을 맞이한다. 레닌동상을 지나면 우수리스크 시내로 들어가는 연결고리인 버스정류장이 있다.

블라디보스톡 기차역에서 기차로 2시간
Ул. Вокзальная, 2, Уссурийск   24시간
ussuriysk.dzvr.ru   43,8013, 131,98092

REAL TIP 기차역 내 수화물 보관 센터

우수리스크 지역은 당일치기로 여행하는 경우가 많으므로 무거운 짐은 기차역 내 수화물 보관 센터에 보관하는 것이 좋다. 일일 짐 보관비용은 120루블이다. 짐을 맡기면 주는 번호가 적혀 있는 증표는 짐을 찾을 때까지 잘 간수하자. 특히 시베리아 지역에서는 영어를 하지 못하는 역 내 직원이 대다수이기 때문에, 증표를 잃어버리면 곤란한 상황에 처할 수 있다.

02
우수리스크의 역사적 유산
우수리스크 정교회 사원
Church of the Intercession of the Holy Virgin
Храм Покрова Пресвятой Богородицы

우수리스크의 옛 중심부에 있는 정교회 사원이다. 1907년 러시아 제국(제정 러시아) 시대에 지은 건축물로, 110년이 넘는 시간 동안 우수리스크를 대표하는 역사적 유산이 되었다. 이른 아침, 출근 전 바쁜 시간에도 이곳은 기도를 하러 온 사람들로 북새통을 이룬다. 규모가 크지는 않으므로 우수리스크의 중심 대로 끄라스나즈나묘나야(Краснознамённая) 거리를 지나다가 한번 들러보자.

🚶 우수리스크 버스터미널에서 도보 2분
📍 Ул. Чичерина, 80А, Уссурийск 🕐 08:00~16:00
🏠 pokrovus.cerkov.ru 📞 43.79148, 131.96177

REAL TIP 끄라스나즈나묘나야(Краснознамённая) 거리

우수리스크를 가로지르는 중심 도로다. 우수리스크 중심부는 끄라스나즈나묘나야 거리를 기준으로 오른쪽에는 우수리스크 박물관, 영원의 불꽃, 우수리스크 정교회 사원이, 왼쪽에는 구시가지를 포함한 도시의 주요 중심 거리가 위치해 있다.

📞 43.790043, 131, 960512

03
우수리스크의 역사를 한눈에 담다
우수리스크 박물관
Ussuriysk Museum
Уссурийский музей

우수리스크 박물관에는 우수리스크 및 연해주의 역사와 관련된 각종 사진, 문헌 및 유물이 전시되어 있다. 구석기, 신석기, 발해, 여진, 금나라 시대의 유물부터 제2차 세계대전이 일어난 20세기 중반에 사용했던 물건까지, 폭넓은 전시품이 우수리스크 시가 걸어온 길을 한눈에 보여준다. 해설의 대부분이 러시아어지만, 부분적으로 한국어 설명도 포함되어 있다.

💰 성인 100루블, 어린이 50루블, 사진촬영 50루블
🚶 우수리스크 버스터미널에서 도보 5분
📍 Ул. Краснознамённая, 80, Уссурийск
🕐 10:00~17:00, 목·금 10:00~19:00(월 휴무)
🏠 ussuri-museum.ru 📞 43.79048, 131.96109

04
잠들지 않는 용사들의 영혼
우수리스크 영원의 불꽃
The Eternal Flame
Вечный огонь

우수리스크 박물관 오른편에는 2차 대전 희생자를 기리는 영원의 불꽃이 있다. 러시아 전역에 있는 영원의 불꽃이 우수리스크에서는 1977년부터 타오르고 있다. 뒤편에는 전쟁에 목숨을 바친 용사들을 기리는 청동 기념비와 비석들이 웅장한 모습으로 광장을 둘러싸고 있다. 승리의 광장은 전승기념일 추모 행사의 중심 장소로 쓰인다.

🚶 우수리스크 버스터미널에서 도보 6분
📍 Ул. Краснознамённая, 76, Уссурийск
📞 43.79003, 131.96109

05
고즈넉한 도시의 중심가
우수리스크 구시가지
Center of the Ussuriysk
Центр Уссурийский

우수리스크의 구시가지는 우수리스크의 도심(Центр города, 쩬뜨르 가라다)이라고도 불리는 곳이다. 각종 음식점과 옷가게, 생활용품점, 휴대폰 판매점, 은행 등이 밀집되어 있다. 강아지와 산책하는 시민, 정원을 배경으로 사진 찍는 연인 등 우수리스크 시민의 평화로운 분위기를 한껏 느낄 수 있다. 가로수 길(Ул. Каринина, 까리니나 거리)을 따라 300미터 정도 걷다 보면, 유럽 양식으로 지은 핑크색 건축물이 있는데 바로 고려인 재생기금 건물(35번지)이다. 고려인 재생기금은 연해주의 고려인들을 지원하는 중추적 역할을 한다.

 REAL TIP 횡단보도는 없는데 표지판은 있다?

우수리스크에서 도로 반대편으로 건너가는 횡단보도와 신호등을 찾기 힘들면, 건널목을 건너는 사람이 그려진 표지판을 찾자. 쌩쌩 달리던 차량도 이 표지판 앞에서 길을 건너려는 당신을 보면 자연스럽게 브레이크를 밟을 것이다. 횡단보도가 눈에 보이지 않아도 무조건 보행자가 우선인 러시아의 교통 매너를 엿볼 수 있다.

🚶 우수리스크 버스터미널에서 도보 7분
📍 Ул. Тимирязева 56-77, Уссурийск
📞 43.79005, 131.95858

우수리스크 SEE

06
시민들의 생활 속 작은 쉼터
우수리스크 시청광장
Ussuriysk City Hall
Администрации Уссурийского городского округа

우수리스크 시의 각종 행정업무를 담당하는 곳으로, 중앙 건물 앞에는 넓은 공원이 조성되어 있다. 공원 앞쪽에는 러시아 내전 당시 희생자들을 기리는 동상이 있으며, 공원 양 옆에 일렬로 길게 뻗어 있는 분수대가 시원한 물줄기를 뿜어낸다. 다채로운 색의 꽃과 나무 조경이 어우러지고, 그 사이로 드문드문 나무 벤치가 있어 우수리스크 시민들의 쉼터 역할을 톡톡히 한다.

🚶 우수리스크 버스터미널에서 도보 20분
📍 Ул. Некрасова, 66, Уссурийск 🏠 adm-ussuriisk.ru
📍 43.79721, 131.95253

 REAL TIP 시청사 앞 광장시장

블라디보스톡 혁명광장에 주말시장이 서듯이, 우수리스크에서는 시청사 앞에 광장시장이 열린다. 일상에서 먹는 식료품 위주로 판매하며, 햇볕이 뜨거운 7, 8월에는 러시아 아이스크림 마로쥐나예(мороженое)가 가장 불티나게 팔린다. 시베리아산 산딸기 등 다양한 과일도 저렴한 가격에 맛볼 수 있다.

07
과거 한인대표들의 회의 장소
전로한족중앙총회 결성 장소
(니콜스크-우수리스크 실업학교)

1917년 러시아혁명 발발 이후, 러시아 전체 지역에 거주하던 한인 대표자회의 전로한족중앙총회는 1919년 3월 독립선언서를 발표했고 최초로 임시정부를 선포한 대한국민의회로 확대·개편되었다. 전로한족중앙총회가 결성되었던 이 건물은 현재는 중등학교(МБОУ СОШ № 11)로 사용한다. 도라 공원의 왼쪽 끝에 위치해 있으나, 공원 내 울타리가 있어 공원 밖 왼쪽으로 돌아가야 한다.

🚶 우수리스크 시청광장 도보 12분
📍 Ул. Горького, 20, Уссурийск
📞 43.79304, 131.94439

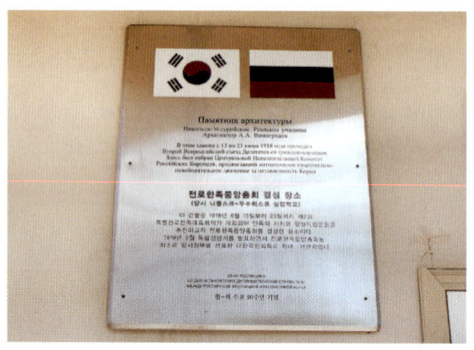

08
여진족의 흔적을 찾을 수 있는 곳
도라 공원
Park Dora
Парк ДОРА(Городской Парк)

우수리스크의 도라공원(Парк ДОРА, 빠르끄 도라)은 '러시아 군대 장교들의 집(Дом Офицеров Российской Армии)'의 약자로, 2차 대전 이후 소비에트 시절 극동 시베리아의 군사적 요충지 역할을 하던 건물과 작은 공원에서 시작되었다. 규모는 작지만 우수리스크 시민에게 중앙 쉼터의 역할을 하고 있으며, 가끔 다양한 행사 및 박람회, 콘서트가 열린다. '나는 우수리스크를 사랑합니다(Я♥Уссурийск)' 구조물은 관광객의 인기 포토존이다. 900년 이상 된 주르첸 돌 거북이는 장수의 상징으로, 도라공원의 명물로 자리 잡았다.

🚶 우수리스크 시청광장 도보 12분
📍 Ул. Володарского, 35, Уссурийск
🕐 08:00~22:00 🌐 park-ussuriisk.ru
📞 43.79198, 131.9471

우수리스크 SEE 259

09
연해주 한인사회의 정신적 지주
최재형 선생 고택
Old home of Jaehyeong Choi
Дом Чхве Чже Хёна

연해주의 대표적 항일운동가이며 전로한족중앙총회 명예회장으로 활동한 최재형 선생이 1919년부터 1920년 4월 일본헌병대에 피살되기 전까지 거주했던 곳이다. 최재형 선생은 당시 러시아 한인사회의 가장 존경받는 지도자였으며, 이토 히로부미를 사살한 후 체포된 안중근 의사가 끝까지 밝히지 않은 배후 인물이었다. 볼로다르스까바 38번지(Ул. Володарского, 38)는 최재형 선생이 우수리스크에서 두 번째로 거주한 고택으로, 최재형 선생과 가족이 거주하던 100년 전 당시의 집 건물이 그대로 남아 있다. 2019년 3월, 3·1운동 및 대한민국임시정부 수립 100주년을 맞아 최재형 기념관으로 개관했다.

🚶 도라 공원 정문의 왼쪽 방향으로 볼로다르스까바 거리를 따라 도보 1분 📍 Ул. Володарского, 38, Уссурийск 🕐 24시간
📐 43.79154, 131.94513

10
일제의 잔혹한 만행을 기억하다
4월 참변 추모비
Monument to victims of the April events
Памятник жертвам апрельских событий

우수리스크에는 4월 참변 중 희생된 한인들을 기리는 추모비가 세워져 있다. 일본군은 1920년 4월 4일과 5일 이틀에 걸쳐 연해주의 한인 거주지를 무차별 습격해 교민들을 학살했다. 국외 독립운동의 중추기지 구실을 했던 신한촌에서는 당시 300여 명의 한인이 목숨을 잃었다. 4월 참변 당시 최재형 선생도 우수리스크에서 체포되어 일본군의 총격을 받고 순국했다.

🚶 우수리스크 중심부에서 택시로 10분 📍 Ул. Комарова, 1, Уссурийск 🕐 24시간
📐 43.81243, 131.93123

11
고려인의 탄생부터 독립운동의 역사까지
고려인 문화센터
Korean Cultural Center
Корейский культурный центр

2004년 러시아 한인 이주 140주년을 기념해 2009년 건립되었다. 고려인의 러시아 이주 역사와 해외 독립운동 관련 다양한 사진 및 자료가 전시되어 있다. 이에 더해 발해인의 생활양식부터 19세기 이후 고려인의 연해주 및 중앙아시아 이주사까지 한눈에 볼 수 있다. 중앙 건물 내부의 민속춤 실습실을 비롯해 건물 밖 왼쪽에 위치한 별관 태권도실 등은 고려인을 위한 문화공간으로 활용된다.

입장권 70루블, 안내책자 100루블 우수리스크 시청광장 도보 13분 Ул. Амурская, 63А, Уссурийск
10:00~18:00 43.80656, 131.95076

12
조국광복을 끝내 보지 못한 애통함
이상설 선생 유허비
Monument to the patriot Lee Sang Seol
Памятник патриоту Ли Сан Солу

1907년 7월, 이상설 선생은 광무 황제의 밀지를 받고 헤이그 만국평화 회의에 이준과 이위종 등과 참석하여 을사조약의 부당함을 폭로하려 했으나, 일제의 방해로 무산되었다. 이어 연해주에서 성명회와 권업회를 조직하여 독립운동에 헌신 중 순국하였다. 2001년 10월, 광복회와 고려학술문화재단은 '조국광복을 이루지 못했으니 내 몸과 유품은 불태우고 제사도 지내지 말라'라는 이상설 선생의 유언에 따라 선생의 화장된 재를 뿌린 곳으로 추정되는 연해주 우수리스크의 솔빈강(Река Раздольная, 라즈돌나야 강) 근처에 유허비를 세웠다.

🚶 우수리스크 중심부에서 택시로 10분
📍 Корейский Памятник, Уссурийск
🕐 24시간   43.76029, 131.9346

13
러시아의 중세시대 테마파크
중세시대 마을(우수리스크 민속공원)
Park Izumrudnaya Dolina
Изумрудная Долина

우수리스크 중세시대 마을은 우수리스크 중심에서 약 10km 떨어져 있다. 도심 외곽이기 때문에 택시를 이용하는 게 편리하며, 택시 요금은 막심 기준 약 200루블 내외다. 중세시대의 러시아 마을을 재현한 이곳에서는 소작농 및 상인의 집, 대장간, 감옥 등의 목조 건축물과 중세시대의 생활 방식을 볼 수 있으며, 중세시대의 날(День Средневековья, 젠 스렛녜베꼬뱌) 전투체험 등 매년 다양한 민속축제를 진행한다. 탁 트인 전경과 평온한 민속 마을 풍경이 마음에 여유를 준다.

💰 성인 200루블, 어린이(5~14세) 100루블, 주말·공휴일 성인 300루블, 어린이 150루블 🚶 우수리스크 중심부에서 택시로 20분
📍 Изумрудная Долина, Село Утёсное
🕐 10:00~19:00   🌐 dvpark.ru   43.73495, 131.92726

©우수리스크 민속공원

01
바다 컨셉의 독특한 인테리어
배부른 선원
Sytyy Botsman
Сытый боцман

우수리스크 내 3개 지점이 영업 중인 러시아식 뷔페 체인점이다. 여행 중 허기가 질 때 저렴한 가격에 다양한 러시아 음식을 골라먹기 좋다. 식당 이름처럼 선실로 들어온 듯한 느낌을 주는 인테리어가 특징이다. 식당 내 화장실을 무료 사용할 수 있는 다른 음식점과 달리, 화장실 입장료를 15 루블 받는다. 사용하고 나오면 직원이 영수증을 준다.

✕ 보르쉬(Борщ) 50루블, 커피(Кофе) 30루블, 모든 메뉴 50~100루블 내외 🚶 우수리스크 기차역 도보 1분 📍 우수리스크 기차역 지점 Ул. Вокзальная площадь, 4, 우수리스크 호텔 지점 Ул. Некрасова, 64, 체체리나 지점 Ул. Чичерина, 101
🕐 09:00~20:00 📱 43.80079, 131.98028, 43.79598, 131.95267, 43.79189, 131.95796

02
러시아 만두 뻴메니 맛집
사르본나
Sorbonna
Сорбонна

원기둥 모양의 독채로 구성된 바 겸 레스토랑으로, 벽면이 통유리로 되어 있어 식사를 하며 바깥풍경을 감상하기에 좋다. 낮에 방문하면 10가지가 넘는 재료로 빚어낸 러시아 만두 뻴메니를 단돈 99루블에 즐길 수 있으며 식빵도 무료 제공된다. 서툰 한국어로 말을 걸어오는 러시아인 주인의 배려를 느낄 수 있다.

✕ 뻴메니(Пельмени) 1인분 99루블, 샐러드(Салаты) 40루블, 모르스(Морс) 30루블 🚶 우수리스크 구시가지 도보 5분
📍 Ул. Ленина, 50 🕐 12:00~24:00
🏠 rest-sorbonna.ru
📱 43.78945, 131.95676

03
현지인들로 가득한 가로수길 카페
불바르
Cafe Boulevard
Кафе Бульвар

우수리스크 구시가지 중심에 위치한 대형 카페로, 총 세 개의 홀로 구성되어 있다. 19세기 후반 지은 역사적인 건물 1층에 있으며, 외형은 우뚝 솟은 지붕 덕분에 자그마한 궁전 같아 보이기도 한다. 시원한 과일음료와 달콤한 디저트를 가볍게 즐기기 좋다. 런치타임에는 러시아식 뷔페를 저렴하게 이용할 수 있어 늘 현지인들로 북적인다.

✕ 티라미슈(Тирамису) 150루블, 모히또(Мохито) 150루블, 닭고기 샤슬릭(Шашлычки из курицы) 365루블
🚶 우수리스크 구시가지 도보 1분 📍 Ул. Калинина, 52 1층
🕐 10:00~23:00, 금·토 11:00~24:00 🏠 bulvar-online.ru
📍 43.78944, 131.95887

04
러시아에서 맛보는 고려인 국시
코리안하우스
Korean House

국시는 고려인 사이에서 여름철 별미로, 우수리스크 방문 시 꼭 먹어야 할 음식 중 하나다. 국시는 찬 국시(Холодная лапша, 할롯나야 랍샤)와 뜨거운 국시(Горячая лапша, 가랴차야 랍샤)의 두 종류가 있는데 이왕이면 전자를 추천한다. 김치와 각종 고명이 푸짐하게 올라간 국시는 비주얼부터 입맛을 자극한다. 새콤하고 시원한 국물은 여름철의 물냉면 육수를 생각나게 하는 맛이다.

✕ 국시(Кукси) 200루블, 순대(Сунде) 250루블, 불고기(Пулькоги) 750루블
🚶 우수리스크 시청사에서 도보 8분 📍 Ул. Пушкина, 17
🕐 11:00~24:00 📍 43.79898, 131.94667

PART 05

쉽고 즐거운
여행 준비

EASY VLADIVOSTOK

GUIDE 01
여행이 쉬워지는 준비 편 P.266

GUIDE 02
망설임 없이 따라하는 실전 편 P.272

GUIDE 03
아는 만큼 편해지는 숙소 편 P.282

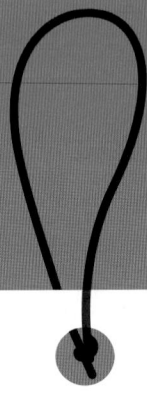

GUIDE 01

여행이 쉬워지는
준비 편

블라디보스톡 여행이 처음이라면 여행 준비 캘린더의 숨겨진 꿀팁을 참고해 만반의 준비를 해보자. 출국 전 현지 정보를 충분히 수집하고 필요한 것을 준비하다보면 걱정과 부담 대신 여행에 대한 설렘이 더욱 커져갈 것이다.

GUIDE 01 준비 편

여행 준비 캘린더

D-40
여행 정보 수집하기

블라디보스톡에 대해 알아보자. 가고 싶은 관광지, 묵고 싶은 호텔, 먹고 싶은 음식을 확인하고 특정 기간에 열리는 축제나 행사도 참고해 여행 시기를 결정하자. 정해진 일정에 따라 움직이는 여행사 상품과 달리 자유여행의 성공 여부는 정보 수집에 달렸다. 여행 관련 블로그나 카페 등에는 정보가 넘쳐나지만 초보 여행자에게는 너무 많은 정보가 오히려 부담으로 다가올 수 있다. 가이드북을 통해 가장 필요한 정보가 무엇인지 미리 파악한 뒤 취향에 맞는 여행지를 선택하자.

블라디보스톡 여행 정보 사이트

- **디스커버 블라디보스톡(Discover Vladivostok)**
vladivostok.travel/en

태평양관광연합(Pacific Russia Tourism Alliance)이 제작한 극동러시아 태평양 지역 관광 사이트. 러시아 블라디보스톡 시와 교외 지역에 관한 온라인 관광 가이드 페이지로, 최신 현지 관광 정보를 발 빠르게 소개한다. 블라디보스톡에서 진행하는 축제, 이벤트와 다양한 체험 코스 등 색다른 정보도 소개하고 있어 참고할 만하다.

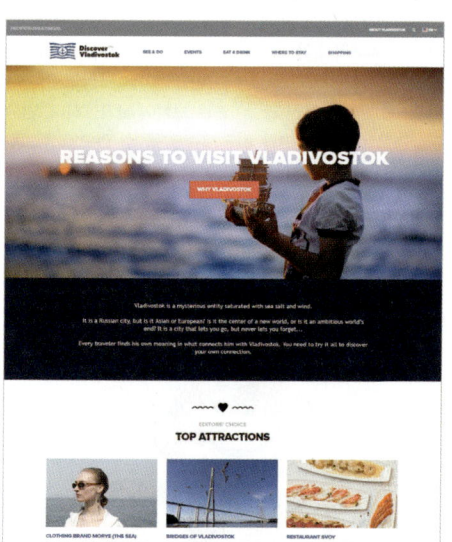

D-35
여권 만들기

여권은 해외에서 사용하는 신분증으로 출국 시 반드시 필요하다. 항공권 역시 여권이 있어야 발급되며, 여권의 유효기간이 6개월 미만이면 출입국 시 제재를 받을 수 있으니 미리 확인해두자. 전자여권 제도 시행으로 유효기간 연장 제도는 폐지되었다.

여권 발급은 각 시·도·구청의 여권발급과에서 가능하며, 6개월 이내에 촬영한 여권용 사진 1매와 신분증(주민등록증, 운전면허증), 여권발급신청서 1부(기관에 배치)가 필요하다. 25~37세 병역미필 남성의 경우 국외여행 허가서를 준비해야 하며 미성년자 외에는 본인 발급만 가능하다.

D-30
항공권 및 승선권 발권하기

항공편과 배편은 날짜에 따라 가격 편차가 크므로, 극성수기인 7~8월 여행을 계획한다면 최소 한 달에서 넉넉하게 두 달 전에는 예약하자. 항공사 웹사이트를 이용하는 것도 좋지만 특가 항공권을 판매하는 여행사 홈페이지나 스마트폰 애플리케이션을 이용하면 더욱 저렴하게 구할 수 있다. 크루즈 페리 이용 시 학생, 장애인, 경로 대상자는 필요서류를 제출하면 20% 할인가에 발권이 가능하다.

노선별 항공사&크루즈 페리

노선	항공사&크루즈 페리
인천-블라디보스톡	아에로플로트(주 14회), S7항공(주 9회), 대한항공(주 7회), 제주항공(주 7회), 이스타항공(주 7회)
부산-블라디보스톡	오로라항공(주 7회), 에어부산(주 3회), 이스타항공 (주 6회)
대구-블라디보스톡	티웨이항공(주 5회, 월·수·금·일)
동해-블라디보스톡	DBS크루즈훼리(주 1회, 일)

항공권 비교 사이트

- **스카이스캐너 skyscanner.co.kr**
전 세계 2천만 명이 사용하는 웹사이트로 출발지와 도착지, 출발일 등 간단한 정보를 입력하면 실시간으로 가장 저렴한 항공권을 검색해준다.

- **인터파크투어 tour.interpark.com**
국내 여행사 중 항공권 최다 발권을 자랑하며 실시간으로 가장 저렴한 항공권을 찾아준다. 땡처리 항공권 정보도 얻을 수 있어 출발일이 관계없다면 추천할 만하다.

D-25 숙소 예약하기

여권과 항공권 준비를 마쳤다면 숙소를 예약할 차례다. 블라디보스톡은 관광지가 중심부에 집중되어 있으므로 무엇보다 시내 접근성을 우선적으로 고려해야 한다. 아르바트 거리, 스베뜰란스까야 거리, 블라디보스톡 기차역 주변 숙소가 가장 편리하다. 저렴한 숙소는 시내 주요 스폿에서 거리가 멀거나 언덕에 위치해 있어 시내까지 이동하는 데 오래 걸릴 수 있다는 점에 주의해야 한다.
같은 호텔이라 해도 예약하는 웹사이트에 따라 금액차가 발생할 수 있다. 금액이 저렴하다면 변경 및 취소 불가 등의 조건이 따르는 경우가 많으니 더욱 꼼꼼한 비교가 필요하다. 에어비앤비 등에서 개인이 대여하는 아파트의 경우 온라인상의 사진과 달리 시설이 낙후되어 있을 수 있으니 주의하자. 직접 가보지 못한 숙소이니만큼 투숙객의 후기를 살펴보는 것이 관건!

숙소 예약 사이트

- **부킹닷컴 booking.com**
가장 많은 여행객이 선호하는 호텔 예약 시스템으로, 취소가 자유롭다는 점이 가장 큰 장점이다.

- **아고다 agoda.com/ko-kr**
3~5성급 호텔에 높은 할인가가 적용되는 경우가 많아 가격대가 높은 호텔을 예약할 때 유용하다.

- **익스피디아 experdia.co.kr**
각종 웹사이트에서 할인 쿠폰을 발행할 뿐 아니라 카드사 할인도 가능해 저렴한 가격으로 호텔을 예약할 수 있다.

D-20 여행 일정 & 예산 짜기

〈리얼 블라디보스톡〉으로 여행지에 대해 파악하고 기본 준비를 마쳤다면, 관련 웹사이트나 블로그 등을 통해 구체적인 여행 정보를 수집하자. 블로그에서는 가장 최신의 정보를 얻을 수 있지만 내용이 부정확한 경우가 있으니 공식 웹사이트를 함께 참고하는 게 좋다. 일정과 함께 상세 예산도 짜보자. 하루 경비는 교통비, 식비, 입장료, 쇼핑비, 기타 경비를 포함해 3,000~5,000루블 정도가 적당하다. 천재지변으로 항공편이 결항되거나 실수로 비행기를 놓칠 경우를 고려해 비상금으로 5,000~10,000루블을 마련해두자.

- **네이버 카페-러사모(러시아를 사랑하는 사람들의 모임)**
cafe.naver.com/loverussia

- **네이버 카페-가자 러시아(러시아 여행 정보 카페)**
cafe.naver.com/starmod/1286651

D-15 여행자 보험 가입하기

도난 등의 상황에 대비해 출발 전 여행자 보험에 가입하는 것이 좋다. 도난이 발생하면 곧장 경찰서를 방문해 도난 증명서를 발급받아야 한다. 현금 도난의 경우 보험 적용이 불가하고, 카메라나 휴대폰 등의 물품 도난은 가장 저렴한 금액의 보험이라 해도 물품당 20만 원 이상 보상이 가능하다. 단순 분실은 본인 과실이므로 보상이 불가능하며, 단순 분실임을 속이고 신고를 하면 처벌받을 수 있으니 주의하자. 신용카드를 도난당했다면 바로 카드사에 전화해 사용 중지를 신청하자.

D-10
환전하기

루블 환율은 실시간으로 변동하기 때문에 환전의 적기를 명확히 말하기는 힘들다. 따라서 특별한 현지 이슈가 없다면 여행 10일 전에는 환전을 마치는 게 좋다. 공항에서 환전하는 것보다는 시중 은행 홈페이지를 통한 인터넷 환전을 이용하는 것이 더 저렴하다. 50만 원 이상 많은 금액을 환전하는 경우에는 해외 겸용 체크카드를 준비해 현지 ATM에서 루블로 출금하는 게 가장 유리하다. 국내 환전 시에는 현지에 도착하여 당일 사용할 최소한의 현금만 환전하는 것이 좋다.

러시아 화폐 종류

현지에서 사용되는 러시아 지폐는 50·100·200·500·1,000·2,000·5,000루블까지 7종류이며 동전은 50까뻬이까·1·2·5·10루블까지 5종류이다. 200루블과 2,000루블은 2017년 10월부터 발행한 신권이며 200루블 앞면에는 블라디보스톡의 루스키대교와 극동연방대학교가 그려져 있다.

D-7
면세점 쇼핑하기

오프라인 면세점의 경우 물건을 직접 눈으로 확인할 수 있고, 온라인 면세점과 같은 타임 세일, 적립금, 추가 쿠폰 할인, 모바일 결제를 통한 추가 적립금 등 이벤트를 통해 많은 혜택을 제공하니 활용해볼 만하다. 오프라인 면세점 이용 시 여권과 항공권을 반드시 지참해야 하며, 인터넷 면세점 이용 시 항공권 및 여권 정보를 정확하게 기입해야 물품 수령이 가능하다.

면세점 쇼핑 시 주의 사항

면세품을 비롯해 해외 구매 후 한국으로 반입하는 물품의 총액이 미화 600달러가 넘을 경우 자진신고서를 작성해 제출해야 하며, 초과금에는 물품에 따라 다르지만 평균 20% 정도의 가산세가 부과된다. 자진신고를 하지 않고 발각되는 경우 40% 가산세가 부과된다. 인터넷 면세점에서 출국 3시간 전까지 주문이 가능한 상품도 있으나, 출국 당일 구매가 불가능한 경우도 많으니 미리 확인하자.

D-5
로밍 VS 포켓 와이파이 VS 유심칩

데이터 로밍

원하는 날을 선택해 데이터 로밍 서비스를 이용할 수 있다. 별도의 기계가 없어도 되지만 요금이 비싸다(1일 9,000~12,000원). 로밍된 폰만 사용하기 때문에 데이터 공유가 불가능하고, 핫스팟을 사용하더라도 데이터 사용량이 한정되어 있다. 현지에 도착해 전원을 껐다가 켜면 전화와 문자 서비스가 자동으로 로밍 상태가 된다. 출국 전 고객센터를 통해 신청하거나 출국 당일 공항 통신사 부스를 방문해 신청하면 된다.

포켓 와이파이

데이터 로밍에 비해 요금이 저렴하다(1일 3,000~4,000원). 동행자와 공유 가능하며 스마트폰, 태블릿, 노트북 등 최대 10대의 기기와 공유할 수 있지만, 전 일정동안 대여해야 하며, 기기 분실의 염려가 있다. 출국 전 택배 수령 또는 공항 직접 수령을 선택하면 된다.

유심칩

비용이 저렴하고 현지에서 각종 서비스 이용이 편리하다. 기본 한 달짜리 요금이 약 6,000~10,000원 정도이므로 블라디보스톡에 머무는 시간이 길수록 경제적이다. 유심칩을 이용하면 러시아 전용 번호가 발급되기 때문에 기존의 한국 번호로는 통화나 문자 이용이 불가능하다. 새벽에 도착하는 스케줄이 아니라면 블라디보스톡 공항 내 위치한 주요 통신사 매장에서 구입 가능하며 직원이 직접 교체까지 해주어 편리하다.

D-3 짐 꾸리기

짐을 담을 캐리어 외 카메라, 휴대폰, 가이드북 등 간단한 물품을 담을 가벼운 크로스백을 준비하자. 여행용 백인백이나 지퍼백을 활용하면 물건을 편리하게 정리할 수 있으며, 호텔에서 짐을 풀기 쉽고 물품을 잃어버릴 일도 적다. 100ml 이상의 액체류는 기내 반입이 불가능하지만 샘플용 화장품 정도는 작은 사이즈의 지퍼백에 담아 기내로 가져갈 수 있다. 호스텔이나 미니 호텔 같이 세면도구가 구비되지 않은 숙박시설을 이용할 예정이면 샴푸, 칫솔, 비누 등 기본 세면도구를 챙겨야 한다. 비슷한 캐리어가 많아 헷갈리거나 분실되는 경우도 종종 발생할 수 있으니 캐리어 겉면에 스티커나 네임태그를 붙여 잘 구분되도록 하자.

D-1 최종 점검

여권, 항공권(e-티켓), 여행 경비, 사전 구입한 패스와 입장권 등 필수 물품을 꼼꼼하게 확인하자. 멀티어댑터, 스마트폰 및 카메라 충전기, 메모리카드, 의류 및 액세서리, 기타 물품도 점검하자.

기내 반입 불가 물품

- **액체류(용기 1개당 100ml 혹은 총량 1L 초과)**: 잔량이 없더라도 용기가 100ml 이상이거나, 100ml 용기가 10개(1L) 이상이면 기내 반입 불가.
- **위험 물질**: 칼, 가위, 면도날, 송곳 등 무기로 사용될 수 있는 물품이나 총기류 및 폭발물, 탄약, 인화물질, 가스 및 화학물질.

위탁 수하물 반입 불가 물품

- **라이터**: 인화성 물질로 분류되는 라이터나 가스를 주입하는 라이터는 항공기 반입 자체가 금지된다. 휴대용 라이터는 1개에 한해 반입 가능하다(단, 본인 휴대에 한함).
- **휴대폰 배터리, 전자담배**: 위탁 수하물에 실으면 폭발 위험이 있으므로 1개에 한해 기내 반입이 가능하다.
- **인천국제공항 홈페이지** www.airport.kr

D-DAY 출국

① 공항 도착
항공편 출발 2~3시간 전에는 공항에 도착해야 한다.

② 탑승 수속 및 수하물 부치기
이용 항공사의 카운터로 가서 여권 등을 제시하고 탑승권을 수령한다. 이때 수하물도 같이 처리한다. 셀프 체크인을 이용했다면 항공사 카운터에 따로 마련된 셀프 체크인 전용 창구로 가서 수하물만 부치면 된다. 수하물이 없다면 바로 출국장으로 들어간다.

③ 환전, 포켓 와이파이 수령
출국 게이트로 들어가면 다시 나올 수 없으므로 빠트린 물품이 없는지 다시 한 번 확인하자. 환전 수령 신청, 통신사 로밍이나 와이파이 기기 대여도 잊지 말자.

④ 출국 심사
항공편 출발 2시간 전부터 가능하다. 성수기에는 인파가 몰려 대기 시간이 상상 이상으로 길어지므로 준비를 마쳤다면 서두르자.

⑤ 면세품 수령
구매한 면세품이 있다면 해당 인도장으로 이동해 물품을 수령하자.

⑥ 탑승 게이트 대기
탑승권에 기재된 게이트에서 탑승까지 대기한다.

⑦ 항공편 탑승
승무원의 안내를 받아 해당 좌석에 앉고 기내 반입 물품은 상단 보관함이나 좌석 밑에 넣자.

라스트 체크, 블라디보스톡 여행 준비물

기본 체크 리스트

- **여권**: 분실할 경우를 위해 사본 1부를 준비하자.
- **항공권(e-티켓)**: 만약을 위해 사본 1부를 준비하자.
- **여행 경비**: 전액을 한곳에 보관하기보다 날짜별로 분리해 보관하자. 교통비 등 지출이 특히 많은 첫날 경비는 따로 구분해두는 것이 좋다.
- **신용카드**: 기존에 사용하는 신용카드가 있다면 해외에서 사용이 가능한지 꼭 확인하자.
- **호텔 바우처**: 여권과 신용카드로 호텔 체크인이 가능하지만 출력해두면 더욱 편리하다.
- **복장**: 블라디보스톡 연교차는 물론 일교차가 큰 편이므로 걸칠 옷을 준비하자. 공연을 관람할 경우 단정한 복장 준비는 필수.
- **보조 가방**: 캐리어나 여행용 배낭 외에 여권과 필기구, 동전 지갑 등을 보관할 수 있는 작은 가방을 준비하는 것이 좋다. 뒤로 메는 백팩보다는 옆으로 메는 크로스백이 안전하다.
- **편한 신발**: 블라디보스톡은 유독 언덕길이 많고 도보로 이동하는 구간이 많다. 발에 맞는 편한 신발과 개인 슬리퍼를 준비하는 것이 편하다.
- **세면도구**
- **휴지 및 물티슈**
- **상비약**: 만일에 대비해 진통제, 감기약, 지사제, 소화제, 두통약, 1회용 밴드 등을 준비하자.
- **지퍼백**: 기내에서 쓸 액체류를 담거나 짐 정리 시 압축 보관을 할 수 있어 유용하다.
- **멀티탭**: 러시아는 220V, 50Hz 전압을 사용해 어댑터는 필요하지 않으나, 다수가 함께 사용하는 게스트하우스의 경우 콘센트가 부족할 수 있으니 멀티탭을 준비하는 것이 편리하다.
- **동전지갑**: 대중교통을 이용하거나 상점을 이용할 때 동전으로 계산할 일이 많으므로, 잃어버리지 않도록 동전지갑을 준비하자.

겨울철 체크 리스트

시베리아에서 살아남기 위한 필수품, 핫팩

블라디보스톡의 겨울 평균 기온은 영하 20도, 체감온도는 영하 30도까지 내려가며, 특히 공항에서 내리자마자 휴대폰이 방전되는 경우가 허다하다. 겨울철 여행 중 휴대폰이 먹통이 되는 곤경에 빠지지 않으려면 휴대용 핫팩을 넉넉히 준비하자.

두꺼운 옷 한 겹보다는 얇은 옷을 여러 겹으로

겨울이 약 6개월에 달하는 블라디보스톡은 대부분 공공시설의 실내 난방이 잘 되어 있다. 또한 공연장이나 레스토랑, 카페 등의 공공장소는 겉옷을 맡겨야 입장이 가능한 경우가 대부분이다. 따라서 실내 활동이 많은 겨울철에는 가벼운 옷을 여러 벌 겹쳐 입는 것이 실용적이며 보온성도 높다.

방한 용품

한겨울의 블라디보스톡은 폭설이 잦고 인근 바다까지 얼어버릴 정도로 춥다. 야외 활동 시 동상에 걸릴 수 있으니 털모자와 장갑, 방한 양말까지 꼼꼼히 착용하자.

GUIDE 02

망설임 없이 따라하는
실전 편

드디어 출국 날이 다가왔다! 비행기나 크루즈페리를 타고 블라디보스톡에 첫발을 내딛는 순간부터 현지 환경에 적응하기까지, 실전 가이드만 따라하면 전혀 어렵지 않다.

GUIDE 02 실전 편 273

블라디보스톡 입국 절차 A to Z
두려움 없이 블라디보스톡으로 입국하기

출발 후 2시간 반 만에 블라디보스톡 도착! 진짜 여행은 이제부터다. 블라디보스톡 국제공항은 인천 국제공항에 비하면 다소 아담한 규모로, 복잡하지 않아 길찾기가 어렵지 않다.

미리 경험하는 블라디보스톡 입국 절차

① 공항 도착
비행기에서 내려 '도착 출구(Arrival Exit)'라고 쓰인 표지를 따라가다 보면 입국 심사대(Immigration)가 나온다.

② 입국 심사대 통과하기
입국 심사대에서 여권을 제시하면 러시아 입국 카드를 준다. 입국 카드는 출국 시 꼭 필요하므로 잃어버리는 불상사가 없도록 반드시 잘 챙기자.

③ 짐 찾으러 가기
수하물 수취장(Baggage Claim)이라고 쓰인 표지를 따라가면 짐 찾는 곳이 나온다. 전광판에 도착 항공편별 컨베이어 벨트 번호가 공지되니 자신이 타고 온 항공편명과 일치하는 곳으로 찾아가자.

④ 헤매지 않고 꼼꼼하게, 수하물 찾기
짐을 찾을 때는 혹시나 짐이 뒤바뀌는 불상사가 생길 수 있으니, 반드시 짐에 붙은 짐표와 항공사에서 받은 짐표가 일치하는지 확인해야 한다.

⑤ 도착장으로 나오기
도착장으로 나가면 대중교통을 타는 곳, 여행안내 센터, 호텔 및 렌터카 안내소, 유심 판매처, 환전소, 은행 ATM 등이 있다.

⑥ 블라디보스톡 시내로 이동하기
익스프레스, 미니버스, 택시를 이용하여 시내로 이동할 수 있으며 약 50분~1시간이 소요된다. ▶▶ 블라디보스톡 대중교통, 도심으로 가는 방법 P.110

 REAL TIP 짐이 없어졌다면?
수하물 수취장 한 쪽에 있는 짐 안내소(Baggage Inquires)로 가자. 타고 온 항공사의 카운터에서 짐표를 보여주고 상황을 설명하면 즉시 짐의 위치를 체크해준다. 단시간에 해결이 안 될 상황이라면 분실 신고서를 작성한다. 호텔 주소를 적어두면 짐을 찾은 후 호텔로 배송해주고, 혹시 못 찾게 되더라도 분실 신고서를 통해 여행자 보험 배상을 받을 수 있다.

블라디보스톡 끄네비치 국제공항
VLADIVOSTOK INTERNATIONAL AIRPORT
Международный аэропорт Владивосток

1층 / 국내선·국제선 도착 및 티켓팅

입국심사 통과 후 낯선 여행지에 첫발을 내딛는 장소인 공항에서 무엇을 해야 할지, 어디로 가야 할지 두려워하지 말자. 블라디보스톡 국제공항은 상대적으로 복잡하지 않아서 공항 구조도를 보고 표지판을 잘 따라가면 각 시설을 찾기 쉽다.

① 인포메이션 데스크
블라디보스톡 여행에 유용한 한국어 소책자를 얻을 수 있다.

② 항공권 발권 데스크
국제선 발권 데스크는 1층 중앙 에스컬레이터를 기준으로 좌측에 위치한다.

③ 유심칩 판매처
러시아 통신사 부스에서 현지 여행 시 필수 아이템인 유심칩을 구매할 수 있다.

④ 러시아 은행 ATM
1층 중앙 에스컬레이터 주변으로 길게 늘어서 있다.

⑤ 환전소
원화, 달러화 등 다양한 화폐를 교환할 수 있지만 수수료가 비싸다.

⑥ 카페 및 음식점
러시아의 유명한 카페 체인 미쉘베이커리 등에서 간단한 식사가 가능하다.

GUIDE 02 실전 편 275

▲
2층 (국내선, 국제선 출발)

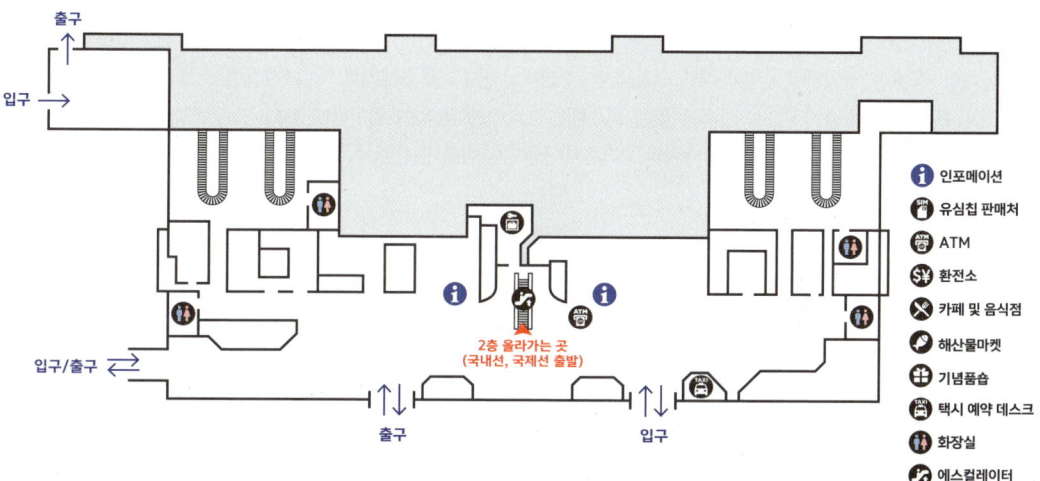

⑦ 해산물마켓
냉동 아이스팩에 포장된 킹크랩과 곰새우 등을 구매할 수 있다.

⑧ 기념품숍
시내에서 기념품 구매하는 것을 깜빡했다면 방문해보자.

⑨ 택시 예약 데스크
시내까지 가는 택시를 안전하게 예약할 수 있다.

⑩ 익스프레스 입구
블라디보스톡 기차역까지 가는 공항철도에 탑승할 수 있다.

2층 / 국내선·국제선 출발

① 국제선 출국장
국제선으로 출국하는 항공편의 보안검색대와 출국심사장은 2층 중앙 좌측에 있다.

② 약국
2층 중앙 좌측에 연해주 지역의 약국 연합 아비타(OVITA)의 파트너십 지점이 있다.

③ 우체국
한국으로 부칠 편지나 소포가 있다면 2층 중앙 좌측의 우체국에 방문해보자.

④ 화장실
화장실은 2층 좌측 끝에 위치해 있으며 무료로 이용가능하다.

블라디보스톡 국제 여객터미널
SEA TERMINAL OF VLADIVOSTOK
Морской вокзал Владивостока

동해항 국제여객터미널에서 블라디보스톡 국제여객터미널까지 크루즈페리로 약 23시간이 소요된다. 한국으로 돌아갈 때의 출국장은 중앙홀에 있는 분수대를 기준으로 좌측에 위치한다. DBS 크루즈훼리 사무실 좌측에 있는 입구로 들어가 출국심사대와 보안검사대를 통과하면 승선할 수 있다.

크루즈페리 발권 절차

① DBS 크루즈훼리 공식 이메일로 객실, 출발일, 티켓 종류(편도/왕복), 생년월일, 여권번호, 휴대폰 번호를 입력하여 예약 문의를 진행한다.

② 예약 시 여권 사본이 필요하다. 학생, 장애인, 경로 대상자는 필요서류 제출 시 20% 할인가에 발권이 가능하며, 할인 대상자의 경우 관련 증빙서류를 미리 첨부해야 한다.

③ 인보이스 발급 후 전용 계좌로 입금한다.

④ 온라인으로 승선권 발권 후 현장에서 실물 티켓으로 교환한다.

크루즈페리 탑승 시 Q&A

Q 결제가 현금으로 계좌입금만 가능한지 궁금합니다.
A 신용카드 결제는 DBS 크루즈훼리 서울 사무실로 직접 방문해 결제해야 합니다. 출발 당일 현장 결제(신용카드 또는 현금)도 가능합니다.

Q 객실 내 각 침대마다 콘센트를 꽂을 수 있나요?
A 객실 내 콘센트 사용이 불가합니다. 화재 발생의 위험으로 충전은 선내 2층 안내실에서만 가능합니다.

Q 캔맥주나 기타 음식 반입 가능한지 궁금합니다.
A 병 음료는 반입불가이며, 캔맥주나 포켓음료는 가능합니다. 레토르트 식품은 반입 가능하나 조리된 음식(족발, 치킨, 피자, 샌드위치, 김밥 등)이나 날 음식(회 등)은 반입 불가합니다.

Q 항공편 이용 시 캐리어 짐을 따로 부치는 것처럼, 배편 이용 시에도 따로 부치는지 아니면 선내에 가지고 타는지 궁금합니다.
A 수하물은 30Kg까지 무료로 위탁 가능하며, 사용할 짐은 선내에 들고 타시면 됩니다. 승선 시 객실까지 수하물을 옮겨주는 담당 직원이 있어 안전하게 이동 가능합니다.

GUIDE 02 실전 편

23시간을 알차게 보내자
크루즈페리 부대시설 제대로 이용하기

객실
2인실, 4인실, 8인실, 100인실 등 다양하다.

안내데스크
24시간 열려 있다. 편의점이 닫힌 이후에는 이곳에서 서비스를 요청할 수 있으며 멀미약도 구매할 수 있다.

편의점
여행에 필요한 물품과 간식거리가 구비되어 있다. 출항 후부터 밤 12시까지 운영한다.

레스토랑
한식, 중식, 일식 등 전문 호텔요리사가 직접 요리한다. 음식의 신선도와 맛이 어우러진 뷔페 레스토랑이다.

나이트클럽
화려한 조명과 인테리어로 꾸민 나이트클럽. 2층 선미에 있으며, 안쪽에는 노래방도 있다.

바
경쾌한 음악과 고급스러운 분위기로 가족, 친구들과 함께 술과 음악을 즐길 수 있다.

선상포차
밤에만 운영해 파도가 셀 경우 운영이 어려울 수 있다.

사우나
편백나무를 내장재로 이용한 사우나를 무료로 이용할 수 있다.

면세점
고급 브랜드 화장품, 건강식품, 양주, 액세서리를 면세 가격에 구매할 수 있다.

환전과 유심칩 완전정복

현재 국내에서 루블은 기타통화로 분류되어 있어 러시아 현지에서 환전하는 것이 더 유리하다. 또한 러시아의 휴대폰 선불 요금제는 한국의 요금제와 비교해 매우 저렴한 편이다. +7로 시작하는 러시아 번호가 생기기 때문에 택시 예약 어플리케이션 막심을 이용하거나, 온라인에서 공연을 예약할 때 인증코드 수신이 가능하다.

환전

❶ ATM에서 체크카드로 출금하기
블라디보스톡 국제공항과 시내 곳곳에 있는 스베르은행(СБЕРБАНК)과 VTB24(ВТ624) 등 현지 주요 은행 ATM에서 체크카드로 루블을 인출할 수 있다. 수수료는 약 1% 내외로 저렴하며 대부분 영어 안내 서비스도 이용 가능하다. 체크카드는 해외겸용만 사용 가능하며 수수료가 각기 다를 수 있으니 꼼꼼하게 체크하자.

❷ 환전소 이용하기
한국 원화를 환전하거나 국내에서 높은 우대율로 달러 환전 후 현지에서 재환전할 수 있다. 러시아 현지에서 환전 시 낙서가 되어 있거나 심하게 구겨진 손상지폐, 동전이나 작은 단위의 지폐는 환전이 어려우니 참고하자.

❸ 신용카드로 결제하기
블라디보스톡의 주요 쇼핑몰, 음식점, 호텔에서 대부분 신용카드를 사용할 수 있지만 VISA나 MASTER 카드에 한해 사용 가능한 경우가 많으니 참고하자. 약 0.2%의 해외결제 수수료가 붙더라도 국내 은행에서 환전하는 경우보다 신용카드로 결제하는 것이 유리하다.

> **REAL TIP** 원화 환전 가능 환전소
>
> **싸밋반끄 아르바트거리점**
> Summit Bank Саммит банк
>
> 📍 Ул. Адмирала Фокина, 18
> 🕐 09:00~20:00 📞 43.116935, 131.885265

유심칩

러시아 유심칩 구매하기

① 공항, 기차역 주변, 시내에 위치한 통신사를 방문하자. 블라디보스톡 내 주요 통신사는 엠떼에스(MTC), 메가폰(МегаФон), 빌라인(Билайн)이 있다.

② 여권을 제시하면 직원이 체류 장소와 여행 기간, 사용 용도(통화/데이터) 등을 질문할 것이다. 장소는 블라디보스톡(Во Владивостоке, 바 블라디바스또께), 사용 용도는 인터넷(Интернет, 인떼르넷)이라고 대답하자.

③ 원하는 번호를 선택하면 유심칩이 발급된다. 유심핀을 가지고 있지 않다면 직원에게 교체를 부탁하자.

④ 유심칩을 스마트폰에 끼우고 약 5분 정도 지나면 작동된다. 유심칩 교체 후 러시아어 안내문자가 오는지 확인하고 매장 내에서 데이터를 사용할 수 있는지 확인 후 이동하자.

⑤ 블라디보스톡이 아닌 타 지역으로 이동하는 경우 로밍서비스로 전환되어 요금이 빨리 차감될 수 있다. 충전 키오스크를 이용하여 데이터를 추가 충전할 수 있다.

이용 시 주의사항

- 러시아 유심으로 교체 시 한국에서 사용하던 기존 전화번호는 사용할 수 없다. 한국에서 사용하던 유심칩을 잘 보관하자.
- 러시아 유심 구매 시 여권상 개인정보 및 러시아 입국 카드 정보를 기입해야 한다. 따라서 유심칩을 타인에게 넘겨주면 개인정보 유출의 우려가 있고, 대여를 받아도 이전에 이용한 사람의 신용, 신변관련 사고 발생 시 유심칩 불법 대여가 문제가 될 수 있으니 주의하자.

REAL TIP 러시아 통신사 별 선불요금제

1. 엠떼에스(MTC)

📍 Ул. Семёновская, 15, 1э 🕐 10:00~21:00
📞 43.118907, 131.884210

- **Smart mini**: 데이터 1GB, 350루블
- **Smart**: 데이터 5GB, 500루블
- **Smart Безлимитище**: 데이터 10GB, 550루블

잔액 확인(Проверка баланса) *100* + 통화

2. 메가폰(МегаФон)

📍 Ул. Светланская, 23 🕐 09:00~21:00
📞 43.116127, 131.884579

- **Пиши**: 데이터 1GB, 250루블
- **Слушай**: 데이터 10GB, 350루블
- **Смотри**: 데이터 24GB, 750루블

잔액 확인(Проверка баланса) *100# + 통화

3. 빌라인(Билайн)

📍 Ул. Верхнепортовая, 2Г 🕐 08:00~20:00
📞 43.111277, 131.880227

- **Всёшечка**: 데이터 1GB, 250루블
- **ВСЁ моё 1**: 데이터 15GB, 400루블
- **ВСЁ моё 2**: 데이터 24GB, 650루블

잔액 확인(Проверка баланса) *102# + 통화

러시아 실생활 도우미

생수 구매 방법

초보 여행자 사이에서는 "러시아에서는 러시아어를 모르면 생수도 못 사먹는다"라는 말이 심심치 않게 나온다. 러시아의 슈퍼마켓에 있는 제품 중 많은 종류가 탄산수이기 때문에, 탄산이 없는 순수한 생수를 구매하고 싶다면 무탄산 생수(Негазированная Вода)를 선택하자.

· 탄산수: Газированная Вода(가지로반나야 바다)
· 탄산이 없는 순수한 생수: Негазированная Вода (니가지로반나야 바다)

주류 구매 가능 시간 & 주의할 점

러시아 전역의 슈퍼마켓, 주류전문마켓 등에서는 밤 10시까지만 주류 구매가 가능하다. 공공장소에서 음주행위는 불가하다. 공공장소에서 알코올 함량이 0.5%를 초과하는 음료(맥주, 와인 보드카 포함)를 음용하는 경우 러시아연방 행정위반법에 따라 최대 5천루블 혹은 구류형(최대 15일)에 처해질 수 있다.

세탁기 사용

장기간에 걸친 여행이라면 한 번쯤 세탁이 필요한 경우가 있다. 호텔에 묵는다면 편리한 유료 세탁 서비스가 있지만, 아파트 숙소나 게스트하우스를 이용하는 경우에는 러시아어로 된 세탁기를 직접 이용해야 한다. 세제는 유료(50루블 내외)로 구매해야 하거나 아예 제공이 안 되는 경우가 있으니, 사전에 준비하는 것이 좋다.

· **Хлопок**: 면
· **Хлопок Эко**: 에코 면
· **Смешанные ткани**: 합성 섬유
· **Повседневная стирка**: 표준(일상복)
· **Пуховое одеяло**: 이불
· **Забота о здоровье**: 안심
· **Одежда малыша**: 아기 옷
· **Спортивная одежда**: 운동복
· **Деликатная**: 민감한 옷
· **Шерсть**: 모직(울)
· **Интенсивно 60**: 집중세탁 60분
· **Быстро 30**: 빠른세탁 30분
· **Полоскание+Отжим**: 헹굼+탈수

러시아 우체국 이용 방법

한국에서 러시아 우표와 도장이 찍힌 엽서를 받아보며 추억을 기념하고 싶다면 우체국에 방문해보자. 받는 주소를 영어로 작성 후, 데스크에 접수하면 국제우표를 붙여 한국으로 보낸다. 비용도 약 800원 정도로 저렴하다. 러시아에서 출발하여 한국으로 도착하기까지는 약 3주 내외 소요된다.

Q & A
러시아 외국인 거주지 등록

Q 거주등록은 무엇입니까?
외국인이 러시아에 입국하는 경우, 입국일로부터 7일(근무일 기준)이내에 내무부 이민국에 러시아내 체류지를 신고해야 한다. 거주등록 신고를 하지 않고 한 도시에 일주일 이상 머물면 러시아 국내법에 위배된다. 특히 모스크바 지역의 경우 최대 7천 루블의 벌금이 부과되는 등 처벌받을 수 있다.

Q 거주등록은 어떻게 해야 되나요?
일반적으로 호텔, 호스텔 등 정규 숙박시설을 이용하는 경우 체크인과 동시에 거주등록이 이루어지므로 별도의 신고는 필요치 않다. 해당 숙박시설이 거주등록이 가능한 곳인지 사전에 확인하자. 호텔 등이 아닌 에어비앤비, 게스트하우스, 렌트 하우스 등은 집주인에게 사전에 거주등록을 요청해야 한다.

Q 도시를 이동하게 되면 거주등록을 어떻게 해야 하나요?
이미 거주등록을 한 사람도 거주지를 이동할 경우(출장, 여행 등) 7일 이내 이동한 도시에서 새로 거주등록을 해야 한다. 불이행 시 처벌받을 수 있다.

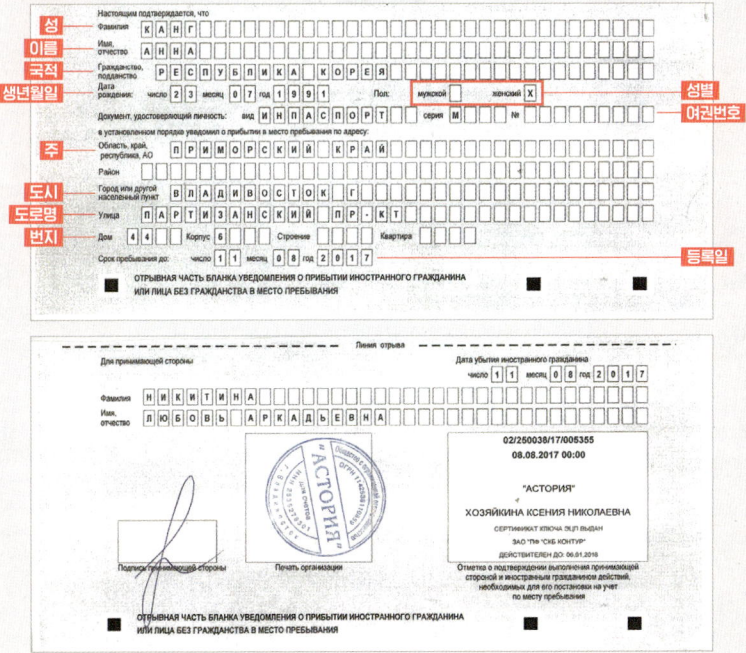

GUIDE 03

아는 만큼 편해지는
숙소 편

도시 여행에서 숙소는 여행의 성공 여부를 결정하는 중요한 요소다. 숙소를 결정했다면 여행 준비의 절반은 완성된 셈. 숙소가 관광지 중심지에서 가까울수록 인기가 많으므로 일찌감치 예약하자.

나에게 맞는 숙소 정하기
숙소 예약 시 고려사항

숙소 선택의 첫 번째 기준은 위치
시설에 비해 요금이 저렴하다면 외곽에 위치할 가능성이 높으니 조건을 잘 확인하자. 도보 여행을 포함한 일반적인 여행 코스의 경우 숙소는 아르바트 거리, 스베뜰란스까야 거리, 블라디보스톡 기차역 주변 등 시내 중심부인 중앙광장 도보 10분 내에서 선택하는 편이 좋다.

유형·날짜별로 숙박비가 천차만별
시내 중심가에 위치한 호텔의 경우 비수기 기준 1박에 6~12만 원 정도, 4~5성급 이상의 호텔은 1박에 20만 원 이상 예상하면 된다. 숙박비가 부담스러운 나홀로 여행객은 6~8인이 한 객실을 이용하는 게스트하우스의 도미토리도 고려해볼 만하다. 1~2만 원선의 저렴한 가격뿐 아니라 다양한 사람을 만나는 기회도 될 수 있다. 호텔 숙박료는 계절과 요일에 따라 최대 2배까지 차이가 있다.

숙소 유형

① **호텔**: 가장 안전하고 편안한 숙소로, 대개 교통이 편리한 중심부에 위치한다. 룸서비스나 부가 시설 이용 같은 기본 혜택 외에도 컨시어지를 통한 식당이나 사우나 예약, 여행안내 등 서비스가 다양하다. 다만 블라디보스톡 지역 전반적으로 호텔이 많이 발달하지 않아 성급 기준 수준은 다른 해외 유명 관광지 대비 높지 않다.

② **아파트호텔**: 단순히 잠을 자는 공간이 아닌 식사를 준비하고 편하게 즐길 수 있는 공간을 원한다면 추천한다. 블라디보스톡의 명물 곰새우 및 킹크랩을 요리해 맥주와 곁들여 먹는 저녁은 여행 중 즐거운 에피소드가 된다.

③ **캡슐호텔**: 공간을 효율적으로 이용하기 위해 침실 유닛을 겹쳐 쌓은 숙박 시설. 객실마다 TV, 헤드셋, 탁자 등 개인 비품이 비치되어 있어 나홀로 여행족에게 합리적이다. 일반 호스텔보다 비교적 개인공간이 보장되나, 객실이 플라스틱으로 만들어져 방음이 취약하다.

④ **게스트하우스**: 다른 여행자들을 만나고 싶다면 추천한다. 하루 1~2만 원 정도의 저렴한 숙박비에 새로운 친구들과 교류할 수 있는 대화의 장이 마련되어 좋다. 게스트하우스는 주로 외국인 대상으로 영업하지만, 블라디보스톡의 게스트하우스는 타 도시에 비해 유난히 현지인 장기투숙자가 많은 편.

블라디보스톡 지역별 추천 숙소

블라디보스톡 중심부 호텔

5성급 | 시묘놉스까야 거리
높은 가격만큼 고급스러운 한국식 호텔
롯데호텔 블라디보스톡
Lotte Hotel Vladivostok
Отель Лотте Владивосток

최고의 시설과 편안함을 추구하는 여행자에게 추천하는 숙소다. 외관이 서울 종로구 현대 계동사옥과 닮은 이 호텔은 고 정주영 현대그룹 회장이 1997년 지은 호텔로, 현재는 롯데호텔로 운영 중이다. 투숙객에게는 한국인의 입맛에 잘 맞는 다양한 종류의 조식과 호텔 꼭대기 층 퍼시픽 스카이 바에서 즐기는 무료 칵테일이 제공된다. 경사진 언덕에 위치해 짐이 많다면 택시 이용을 추천한다.

- 12,500루블~ 이줌루드 정류장에서 도보 3분
- Ул. Семёновская, 29 +7 (423) 240-72-01
- lottehotelvladivostok.com 43.118286, 131.888453

3성급 | 빠그라니치나야 거리
최적의 위치와 멋진 전망의 실속 호텔
아르바트 블라디보스톡 아파트호텔
Aparthotel Arbat-Vladivostok
Апартотель Арбат Владивосток

2017년에 새로 생긴 신설 아파트호텔로 군더더기 없이 깔끔한 시설을 자랑한다. 서비스 아파트먼트 형태로 객실에 전자레인지와 인덕션, 냉장고 등이 구비되어 있다. 호텔에서 도보 10분 이내에 주요 관광지가 있어 블라디보스톡에 머무는 일정이 짧은 여행자라면 단연 최적의 위치다. 해양공원과 아무르 만 해변이 한눈에 보이는 오션 뷰는 사계절 내내 인기가 많으므로 미리 예약하는 것이 좋다.

- 5,045루블~ 아르바트 거리에서 도보 3분
- Ул. Пограничная, 4 +7 (423) 262-11-11
- arbat-vl.ru 43.117786, 131.879974

3성급 | 아께안스키 대로
1800년대 후반에 탄생한 역사적 건물
시비르스코에 빠드보리에 호텔
Sibirskoe Podvorie Hotel
Сибирское Подворье

각각의 객실이 단독으로 있는 조용한 미니호텔이다. 맛있는 샌드위치와 러시아 전통 팬케이크 블린이 포함된 러시아식 조식이 제공된다. 1890년대 말에 지은 역사적 건물로 100년이 넘는 기간 동안 많은 변화를 거쳐 현재의 호텔로 자리 잡았다. 바닥에 하수구가 없는 소련식 화장실 구조로, 샤워 부스 밖으로 물이 많이 넘치면 10,000루블의 벌금을 물 수 있으니 주의하자.

- 5,670루블~ · 혁명광장에서 도보 9분
- Океанский проспект, 26 · +7 (423) 226-69-49
- otelsp.com · 43.120727, 131.887780

3성급 | 판따나야 거리
가정집 분위기의 넓은 객실을 원한다면
선라이즈 아파트호텔
Sunrise Apartment Hotel
Апартотель Санрайз

편리하지만 평수가 좁은 호텔보다 취사도 가능하고 실용적인 넓은 공간을 선호하는 여행자에게 추천하는 숙소이다. 시설이 고급스럽지는 않지만 조리시설과 식기, 세탁기와 다리미까지 필요한 건 다 갖췄다. 물 수요가 많은 아침에는 욕실 수압이 낮을 수 있으니 참고하자. 숙소까지 가는 가파른 언덕은 오르기 힘들기 때문에 대형 캐리어가 있다면 택시를 타는 것이 좋다.

- 4,100루블~ · 이줌르드 플라자 정류장에서 도보 6분
- Ул. Фонтанная, 59 · +7 (423) 248-58-48
- sunrise-apartments.ru · 43.119471, 131.889900

3성급 | 스베뜰란스까야 거리
러시아제국 시대에 지어진 올드 호텔
베르사유 호텔
Hotel Versailles
Гостиница Версаль

1906년 건축된 호텔로 블라디보스톡에서 가장 오래된 호텔이다. 호텔 건물은 현지에서 유명한 건축물이자 역사적 유산이다. 블라디보스톡의 비즈니스 중심지와 사적지가 모여 있는 도심부에 위치하고 있어 아르바트 거리 및 해양공원, 혁명광장 등 주요 명소에 접근성이 좋다. 다만 약 100년 이상 된 건물인 만큼 객실도 오래된 느낌이 들 수 있다.

- 5,500루블~ · 혁명광장에서 도보 6분
- Ул. Светланская, 10 · +7 (423) 226-42-01
- hotel-versailles.ru · 43.116773, 131.879733

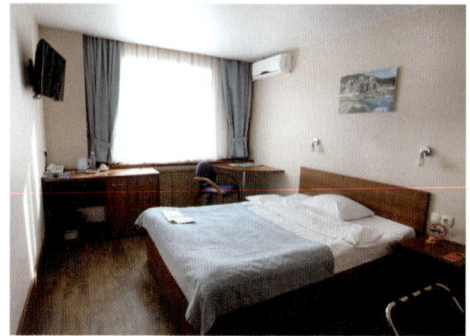

3성급 | 나베레쥐나야 거리

저예산 배낭여행객에게 강력 추천
이쿼이터 호텔
Equator Hotel
Гостиница Экватор

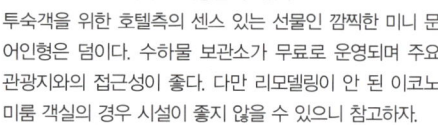

저예산의 안락한 숙소를 선호하는 나홀로 여행족 및 커플에게 적합하다. 합리적인 가격에 넓고 따뜻한 객실에 맛있는 조식까지 무료로 제공되며, 타 호텔 대비 객실 내 저렴한 미니바도 이용할 수 있다. 투숙객을 위한 호텔측의 센스 있는 선물인 깜찍한 미니 문어인형은 덤이다. 수하물 보관소가 무료로 운영되며 주요 관광지와의 접근성이 좋다. 다만 리모델링이 안 된 이코노미룸 객실의 경우 시설이 좋지 않을 수 있으니 참고하자.

- 3,400루블~ 해양공원 광장에서 도보 5분
- Ул. Набережная, 20 +7 (423) 241-12-54
- www.hotelequator.ru 43.115575, 131.877010

3성급 | 나베레쥐나야 거리

아무르 만의 경치와 화려한 조식이 일품
아지무트 호텔
Azimut Hotel Vladivostok
Отель Азимут Владивосток

러시아, 독일, 오스트리아에서 3성급 및 4성급 호텔 29곳을 운영하는 러시아의 가장 큰 호텔체인이다. 기하학적 패턴과 강렬한 붉은색으로 포인트를 준 인테리어는 트렌디하고 세련된 분위기를 풍긴다. 다른 호텔과 달리 로비에서 스마트 미니바 시스템을 이용할 수 있다. 매일 아침에 1층 식당에서 신선하고 다양한 음식을 즐길 수 있다. 객실 내부도 깔끔하고 시원한 오션 뷰가 끝내주지만 타 호텔 대비 객실이 좁다.

- 7,470루블~ 해양공원 광장에서 도보 13분
- Ул. Набережная, 10 +7 (423) 241-19-41
- azimuthotels.com/Russia/azimut-hotel-vladivostok
- 43.114646, 131.875491

블라디보스톡 남부 호텔

3성급 | 빠씨옛스까야 거리

기차역에서 가장 가까운 깔끔한 호텔
쁘리모리예 호텔
Primorye Hotel
Гостиница Приморье

시베리아 횡단열차의 시종착점 블라디보스톡 기차역에서 도보로 5분 내외 거리에 위치해, 아침 일찍 공항철도나 기차를 이용해야 하는 여행자에게 추천하는 숙소이다. 호텔 내 베이커리, 카페, 레스토랑 등 다양한 부대시설이 있고 가까운 거리에 대형마트도 있어 편리하다. 조식은 총 5가지 테마의 요리 중 입맛대로 골라먹는 재미가 있고 맛있는 화덕 피자가 사이드 메뉴로 무한 제공된다.

- ₽ 4,500루블~ 🚶 블라디보스톡 기차역에서 도보로 5분
- 📍 Ул. Посьетская, 20 📞 +7 (423) 241-14-22
- 🏠 hotelprimorye.ru 📍 43,110278, 131,878795

미니호텔 | 빠씨옛스까야 거리

호텔과 호스텔의 장점이 결합된 미니호텔
테플로 호텔
Teplo Hotel
Гостиница Тепло

기존에 호스텔로 사용되던 건물을 리모델링하여 만든 미니 호텔로, 호스텔의 공용공간처럼 홀과 공용주방이 결합된 공간이 있다. 다만 주방에 전기레인지가 없어 불을 사용하는 요리는 불가능하다. 자주색과 올리브색으로 꾸며진 톡톡 튀는 인테리어의 홀과 여름에도 타오르는 LED 벽난로가 아늑한 분위기를 더해준다. 리셉션 데스크의 규모를 최소화하여 고객이 활용할 수 있는 공간을 최대한 확보하고자 한 호텔의 배려가 돋보인다.

- ₽ 3,800루블~ 🚶 블라디보스톡 기차역에서 도보로 7분
- 📍 Ул. Посьетская, 16 📞 +7 (423) 290-95-55
- 🏠 teplo-hotel.ru/ko 📍 43,109710, 131,878777

3성급 | 베스뚜제바 거리

접근성 좋은 위치와 합리적인 비용의 호텔

젬추지나 호텔
Zemchzhina Hotel
Жемчужина Отель

가격대비 깔끔한 객실과 주변 관광지와의 접근성이 좋은 호텔이다. 모든 객실에 발코니가 딸려 있고 가격 대비 넓은 공간을 사용할 수 있다. 도보 1분 거리에 24시간 대형 슈퍼마켓이 위치해 있으며, 기차역까지 도보로 갈 수 있다. 특히 호텔 바로 우측 버스정류장에서 토카렙스키 등대로 가는 버스를 탈 수 있어 다양한 루트로 이동하는 여행객에게 위치적으로 최적의 숙소다. 체크아웃 이후 수하물 보관 시 100루블의 비용을 지불해야 한다.

- 3,550루블~ 블라디보스톡 기차역에서 도보 9분
- Ул. Бестужева, 29 +7 (423) 230-22-41
- gemhotel.ru 43.109866, 131.876807

3성급 | 베르흐네빠르또바야 거리

3인 이상 단체 여행 시 추천할 만한 숙소

코로나 호텔
Hotel Korona
Отель Корона

러시아 해양 주립대학교 근처에 위치한 3성급 호텔이다. 객실마다 소파와 대형탁자가 있는 거실이 있고, 특히 3인실을 보유해 가족단위의 단체 여행객에게 추천할 만하다. 비교적 최근에 리모델링되어 객실 및 부대시설이 대체적으로 깔끔하고, 침구류가 푹신해 잠자리에 예민한 사람이라도 만족할 것이다. 단, 주요 관광지까지는 다소 떨어져 있어 버스로 이동해야 한다는 점은 참고하자. 체크인 시 현금으로 예치해야 하는 2,000루블은 체크아웃 시 객실 점검 후 환불받을 수 있다.

- 3,500루블~ 카잔스키 흐람 버스정류장에서 도보 1분
- Ул. Верхнепортовая, 68В +7 423 251-03-03
- 43.099458, 131.863338

빠끄롭스키 정교회 사원 부근 호텔

4성급 | 빠르찌잔스키 대로

최고급 레스토랑에서 멋진 조식을
아스토리아 호텔
Astoria Hotel
Отель Астория

블라디보스톡에서 가장 최근에 지은 4성급호텔로, 최신식 시설과 깨끗한 객실을 보유하고 있다. 그릴 요리 맛집으로도 유명한 최고급 레스토랑 아가뇩에서 신선하고 맛있는 조식을 맛볼 수 있다. 중심부에서 버스로 이동해야 하는 거리에 위치하고 있으나 조용하고 한적한 분위기를 원한다면 적극 추천한다. 리셉션 데스크에서는 응대를 기다리는 고객을 위해 시원한 레몬차와 사과를 무료로 제공하니 체크인 시 이용해보자.

- ₽ 7,500루블~ 🚶 아스토리아 호텔 앞 정류장 도보 1분
- 📍 Ул. Партизанский проспект, 44
- 📞 +7 (423) 230-20-44 🏠 www.astoriavl.ru
- 🧭 43.127221, 131.901592

3성급 | 고골랴 거리

블라디보스톡에서 제일 높은 곳에 위치한 호텔
아반타 호텔
Avanta Hotel
Отель Аванта

독수리전망대에서 약 1km 거리에 있는 호텔로, 큰 도로에서 떨어져 있어 조용하다. 대학에서 한국어를 전공한 직원이 리셉션 데스크에 있어 의사소통이 편하다. 층마다 정수기를 비치해 무료로 식수를 얻을 수 있고, 객실 내부에 있는 미니바를 이용할 수 있다. 또한 호텔 근처에 대형마트 레미(Реми)가 위치해 있어 필요한 물품 및 기념품을 구매하기 용이하다. 매우 가파른 언덕에 있어 택시 이용을 추천한다.

- ₽ 4,500루블~ 🚶 고골랴 정류장에서 도보 3분
- 📍 Ул. Гоголя, 41 📞 +7 (423) 240-40-44
- 🏠 www.hotel-avanta.ru 🧭 43.125601, 131.904189

블라디보스톡 중심부 호스텔

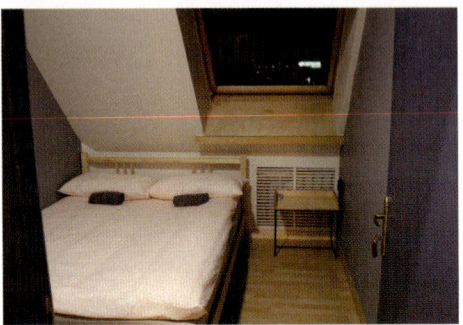

호스텔 | 아르바트 거리

기막힌 위치와 세련된 인테리어,
합리적인 가격까지
슈퍼스타 게스트하우스
Superstar Guesthouse

트렌디한 인테리어가 돋보이는 한인 게스트하우스로, 아르바트 거리 중심에 위치하여 접근성이 매우 좋다. 많은 사람들과 함께 쓰는 도미토리도 좋지만, 이왕이면 방 안에서 천장 위로 하늘을 볼 수 있는 로맨틱한 객실인 로프트 룸을 추천한다. 시중보다 저렴한 가격으로 각종 러시아 기념품을 구매할 수 있고, 자체적으로 운영하는 투어 프로그램에도 참여할 수 있다. 한인 숙소의 특성상 휴가철에는 예약이 마감될 수 있으니 최소 한두 달 전에 예약하는 것이 좋다.

- 1,000루블~ · 아르바트 거리에서 도보 1분
- Ул. Адмирала Фокина, 8А, 2층 · +7 (914) 667-56-45
- www.superstarguesthouse.com
- 43.117236, 131.881896

호스텔 | 아르바트 거리

컬러풀한 인테리어가 돋보이는 곳
갤러리 앤 모어 게스트하우스
Gallery and More Guest house

서툰 한국어를 수줍게 건네는 직원의 배려가 기분 좋게 다가오는 곳. 공용 공간과 각 객실은 알록달록한 색으로 발랄하게 꾸며져 있다. 시즌에 따라 리셉션 데스크에서 자전거를 유료로 대여할 수 있으므로 따뜻한 계절에 여행 시 활용하는 것도 좋다. 체크인 시 열쇠 보증금 500루블을 지불해야 하며 체크아웃 시 돌려받을 수 있다. 층마다 있는 세면대 공간은 샤워실과 분리되어 있는데, 바닥에 하수구가 없기 때문에 바닥으로 물이 넘치지 않도록 주의해야 한다.

- 600루블~ · 아르바트 거리에서 도보 1분
- Ул. Адмирала Фокина, 4Б · +7 (914) 325-50-60
- galleryandmore.ru/ru · 43.117569, 131.880770

GUIDE 03 숙소 편

호스텔 | 마르도프쩨바 거리

러시아 전통 통나무 오두막집을 재현한 숙소
이즈바 호스텔
Hostel IZBA

원목 등 환경 친화적 자재를 사용해 러시아 전통 통나무 오두막 분위기를 재현한 호스텔이다. 공용거실 중앙에는 긴 원목탁자가 있는데, 탁자 위 러시아 전통 주전자 사모바르 안에 담긴 따뜻한 홍차와 과자를 무료로 즐길 수 있다. 깨끗한 침대시트와 깔끔한 시설은 물론 공용 욕실 수까지 넉넉하다. 정수기의 식수를 무료로 이용할 수 있으며, 도보 1분 거리에 24시간 대형마트 프레쉬 25가 있어 식료품을 구매하기 쉽다.

600루블~   클로버하우스에서 도보 1분
Ул. Мордовцева, 3
+7 (423) 290-85-08   izba-hostel.ru
43.119723, 131.883911

호스텔 | 스베뜰란스까야 거리

도심 속 깔끔하고 조용한 숙소를 원한다면
블라드스타 인
VladStar INN
ВладСтар Инн

2017년 영업을 시작한 게스트하우스로, 최신식의 시설을 자랑한다. 스베뜰란스까야 거리 중심에 위치해 주요 명소와의 접근성도 좋고, 실내 분위기까지 조용하고 안락하다. 공용주방의 뒷문으로 나가면 테라스가 있어 여름에는 탁자에서 간단한 음식을 즐길 수 있으며, 빨래를 할 경우 쨍쨍한 햇볕에 건조할 수 있는 건조대도 마련되어 있다. 다만 공용 식탁이 협소하고 주방에 전기레인지가 없어 불을 사용하는 요리는 어려우니 참고하자.

800루블~   중앙광장에서 도보 5분
Ул. Светланская, 5   +7 (914) 343-00-77
vladstarinn.com   43.116828, 131.880875

호스텔 | 빠씨옛스까야 거리

푸른 바다를 품은 로컬 숙소
블라드 마린 인
Vlad Marine Inn
Влад Марин Инн

바다를 상징하는 파란색 계열의 인테리어가 돋보이는 게스트하우스. 외형은 산속에 있는 산장 같은 느낌이지만 실내에 들어서면 깔끔하고 정돈된 분위기를 느낄 수 있다. 더블룸의 경우 욕실이 포함된 객실과 공동욕실을 사용해야 하는 객실이 따로 있으므로 예약 전 미리 꼭 확인하자.

- 600루블~ 혁명광장에서 도보 6분
- Ул. Посьетская, 53   +7 (423) 208-02-80
- vlad-marine.ru/en   43.116094, 131.879854

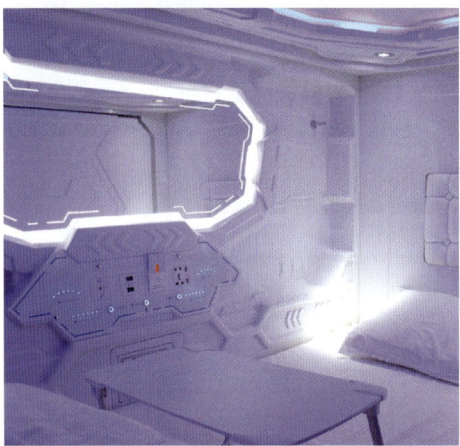

호스텔 | 찌그라바야 거리

신선한 컨셉의 사이버 캡슐 호스텔
조디악 캡슐호텔
Capsule hotel Zodiac

블라디보스톡 내 유일한 최신식 캡슐 호스텔이다. 사이버틱한 조명과 인테리어는 우주 정거장에 온 것 같은 느낌을 준다. 캡슐마다 다양한 개인 편의용품이 비치되어 있으며, 식수를 무료로 사용할 수 있고 공기청정기도 가동되어 쾌적하다. 호스텔에서 자체적으로 운영하는 미니바도 저렴하게 이용할 수 있어 편리하다.

- 1,200루블~ 아르바트 거리에서 도보 5분
- Ул. Тигровая, 30, 1층   +7 (423) 208-02-80
- 43.116255, 131.879405

호스텔 | 찌그라바야 거리

저렴한 가격대의 미니 비즈니스 호텔
마린 웨이브
Marine Wave
Мини-гостиница

미니 비즈니스 호텔 스타일의 아늑한 숙소다. 3, 4인실이 있어서 친구들끼리 숙박하기 좋은 숙소지만, 단체방에 통째로 혼자 묵는다 해도 부담되지 않는 저렴한 가격대다. 9층에 위치해 창밖으로 블라디보스톡 시내를 한눈에 볼 수 있다. 매일 새로운 어메니티와 청소 서비스가 제공되며, 객실 내에 전용 욕실이 있다.

- 1,800루블~ 아르바트 거리에서 도보 5분
- Ул. Тигровая, 30, 9층   +7 (904) 629-53-53
- marine-wave.ru   43.116244, 131.879495

GUIDE 03 숙소 편

호스텔 | 찌그라바야 거리

활력 넘치는 바다전망 한인 게스트하우스
아지트 게스트하우스
Azit Guesthouse

러시아스러운 외형과 한국스러운 실내 시설이 공존하는 한인 게스트하우스다. 공용 욕실에서 러시아식 사우나(바냐)를 맛보기로 체험할 수 있고, 가끔 숙소 마당에서 열리는 샤슬릭 파티에 참여할 수도 있다. 무분별한 예약방지를 위해 예약 취소 및 변경 시 호스텔 자체 환불규정이 있으니 예약 전 참고하자.

- 2,200루블~ / 아르바트 거리에서 도보 8분
- Ул. Тигровая, 19 / cafe.naver.com/azitmoscow
- 43.115688, 131.877762

호스텔 | 알레우스까야 거리

스탈린 시절에 만들어진 고풍스러운 건물
옵티멈 호스텔(바베이도스)
Optimum Hostel(Barbados)

블라디보스톡에서 가장 오래된 로컬 호스텔 중 한 곳으로, 가격이 매우 저렴하며 주요 관광지와의 거리도 가깝다. 호스텔이 위치한 건물은 스탈린 시절에 만들어져 한때 해군 고위 간부들의 숙소로 사용되기도 했다. 리셉션 데스크가 있는 입구로 들어가려면 건물 왼쪽 끝 두 마리의 사자상을 찾아보자.

- 500루블~ / 블라디보스톡 기차역에서 도보 5분
- Ул. Алеутская, 17 / +7 (423) 272-91-11
- hostel-optimum.ru / 43.114416, 131.881302

호스텔 | 우바레비차 거리

배낭 여행의 낭만을 실현시키는
넵튜니아 Neptunea
Нептунея

클로버하우스를 기준으로 약 1km 오르막길 가장 꼭대기에 꼭꼭 숨은 게스트하우스. 넓은 공용거실에서 보드게임을 할 수 있고 야외 테이블도 설치되어, 한여름에는 이곳에서 각국의 여행자들과 교류할 수 있다. 자체 운영하는 미니 매점에서 저렴한 가격으로 기념품과 음료·주류, 라면과 햇반까지 구매할 수 있어 편리하다.

- 600루블~ / 수하노바 공원에서 도보 5분
- Ул. Уборевича 20А/2 / +7 (908) 440-60-70
- neptunea.business.site / 43.119180, 131.892895

블라디보스톡 근교 호텔

3성급 | 루스키 섬

기분 좋은 나무향을 뿜는 힐링 숙소
노빅 컨트리 클럽
Novik Country Club
Новик Кантри Клаб

루스키 섬에 있는 유일한 호텔이자 객실부터 가구까지 호텔 전체가 통나무로 이루어진 자연친화적인 숙소다. 섬의 중심부에 있어 위치적으로 루스키 섬 위주의 여행이 용이하다. 주변의 아름다운 산책길과 야외 바비큐 시설과 여러 레저시설을 즐길 수도 있다. 1층 레스토랑 뒤편의 샛길을 따라가다 보면 드넓은 노빅베이 연안 산책로가 있다. 산 속에 있어 택시를 타고 이동해야 하는 불편함은 있다.

ⓟ 6,000루블~ 🚶 혁명광장에서 택시로 30분 이상 소요, 약 20km(대중교통으로 방문 어려움)
📍 Пос. Мелководный 📞 +7 (423) 200-35-22
🏠 novik.club 📍 43.01337, 131.88875

4성급 | 마콥스키 대로

르네상스 건축 형식의 화려한 인테리어
빌라 아르떼 호텔
Villa Arte Hotel
Гостиница Вилла АртЭ

르네상스 건축 양식과 형형색색의 불빛으로 수놓은 야경이 화려해 현지인의 웨딩사진 단골 촬영장소이기도 하다. 블라디보스톡의 최고급 레스토랑 레스냐야 자임까(Лесная Заимка)도 함께 운영한다. 호텔 내 사우나 및 수영장도 보유하고 있는데 24시간 중 원하는 시간에 그룹(최대 6명)당 3,000루블에 제공된다. 다만 블라디보스톡 도심과 관광지에서 먼 거리라는 점과 식당 하나 외에 주변에 편의시설이 전혀 없다는 점은 염두에 두자.

ⓟ 6,000루블~ 🚶 블라디보스톡 공항에서 택시로 25분 거리
📍 Ул. Маковского, 290 📞 +7 (423) 238-44-44
🏠 villa-arte.ru 📍 43.266144, 132.072922

REAL TIP 근교 호텔 선택 시 참고할 점

블라디보스톡 근교 호텔들은 근사한 레스토랑과 다양한 부대시설을 함께 보유하고 있지만 교통이 불편하고 주변의 인프라가 조성되지 않은 경우가 많다. 따라서 렌트카를 대여한 경우나 택시를 주로 이용하는 경우 선택하는 것이 좋다.

5성급 | 아르쫌

극동시베리아를 대표하는 카지노단지

티그레 드 크리스탈 리조트 앤 카지노
Tigre de cristal Resort & Caisno
Хрустальный тигр Отель и Казино

러시아 연해주에서 가장 규모가 큰 카지노를 보유한 5성급 호텔이다. 체크아웃/체크인 시간이 오후 4시라서 늦은 오후에 도착하는 일정이라면 한 번쯤 방문할 만하다. 최고의 시설과 서비스 제공은 물론, 리셉션 직원 대부분이 3개 국어 이상 가능해 의사소통이 편리하다. 다만 시내와 거리가 멀어 교통수단 및 주변 인프라가 부족하다. 호텔에서 가까운 관광지인 샤마라 해수욕장은 약 22km 떨어진 곳에 위치하며 택시로 약 25분 정도 소요된다.

₽ 7,650루블~ 🚶 블라디보스톡 공항에서 택시로 17분
📍 Бухта Муравьиная, 73, Артём
📞 +7 (423) 246-88-88 🏠 tigredecristal.ru
📍 43.298151, 132.276003

3성급 | 우수리스크

우수리스크 시의 유일한 대형 호텔

우수리스크 호텔
Hotel Ussuriysk
Гостиница Уссурийск

합리적인 가격의 3성급 숙박업소로, 우수리스크 유일 대형호텔이다. 총 129개의 객실을 보유하고 있다. 도시의 중심인 시청 주변에 위치해 주요 관광지로 이동이 편리하다. 1층에는 레스토랑 까삐딴 플린트(Капитан Флинт)와 수제맥주 전문 펍 쓰보이 브 다스꾸(Свой В Доску)가 있다. 독일 전통 맥주 양조법을 재현한 양조장에서 신선한 맥주를 제공한다.

🚶 우수리스크 시청광장에서 도보 1분 ₽ 스탠다드트윈룸 2,000루블, 스위트룸 3,700루블, 조식 200루블 🕐 24시간
📍 Ул. Некрасова, 64 🏠 hotelussuriisk.ru
📍 43.796335, 131.952974

INDEX

- SEE 명소
- EAT 음식점 & 카페 & 바(클럽)
- SHOP 상점
- ACCOMMODATION 숙소

INDEX

방문할 계획이거나
들렀던 여행 스폿에
☑ 표시해보세요.

SEE 명소

ㄱ-ㄷ

- ☐ 까루셀(회전목마 놀이공원) 121
- ☐ 고려인 문화센터 260
- ☐ 고리키 극장 188
- ☐ 골동품 자동차 박물관 197
- ☐ 굼 옛마당 160
- ☐ 극동연방대학교 교육과학박물관 213
- ☐ 극동연방대학교 루스키 캠퍼스 227
- ☐ 금각만대교 191
- ☐ 꽃시장 골목 157
- ☐ 니콜라이 개선문&정교회 사원 188
- ☐ 도라 공원 258
- ☐ 도시박물관 188
- ☐ 독수리전망대 194
- ☐ 디나모 경기장 121

ㄹ-ㅁ

- ☐ 라주르나야 거리(샤슬릭 거리) 240
- ☐ 러시아 예술인연합 연해주 전시장 120
- ☐ 로마 가톨릭 성당 193
- ☐ 루스까야 바냐 145
- ☐ 루스키대교 227
- ☐ 마린스키 극장 연해주 분관 195
- ☐ 마카로프제독 공원 124

ㅂ-ㅅ

- ☐ 바라쉴롭스까야 포대박물관 230
- ☐ 뱌뜰리나 곶 229
- ☐ 붉은 펜던트 호 190
- ☐ 블라디보스톡 기차역 118
- ☐ 블라디보스톡 바다 유람선 투어 118
- ☐ 블라디보스톡 식물원 238
- ☐ 블라디보스톡 요새박물관 123
- ☐ 블라디보스톡 해양공원 120
- ☐ 빠끄롭스키 공원 212
- ☐ 빠끄롭스키 정교회 사원 212
- ☐ 뻬르바야 레치카 실내시장 214
- ☐ 4월 참변 추모비 259
- ☐ 샤마라 해수욕장 239
- ☐ 서커스장 192
- ☐ 세인트폴 교회 192
- ☐ 수하노바 공원 195
- ☐ 수하노바의 집 194
- ☐ 스베뜰란스까야 거리 157
- ☐ 시암 스파 125
- ☐ 신한촌 기념비 215
- ☐ 씸푸토프(요트클럽) 126

ㅇ-ㅈ

- ☐ 아께안 영화관 124
- ☐ 아르바트 거리(포킨제독 거리) 162
- ☐ 아르세니예프의 집 박물관 126
- ☐ 아르세니예프 연해주 국립박물관 160
- ☐ 아르카 현대미술관 161
- ☐ 연해주 국립미술관 본관 119
- ☐ 연해주 국립미술관 빠르찌잔스키 분관 214
- ☐ 연해주 레이싱 경기장 245
- ☐ 연해주 아쿠아리움 228
- ☐ 연해주 필하모닉 극장 161
- ☐ 영원의 불꽃 189
- ☐ 우수리스크 구시가지 256
- ☐ 우수리스크 기차역 252
- ☐ 우수리스크 박물관 255
- ☐ 우수리스크 시청광장 257
- ☐ 우수리스크 영원의 불꽃 256
- ☐ 우수리스크 정교회 사원 255
- ☐ 이고르 체르니곱스키 사원 122
- ☐ 이상설 선생 유허비 261
- ☐ 자르야 예술단지 238

INDEX

☐ 자매결연 공원	161
☐ 잠수함박물관	189
☐ 전로한족중앙총회 결성 장소 (니콜스크–우수리스크 실업학교)	258
☐ 주말시장	156
☐ 중국시장 스빠르찌브나야	197
☐ 중세시대 마을(우수리스크 민속공원)	261
☐ 체사레비치 제방 공원	190
☐ 최재형 선생 고택	259

ㅋ – ㅎ

☐ 카루나 스파	125
☐ 태평양 함대 박물관	191
☐ 토비지나 곶	229
☐ 토카렙스키 등대	142
☐ 티그레 드 크리스탈 리조트 앤 카지노	244
☐ 페티소브 아레나	239
☐ 푸니쿨료르 케이블카	193
☐ 해변 야간거리	123
☐ 해양 수족관	122
☐ 혁명광장(중앙광장)	156

EAT 음식점 & 카페 & 바

ㄱ – ㄷ

☐ 구스토	163
☐ 긴자 이자카야	217
☐ 깐지또리야	137
☐ 나스딸기야	128
☐ 노빅 컨트리 클럽	231
☐ 니 르다이	171
☐ 댑 바	130
☐ 더 그리드	127
☐ 더블린 아이리쉬 펍	199
☐ 덤플링 리퍼블릭	132
☐ 델마르	200
☐ 도너 케밥	127
☐ 도쿄카와이	174
☐ 꾸뽈 돔 레스토랑	203
☐ 드루지바 바	135

ㄹ – ㅁ

☐ 라꼼까	133
☐ 레귤러스 커피	169
☐ 레스나야 자임까	241
☐ 로쉬끼–뺄로쉬끼	170
☐ 로얄버거	138
☐ 리몬셀로	175
☐ 리퍼블릭	167
☐ 말라꼬 이 묘드	201
☐ 명가	127
☐ 무나 비치클럽	147
☐ 무비뜨롤 뮤직 바	136
☐ 문샤인	133
☐ 뮌헨	170
☐ 미디아 커피	135
☐ 미쉘 베이커리	132

ㅂ – ㅅ

☐ 배부른 선원	262
☐ 불바르	263
☐ 부리또스	203
☐ 브라더스 바 앤 그릴	128
☐ 브루어리 커피 앤 비어	172
☐ 브뤼헤 펍	198
☐ 브이싸타	200
☐ 블랙래빗	138
☐ 비알쥐알 프로젝트	202
☐ 비어가든	242
☐ 비오렙티카	174
☐ 삐나 드네이	216
☐ 뿌쉬낀	138
☐ 삐야띠 아께안	139
☐ 사르본나	262
☐ 샤깔라드니짜	167
☐ 샤릭 마로쥐나바	165
☐ 샤슬리코프	137
☐ 세반	240
☐ 세인츠 펍	201
☐ 숀켈	164
☐ 수쁘라	134
☐ 순수한 기쁨	164
☐ 스딸로바야 보씸 미눗	171
☐ 스보이 페테	173
☐ 스튜디오	168
☐ 신디케이트	217
☐ 신라	216
☐ 씸 푸토프	129

ㅇ – ㅌ

☐ 아가뇩	218
☐ 아텔리에 바	168
☐ 알리스커피(해적커피)	172
☐ 올드 캡틴	129
☐ 올드패션드 가스트로바	199
☐ 우 그라치카	242
☐ 우흐뜨이블린	172
☐ 이즈 브라세리	173
☐ 잘못을 저지른 별들	200
☐ 젤라 브 먀쎄	171
☐ 주마	139
☐ 치즈와 와인	174
☐ 카페 듀엣	137
☐ 카페마	167
☐ 카페인	163
☐ 칵테일바 락스	169
☐ 캣 앤 클로버	134
☐ 코리안하우스	263
☐ 코브라 로브라	198
☐ 크랩하우스	146

☐ 크루즈 레스토랑	241
☐ 클럽 쿠쿠	130
☐ 트리니티 아이리쉬 펍	216

ㅍ — ㅎ

☐ 파이브어클락	173
☐ 파이패밀리	170
☐ 파조커피랩	199
☐ 팔라우피쉬	201
☐ 퍼시픽 스카이 바	202
☐ 평양관	146
☐ 포르토-프랑코	167
☐ 포트카페	217
☐ 프로커피	165
☐ 프스삐쉬까 에끌레어 전문점	164
☐ 피자욜로	168
☐ 한국관	131
☐ 한스 바	166
☐ 해금강	202
☐ 해산물마켓	139
☐ 홀리 합	165
☐ 흘라뽁 차이호나	131

🎁 SHOP 상점

ㄱ — ㅅ

☐ 갤러리 나스딸기야	141
☐ 단란	140
☐ 딜란	178
☐ 라주르니 슈퍼마켓	244
☐ 레뚜알	177
☐ 레미	219
☐ 루스까야 고르니짜	181
☐ 리틀 블랙드레스	179
☐ 마나스뜨롭	219
☐ 말리굼	204

☐ 베기샵	219
☐ 뷰로 나호덕	176
☐ 블라드기프트	175
☐ 블라디보스톡 굼 백화점	176
☐ 블라제르	218
☐ 빈랍	184
☐ 세단카시티	244
☐ 순둑 쇼룸	180
☐ 스마크 쁠류스(슈퍼마켓)	140
☐ 시계탑 약국	182
☐ 쌈베리	147

ㅇ — ㅎ

☐ 아로마	184
☐ 아르미야 라씨	205
☐ 이끄라	178
☐ 이브로쉐	181
☐ 이줌루드 플라자	182
☐ 이츠 마이 숍	141
☐ 일데보떼	204
☐ 잉글롯	183
☐ 쩬뜨랄늬 쇼핑센터	177
☐ 처칠타바코	179
☐ 츄다데이 알레우스키점	180
☐ 클로버하우스	182
☐ 테레노바	177
☐ 프레쉬 25	183
☐ 해군 백화점	178

🛏 ACCOMMODATION 숙소

ㄱ — ㅅ

☐ 갤러리 앤 모어 게스트하우스	290
☐ 넵튜니아	293
☐ 노빅 컨트리 클럽	294
☐ 롯데호텔 블라디보스톡	284

☐ 마린 웨이브	292
☐ 베르사유 호텔	285
☐ 블라드 마린 인	292
☐ 블라드스타 인	291
☐ 빌라 아르떼 호텔	294
☐ 쁘리모리예 호텔	287
☐ 선라이즈 아파트호텔	285
☐ 슈퍼스타 게스트하우스	290
☐ 시비르스코에 빠드보리에 호텔	285

ㅇ — ㅍ

☐ 아르바트 블라디보스톡 아파트호텔	284
☐ 아반타 호텔	289
☐ 아스토리아 호텔	289
☐ 아지무트 호텔	286
☐ 아지트 게스트하우스	293
☐ 옵티멈호스텔(바베이도스)	293
☐ 우수리스크 호텔	295
☐ 이즈바 호스텔	291
☐ 이퀘이터 호텔	286
☐ 젬추지나 호텔	288
☐ 조디악 캡슐호텔	292
☐ 코로나 호텔	288
☐ 테플로 호텔	287
☐ 티그레 드 크리스탈 리조트 앤 카지노	295

꼭 필요한 때 바로 써먹는
리얼 러시아어 회화카드

러시아어, 두려워하지 마세요!
예스(Да, 다), 노(Нет, 니옛)만 알면 바로 통하는 문장만 쏙쏙!

기본 회화

(일반) 안녕하세요.
Здравствуйте.
즈드랏스부이쩨

(아침) 안녕하세요.
Доброе утро.
도브라예 우뜨라

(점심) 안녕하세요.
Добрый день.
도브릐 젠

(저녁) 안녕하세요.
Добрый вечер.
도브릐 볘체르

안녕히 계세요 / 가세요.
До свидания.
다스비다니야

감사합니다.
Спасибо.
스빠씨바

죄송합니다.
Извините.
이즈비니쩨

부탁합니다 / 천만에요.
Пожалуйста.
빠좔스따

화장실이 어디 있나요?
Где туалет?
그제 뚜알롓?

위급 상황

도와주세요.
Помогите мне, пожалуйста.
빠마기쩨 므녜 빠좔스따

경찰을 불러주세요.
Вызовите полицию.
브이자비쩨 빨리찌유

구급차 불러주세요.
Вызовите скорую помощь.
브이자비쩨 스꼬루유 뽀마쉬

지갑을 잃어버렸어요.
Кто-нибудь украл мой кошелёк.
크또–니부찌 우끄랄 모이 까쉘룍

여권을 잃어버렸어요.
Я потерял паспорт.
야 빠쩨랼 빠스빠르뜨

도난 신고서를 발행해주세요.
Дайте мне справку об угоне.
다이쩨 므녜 스쁘라프꾸 압 우고녜

병원이 어디예요?
Где больница?
그제 발니짜

진통제 좀 주세요.
Дайте мне болеутоляющее лекарство.
다이쩨 므녜 발례우딸랴쉐예에 례까르스뜨바

길을 잃었어요.
Я заблудился.
야 자블루질쌰

교통/길 찾기

정류장이 어디에 있나요?
Где остановка?
그제 아스따노프까

이 버스가 시내로 갑니까?
Этот автобус идёт в центр?
에땃 압또부스 이좃 브 젠뜨르

여기서 가깝나요?
Близко отсюда?
블리스까 앗쓔다

얼마나 걸려요?
Сколько времени нужно?
스꼴까 브레미니 누즈나

여기서 세워주세요.
Остановите там.
아스따나비쩨 땀

쇼핑

보여주세요.
Покажите, пожалуйста.
빠까쥐쩨, 빠좔스따

이것을 입어봐도 될까요?
Можно это примерить?
모쥬너 에따 쁘리몌리찌?

얼마예요?
Сколько стоит?
스꼴까 스또잇?

그러면 주세요.
Тогда пожалуйста.
따그다 빠좔스따

좀 깎아주세요.
Дайте мне скидку.
다이쩨 므녜 스끼드꾸

숙소

체크인하고 싶습니다.
Я хочу зарегистрироваться в гостинице.
야 하추 자레기뜨리라밧쨔 브 가스찌니쩨

체크아웃하고 싶습니다.
Я хочу освободить номер.
야 하추 아스바바지찌 노몌르

짐을 맡겨도 됩니까?
Можно доверять вам мой багаж?
모쥬너 다베랴쯔 모이 바가쉬

조식 시간은 몇 시입니까?
Во сколько завтрак?
바 스꼴까 자프뜨락?

음식점

이 가게의 추천 메뉴는 무엇입니까?
Порекомендуйте что-нибудь.
빠리까몐두이쩨 슈또–니부지

얼마나 기다려야 하죠?
Сколько нужно ждать?
스꼴까 누즈나 즈다찌

한국어 메뉴판이 있나요?
У вас есть меню на корейском?
우 바스 예스찌 메뉴 나 까례이스꼼

계산서 부탁합니다.
Счет, пожалуйста.
숏 빠좔스따